국어 어문 규범

이해하고 적용하기

국어 어문 규범

이해하고 적용하기

박 숙 희

역락

머리말

'어문 규범'은 언어생활의 편리성과 효율성이라는 공공의 목적을 위해 국가기관이 제정한 것으로, 네 개의 규범을 기본으로 하고 있다. 우리말을 한글 문자로 표기하는 것에 관한 '한글 맞춤법', 동일한 의미를 갖고 쓰이는 여러 말 중에 '표준'한 것을 정하는 '표준어 규정', 외국어에서 온 말을 한글 문자로 표기하는 것에 관한 '외래어 표기법', 우리말을 로마자로 적는 것에 관한 '로마자 표기법'이 그것이다. 이 외에 '학교문법통일안'이나 '표준화법'도 넓은 의미의 어문 규범에 속한다.

언어는 끊임없이 변하므로 통시적으로 볼 때 인간의 말은 한 순간도 고정되어 있는 때가 없다. 그런데 말을 표기하는 문자는 일정의 항구성과 보수성을 지니므로, 성문화되어 있는 규범이 현재의 언어 현실과 완전히 일치하는 것은 불가능하다. 말소리와 형태, 의미 등에 일어나는 개별적인 변화를 규범이 실시간으로 반영할 수 없기 때문이다. 그럼에도 불구하고, 우리말의 정체성을 보존하고 국민들의 올바른 언어 사용을 위한 준거를 제공하기 위해 국어 어문 규범을 둔다.

이 책은 국어 어문 규범의 전반을 이해하고 이를 실생활에 적용할 수 있도록 돕는 데 목적을 두었다. 어문 규범을 제대로 이해하기 위해서 무엇보다 선행되어야 할 일은, 당연히 규범의 전문을 훑어보는 일이다. 어문 규범이란 무엇인지, 어떤 세부 규범들로 이루어져 있는지, 각 세부 규범은 어떤 항목들을 어느 범위까지 담고 있는지, 각 항목들이 규정하는 바는 무엇인지 등을 이해하는 것이 곧 어문 규범을 이해하는 것이다. 그런데 어문 규범은 언어에 대한 규범적·공시적 기술이므로 각 규정의 원리를 온전히 이해하기 위해서는, 말소리와 형태에 대한 이론적 지식이나 이전 시기의 언어 모습과 그 변화에 대한 역사적 지식이 어느 정도 필요하다. 그러므로 이 책은, '한글 맞춤법, 표준어 규정, 외래어 표기법, 로마자 표기법'의 전문을 그대로 제시하면서 각 항목에 주석을 달아 필요한 설명을 덧붙이는 방식으로 구성되었다. 특히 사용 빈도가 낮은 예시 단어들의 사전적인 뜻을 주석에 실어, 각 규정이 의미하는 바를 좀 더 정확히 이해할 수 있도록 하였다.

그리고 일반화된 규범의 원리들을 실제 언어 사용에 적용할 수 있는 힘을 기를 수 있도록 하기 위해, 16개의 '참고자료'를 각 장의 말미에 제시하였다. '참고자료'에는 1650여 개의 단어와 330여 개의 외래어 표기 예, 90여 개의 로마자 표기 예가 실려 있다. 이 '참고자료'들은, 어문 규범이 규정하는 내용들이 실제 어휘들에 어떻게 적용되어 있는지를 보여준다. 이를 통해 독자들은 규범을 적용하여 언어를 바르게 사용하는 방법을 익히게 될 것이다.

이 책은 어문 규범이 규정하는 바에 대해 '왜?'라는 질문을 갖는 사람들에게 매우 요긴한 대답을 줄 것이다. 우리말과 글을 전공으로 삼아 공부하는 대학생이나 대학원생, 우리말과 글을 가르치는 국어교사, 외국인에게 우리말을 가르치는 한국어교사 등이 특히 여기에 속한다고 하겠다. 어떤 대상을 잘 이해하기 위해서는 반드시 애정과 인내가 필요하다. 이 책을 통해 가능한 한 많은 사람들이 국어 어문 규범을 잘 이해하고 적용하려는 애정과 인내를 발휘할 수 있게 되기를 바란다.

2014년 2월
박숙희

차 례

- 머리말

I 한글 맞춤법 __ 13

Ⅱ 표준어 규정 __ 157

제1부 표준어 사정 원칙 __ 160

Ⅳ 로마자 표기법 __ 359

11

한글 맞춤법

'한글 맞춤법'이란 우리말을 한글 문자로 표기하는 것에 관한 규범이다. 최초의 한글 맞춤법은 민간 학술단체인 조선어학회에서 1933년에 마련한 '한글 마춤법 통일안'이다. 그 후 1970년부터 국어 심의회에서 어문 규범에 대한 개정 연구를 시작하여 1979년에 시안이 마련되었고, 재검토와 보완을 거쳐 1988년에 국가 차원에서 공식적으로 '한글 맞춤법'과 '표준어 규정'이 공포되었다. 현행 '한글 맞춤법'은 1933년의 내용들이 대체로 받아들여져 있다.

말소리를 한글로 표기할 때 두 가지 방법을 택할 수 있다. 하나는 발화되는 자음과 모음의 소리 그대로를 문자로 표기하는 '음소적 표기' 혹은 '표음적 표기'가 있고, 다른 하나는 한 의미를 갖는 말의 형태를 하나로 고정시켜 놓고 표기하는 '형태음소적 표기' 혹은 '표의적 표기'가 있다. 예를 들어 '[바치], [바테], [받또], [반만]'이라는 낱말을 발음된 그대로 '바치, 바테, 받또, 반만'으로 표기하는 것이 음소적 표기이고, 동일한 의미를 가진 말소리를 하나의 형태로 고정시켜 '밭이, 밭에, 밭도, 밭만'이라고 적는 것이 형태음소적 표기이다.

'한글 맞춤법'은 총칙 제1항에서 '소리대로 적되 어법(語法)에 맞도록 함'을 표기 원칙으로 삼고 있다. 이때 '어법에 맞도록 함'은 한 의미를 가진 말을 한 형태로 고정시켜 표기하여 뜻을 알아채기 쉽게 하겠다는 뜻이다. 그러나 '[도와](돕+아), [거러](걷+어), [빨개](빨갛+아)'처럼 음운론적인 이유 없이 형태와 소리의 거리가 매우 먼 경우는 소리대로 '도와, 걸어, 빨개'로 적음으로써, 언어생활의 효율성을 높이는 점도 함께 고려한다. 또한 말의 역사성을 가능한 한 표기에 반영한다. 예를 들어 '그 해에 새로 나온'이란 뜻을 가진 접두사 형태를 '햇-/해-'로 고정시켜 '햇과일, 해콩'과 같이 적지만, 이것이 '쌀'과 결합한 경우에는 '해쌀'이 아닌 '햅쌀'로 적는다. 이는 '쌀'의 옛 형태가 '뿔'이고 그것이 '해'와 결합하여 '해+뿔→햅술→햅쌀'과 같은 역사적인 과정을 거쳐 굳어진 것임을 표기에 반영한 것이다. 이처럼 '한글 맞춤법'은 표의주의를 근간으로 하면서 역사성과 현실성를 반영하는 표기 원칙을 표방한다. 이는 문자의 보수성을 유지하면서 말소리와의 거리를 최대한 좁히려는 의식이다.

'한글 맞춤법'은 <그림 1>과 같은 내용으로 구성되어 있다. 규범의 원문에 주석을 달 때는 규범의 각 항목에서 사용하는 술어를 그대로 쓰는 것을 원칙으로 삼았다. 문장부호의 사용도 원문의 용법을 따른다. '[ ]'는 해당 단어의 뜻을 한역(漢譯)할 때 쓰고, '( )'는 해당 단어의 한자를 보일 때 쓴다. 그리고 형태소나 단어의 경계를 보일 때 붙임표(-)를 이용한다.

이 장의 말미에는 12개의 '참고자료'를 두었다. 일상의 언어생활에서 맞춤법의 오류가 잦은 단어들과 주의가 필요한 조사 형태들, 띄어쓰기에 주의해야 할 단어들(의존명사, 관형사, 파생 동사, 합성 명사, 합성 동사)이 '참고자료'로 예시돼 있다.

〈그림 1〉 '한글 맞춤법'의 내용

문교부 교시 제88-1 호 (1988. 1. 19.)

한글 맞춤법

제1장 총칙
제2장 자모
제3장 소리에 관한 것
    제1절 된소리
    제2절 구개음화
    제3절 'ㄷ' 소리 받침
    제4절 모음
    제5절 두음 법칙
    제6절 겹쳐 나는 소리
제4장 형태에 관한 것
    제1절 체언과 조사
    제2절 어간과 어미
    제3절 접미사가 붙어서 된 말
    제4절 합성어 및 접두사가 붙은 말
    제5절 준말
제5장 띄어쓰기
    제1절 조사
    제2절 의존 명사, 단위를 나타내는 명사 및 열거하는 말 등
    제3절 보조 용언
    제4절 고유 명사 및 전문 용어
제6장 그 밖의 것
부록 문장 부호

제1장 총칙

제1항 한글 맞춤법은 표준어를 소리대로 적되, 어법에 맞도록 함을 원칙으로 한다.[1]

제2항 문장의 각 단어는 띄어 씀을 원칙으로 한다.[2]

제3항 외래어는 '외래어 표기법'에 따라 적는다.[3]

제2장 자모

제4항 한글 자모의 수는 스물넉 자로 하고, 그 순서와 이름은 다음과 같이 정한다.[4]

---

1) 낱말의 원형을 분명히 알 때 한 의미를 가진 말은 한 형태로 고정시켜 적는 것을 기본 원칙으로 하면서, 언어생활의 효율성과 말의 역사성을 존중하여 소리대로 적는 것을 병행한다.
2) '띄어 씀을 원칙으로 한다.'는 말은, 붙여 쓰는 일이 허용되는 경우가 있음을 암시하는 것이다.
3) 한 언어는 '고유어'와 '외래어'로 크게 나뉜다. 우리말에도 여러 언어권에서 들어온 외래어가 상당수에 이르는데, 특히 한자어와 한자어를 구성요소로 하는 어휘의 비율은 70%에 가깝다. 이는, 한자와 한자어가 들어와 사용된 시간이 오래된 만큼 우리말에 크게 자리 잡고 있음을 말해 주는 것이다. 이 때문에 국어 어문 규범에서는 한자어를 '외래어'로 구별하지 않고 고유어와 같은 범주에 넣어 '한글 맞춤법'에서 다룬다.
4) 자모(字母)란 음절의 근본이 되는 글자, 즉 음절을 구성하는 낱글자를 일컫는 말이다. 여기에 제시된 한글 자모의 순서와 이름은 최세진의 『훈몽자회(訓蒙字會)』(1527년)에 근거를 두고 있다. 한글 자모의 이름은 한자의 음과 뜻을

ㄱ(기역) ㄴ(니은) ㄷ(디귿) ㄹ(리을) ㅁ(미음) ㅂ(비읍)

ㅅ(시옷) ㅇ(이응) ㅈ(지읒) ㅊ(치읓) ㅋ(키읔) ㅌ(티읕)

ㅍ(피읖) ㅎ(히읗)

ㅏ(아) ㅑ(야) ㅓ(어) ㅕ(여) ㅗ(오) ㅛ(요) ㅜ(우) ㅠ(유)

ㅡ(으) ㅣ(이)

[붙임 1] 위의 자모로써 적을 수 없는 소리는 두 개 이상의 자모를 어울러서 적되, 그 순서와 이름은 다음과 같이 정한다.[5]

ㄲ(쌍기역) ㄸ(쌍디귿) ㅃ(쌍비읍) ㅆ(쌍시옷) ㅉ(쌍지읒)

ㅐ(애) ㅒ(얘) ㅔ(에) ㅖ(예) ㅘ(와) ㅙ(왜) ㅚ(외) ㅝ(워)

ㅞ(웨) ㅟ(위) ㅢ(의)

[붙임 2] 사전에 올릴 적의 자모 순서는 다음과 같이 정한다.[6]

빌리는 차자표기(借字表記) 방식으로 'ㄱ(其役[기역]), ㄴ(尼隱[니은]), ㄷ(池末[디귿]), ㄹ(梨乙[리을]), ㅁ(眉音[미음]), ㅂ(非邑[비읍]), ㅅ(時衣[시옷]), ㅇ(異凝[이응])'과 같이 붙여졌다. 당시 한국 한자음에 [윽, 은, 읏]과 같은 음을 지닌 한자가 없었으므로, [윽]은 [역](役)으로 바꾸어 음차하고, [은]과 [읏]은 '末'과 '衣'의 뜻을 음으로 가져와 [귿]과 [옷]으로 읽는 방법을 택한 것이다. 이 때문에 'ㄱ, ㄷ, ㅅ'의 이름이 나머지 자음 글자들의 이름 유형과 달라지게 되었는데, 현행 어문 규범에서는 오랜 관용을 존중하여 이를 그대로 유지한다.

5) [붙임 1]에 제시된 글자들은 위에서 말한 24자의 합자(合字)로 본다. 이는 『훈민정음(訓民正音)』(1446년)의 제자원리를 따른 것이다. 즉 'ㄲ'은 그것의 이름이 말해주듯 'ㄱ'을 두 번 연이어 적은 것이고 'ㅐ'는 'ㅏ'와 'ㅣ'를 합한 글자이다. 따라서 한글은, 14개의 자음 글자로 19개의 자음 소리를 표기하고 10개의 모음 글자로 21개의 모음 소리를 표기하는 문자이다.

6) 사전에 단어를 올릴 때는 일정한 자모 배열 순서에 대한 합의가 반드시 필요하다. [붙임 2]는 『훈몽자회』가 제시한 방법을 근간으로 한다. 자음의 경우, 음절의 첫소리와 끝소리에 모두 나타나는 자음들(ㄱ~ㅇ)을 앞에 놓고 첫소

자음 ㄱㄲㄴㄷㄸㄹㅁㅂㅃㅅㅆㅇㅈㅉㅊ
　　　ㅋㅌㅍㅎ

모음 ㅏㅐㅑㅒㅓㅔㅕㅖㅗㅘㅙㅚㅛㅜㅝ
　　　ㅞㅟㅠㅡㅢㅣ

제3장 소리에 관한 것

제1절 된소리[7]

제5항 한 단어[8] 안에서 뚜렷한 까닭 없이 나는 된소리는 다음 음절의 첫소

리에만 나타나는 자음들을(ㅈ~ㅎ) 뒤에 놓는데, 합자된 글자는 그 기본자
의 바로 뒤에 두었다. 모음의 경우, 'ㅏ, ㅑ, ㅓ, ㅕ, ㅗ, ㅛ, ㅜ, ㅠ, ㅡ, ㅣ'를
기본 순서로 잡고 합자들은 각각 그 기본자의 바로 뒤에 두었다. 현대국어에
서는 음절의 끝소리에 'ㅅ'이 나타나지 않고('빗'의 소리는 [빋]이다.) 첫소리
에 'ㅇ'이 나타나지 않지만('왕'의 소리는 [왕]이다.), 여전히 이 배열 순서를
유지하고 있다.

　　[붙임 2]에 받침 글자의 배열 순서가 제시되지 않았는데 그 순서는 'ㄱ ㄲ
ㄳ ㄴ ㄵ ㄶ ㄷ ㄹ ㄺ ㄻ ㄼ ㄽ ㄾ ㄿ ㅀ ㅁ ㅂ ㅄ ㅅ ㅆ ㅇ ㅈ ㅊ ㅋ
ㅌ ㅍ ㅎ'과 같다.

7) '된소리'는 'ㄲ, ㄸ, ㅃ, ㅆ, ㅉ'과 같은 소리를 일컫는 말로 '경음(硬音)'이라
고도 한다. 이에 비해 'ㅋ, ㅌ, ㅍ, ㅊ'은 '거센소리' 혹은 '격음(激音)'으로,
'ㄱ, ㄷ, ㅂ, ㅅ, ㅈ'은 '예사소리' 혹은 '평음(平音)'으로 불린다.

8) '뚜렷한 까닭 없이' 된소리가 난다는 말은, 된소리가 나는 까닭을 음운론적으
로든 형태론적으로든 조건화할 수 없다는 뜻이다. 음운론적으로 '까닭 있는'
된소리가 나는 일은, 받침 'ㄱ, ㄷ, ㅂ' 뒤에 'ㄱ, ㄷ, ㅂ, ㅅ, ㅈ'이 연이어 발
음되는 경우에 나타난다. 'ㄱ, ㄷ, ㅂ'이 받침 위치에 놓이면 기류가 밖으로
터지지 않은 채 조음부의 긴장이 커지는데, 이 긴장이 뒤따르는 자음에 얹혀
뒷소리가 된소리로 발음되기 때문이다. 이러한 현상은 '국수[-쑤], 몹시[-씨]'

리를 된소리로 적는다.

1. 두 모음 사이에서 나는 된소리

소쩍새	어깨	오빠	으뜸
아끼다	기쁘다	깨끗하다	어떠하다
해쓱하다	가끔	거꾸로	부썩
어찌	이따금		

2. 'ㄴ, ㄹ, ㅁ, ㅇ' 받침 뒤에서 나는 된소리

| 산뜻하다 | 잔뜩 | 살짝 | 훨씬 |
| 담뿍 | 움찔 | 몽땅 | 엉뚱하다 |

와 같은 한 형태소 안이나 '책-도[또], 걷-기[끼]'와 같이 두 형태소가 연결된 경우나 예외 없이 일어나는 물리적인 현상이므로 표기에 반영하지 않는다. 다만, 같은 음절이나 비슷한 음절이 겹쳐 나는 단어는 소리대로 적는다(제13항 참조).

반면 울림소리(ㄴ, ㅁ, ㅇ, ㄹ, 모음) 뒤에 이어지는 자음이 된소리로 발음 나는 일은, 음운론적으로 '까닭 없는' 현상이다. 이러한 현상은 한 형태소 안에서 일어나기도 하고 두 형태소가 결합될 때 일어나기도 한다. 어간 받침 'ㄴ, ㅁ' 뒤에 어미가 결합되는 용언('남다[-따], 닮다[-따], 신다[-따]' 등), 관형적 기능을 지니는 사이시옷이 있어야 할 일부 합성어('길가[-까], 손바닥[-빠닥], 술잔[-짠]' 등), 'ㄹ'에 'ㄷ, ㅅ, ㅈ'이 이어지는 일부 한자어('갈등[-뜽], 물질[-찔], 일시[-씨]' 등)와 같이, 특정한 형태론적 조건에서 두 형태소가 결합될 때 울림소리 뒤의 자음이 된소리로 발음되면 각 형태소의 원형을 밝혀 적는다. 그러나 어떠한 음운론적·형태론적 까닭도 없이 한 형태소 안에서 이러한 현상이 일어나면 '소쩍, 산뜻, 담뿍, 훨씬, 몽땅'과 같이 소리대로 적는다. 두 형태소가 결합될 때 일어나는 울림소리 뒤의 된소리 현상은 '표준 발음법' 제24항~제28항을 참고하기 바란다.

다만, 'ㄱ, ㅂ' 받침 뒤에서 나는 된소리는, 같은 음절이나 비슷한 음절이
겹쳐 나는 경우가 아니면 된소리로 적지 아니한다.

국수	깍두기	딱지	색시
싹둑(~싹둑)	법석	갑자기	몹시

제2절 구개음화[9]

제6항 'ㄷ, ㅌ' 받침 뒤에 종속적 관계를 가진 '-이(-)'나 '-히-'가 올 적에는,
그 'ㄷ, ㅌ'이 'ㅈ, ㅊ'으로 소리나더라도[10] 'ㄷ, ㅌ'으로 적는다.(ㄱ을 취하
고, ㄴ을 버림.)[11]

───────────

9) '구개음화(口蓋音化)'란 치조음인 'ㄷ, ㅌ, ㄸ'이 모음 'ㅣ, ㅑ, ㅕ, ㅛ, ㅠ' 앞
에서 구개음인 'ㅈ, ㅊ, ㅉ'으로 바뀌어 발음 나는 현상을 말한다. 구개음화
는 17세기에서 18세기로 넘어올 무렵 일어난 것으로 추정되는 현상인데, 형
태론적 조건에 상관없이 모든 음절 '디, 티, 띠'가 '지, 치, 찌'로 바뀌었다. '오
직(<오딕), 천지(<텬디), 절(<뎔), 좋다(<둏다), 지다(<디다), 치다(<티다)'
등이 구개음화를 겪어 형태가 바뀐 예에 속한다. 두 형태소가 결합된 '맏이
[마디→마지], 핥이[할티→할치], 걷히[거티→거치]' 등의 [디, 티]가 [지, 치]
로 발음 나는 것도 이 시기에 굳어진 일이다. 그런데 제6항에 속하는 경우
단어의 발음은 이전 시기에 굳어진 것을 그대로 인정하지만 표기할 때는 각
형태소의 원형을 밝혀 적는다.
　　'견디다, 디디다, 마디, 무디다, 버티다, 잔디, 티, 티끌, 티눈' 등의 '디'가
'지'로 바뀌지 않은 채 남아있는 것은, 구개음화가 일어날 시기에 이들의 형
태가 '견듸다, 잔듸, 틔눈' 등과 같았기 때문이다. 이들은 구개음화 현상이 종
료된 후에 '견듸다→견디다'와 같은 모음 변화를 겪어 오늘에 이른다. '듸,
틔'가 '디, 티'로 바뀌는 변화는 19세기에 들어 일어난 것으로 추정한다.
10) '소리 나다'는 띄어 써야 하는 단어이므로 '소리 나더라도, 소리 나는'과 같
이 적는 것이 규범에 맞는 표기이다.
11) "종속적 관계를 가진 '-이(-)'나 '-히-'"라는 것은, 단독으로 쓰이지 않으면

ㄱ	ㄴ	ㄱ	ㄴ
만이12)	마지	핥이다	할치다
해돋이	해도지	걷히다	거치다
굳이	구지	닫히다	다치다
같이	가치	묻히다	무치다
끝이	끄치		

제3절 'ㄷ' 소리 받침

제7항 'ㄷ' 소리로 나는 받침 중에서 'ㄷ'으로 적을 근거가 없는 것은 'ㅅ'으로 적는다.

덧저고리	돗자리	엇셈13)	웃어른	핫옷14)
무릇	사뭇	얼핏	자칫하면	뭇[衆]
옛	첫	헛		

제4절 모음

제8항 '계, 례, 몌, 폐, 혜'의 'ㅖ'는 'ㅔ'로 소리나는 경우가 있더라도 'ㅖ'로 적는다.(ㄱ을 취하고, ㄴ을 버림.)15)

서 문법적 의미를 지닌 '조사, 어미, 접미사'를 가리키는 말이다.

12) 명사 '만이'의 어원에 대해서는 '맏(접사)-이(의존명사), 맏(명사)-이(의존명사), 맏(명사)-이(조사), 맏(접사)-이(접사)'와 같은 여러 시각이 있는데, 제6항은 '만이'의 '이'를 문법 형태소로 보고 있다.

13) '주고받아야 할 거래가 있을 때 서로 비겨 없애는 셈'을 뜻하다.

14) '솜을 두어 지은 솜옷'을 뜻한다.

ㄱ	ㄴ	ㄱ	ㄴ
계수(桂樹)	게수	혜택(惠澤)	헤택
사례(謝禮)	사레	계집	게집
연몌(連袂)	연메	핑계	핑게
폐품(廢品)	페품	계시다	게시다

다만, 다음 말은 본음대로 적는다.

  게송(偈頌)   게시판(揭示板)   휴게실(休憩室)

제9항 '의'나, 자음을 첫소리로 가지고 있는 음절의 'ㅢ'는 'ㅣ'로 소리나는 경우가 있더라도 'ㅢ'로 적는다.(ㄱ을 취하고, ㄴ을 버림.)16)

ㄱ	ㄴ	ㄱ	ㄴ
의의(意義)	의이	늴큼	닁큼
본의(本義)	본이	띄어쓰기	띠어쓰기

---

15) '계, 례, 몌, 폐, 혜'의 'ㅖ'뿐만 아니라 '개, 재, 져, -죠, 쳐'의 'ㅐ, ㅕ, ㅛ'도 'ㅐ, ㅓ, ㅗ'로 발음되나, 모두 원형을 밝혀 적는다. '게송, 게시판, 휴게실'은 한자어 '게'를 '계'로 잘못 인식하고 적는 경우가 매우 많아 여기에 제시하였다. '게양(揭揚), 게재(揭載), 상게(上揭), 전게(前揭)' 등도 주의해야 할 형태이다. '참고자료 ①'에서 다른 예들을 참고하기 바란다.

16) 'ㅢ'는 여러 가지 소리를 갖는다. '무늬[무니], 희다[히다]'와 같이 자음 뒤의 'ㅢ'는 항상 'ㅣ'로 발음한다. 그런데 앞 음절의 받침이 뒤따르는 'ㅢ'에 연음된 경우에는 '본의[보늬/보니]'와 같이 두 가지 발음이 가능하다. 단어의 첫머리가 아닌 '의'가 조사이면 '에'로 발음할 수 있고, 조사가 아니면 '이'로 발음할 수 있다. 예를 들어 '나의[나의/나에] 집, 회의[회의/회이]'와 같다.

무늬[紋]	무니	씌어	씨어
보늬	보니	틔어	티어
오늬[17]	오니	희망(希望)	히망
하늬바람[18]	하니바람	희다	히다
닁리리	닁리리	유희(遊戲)	유히

제5절 두음 법칙[19]

제10항 한자음 '녀, 뇨, 뉴, 니'가 단어 첫머리에 올 적에는, 두음 법칙에 따라 '여, 요, 유, 이'로 적는다.(ㄱ을 취하고, ㄴ을 버림.)

ㄱ	ㄴ	ㄱ	ㄴ
여자(女子)	녀자	유대(紐帶)	뉴대
연세(年歲)	년세	이토(泥土)	니토
요소(尿素)	뇨소	익명(匿名)	닉명

다만, 다음과 같은 의존 명사에서는 '냐, 녀' 음을 인정한다.

냥(兩)   냥쭝(兩-)[20]   년(年) (몇 년)

---

17) '화살의 머리를 시위에 끼도록 에어 낸 부분'을 뜻한다.
18) 농촌이나 어촌에서 '서풍(西風)'을 이르는 말이다.
19) 두음(頭音) 법칙은 단어의 첫머리[語頭]에 올 수 없는 소리에 대한 규칙이다. 현대국어의 고유어는 단어의 첫머리에 'ㄹ'이 나타나는 일이 없고 단어의 첫머리에서 'ㅣ, ㅑ, ㅒ, ㅕ, ㅖ, ㅛ, ㅠ' 앞에 'ㄴ'이 나타나는 일도 없다. 의존명사 '녀석, 년, 녘, 님, 닢'이나 시늉말 '냠냠'은 예외이다. 고유어에 존재하는 이런 제약을 한자어에 적용하는 것이 두음 법칙이다. 외래어는 이 규정의 대상이 아니므로 원음대로 '라디오, 리본, 니트, 뉴스'와 같이 표기한다.

[붙임 1] 단어의 첫머리 이외의 경우에는 본음대로 적는다.

　　남녀(男女)　　　당뇨(糖尿)　　　결뉴(結紐)　　　은닉(隱匿)

[붙임 2] 접두사처럼 쓰이는 한자가 붙어서 된 말이나 합성어에서, 뒷말의 첫소리가 'ㄴ' 소리로 나더라도 두음 법칙에 따라 적는다.[21]

　　신여성(新女性)　　　공염불(空念佛)　　　남존여비(男尊女卑)

[붙임 3] 둘 이상의 단어로 이루어진 고유 명사를 붙여 쓰는 경우에도 붙임 2에 준하여 적는다.

　　한국여자대학　　　　　대한요소비료회사

제11항 한자음 '랴, 려, 례, 료, 류, 리'가 단어의 첫머리에 올 적에는, 두음 법칙에 따라 '야, 여, 예, 요, 유, 이'로 적는다.(ㄱ을 취하고, ㄴ을 버림.)

---

20) '냥(兩)의 무게'를 뜻한다.
21) '신(新)'은 '새로운 방식이나 형식의, 새로 나타난'이란 뜻이고 '공(空)'은 '헛된'이란 뜻을 갖는데, 자립성을 가진 한자어들 앞에 붙어 접두사로 기능한다. 즉 두음 법칙이 적용되어 단독으로 쓰이는 단어 '여성(←녀성), 염불(←념불)' 앞에 접두사 '신-, 공-'이 연결된 것이므로 '신여성, 공염불'과 같이 적는다. '남존'은 두음 법칙이 적용된 단어 '여비(←녀비)' 앞에 연결되어 합성어를 이룬 경우이므로 '남존여비'로 적는다. [붙임 3]의 '여자(←녀자), 요소(←뇨소)'도 두음 법칙을 적용받은 단어가 합성어에 쓰인 경우이다. 흔히 사용되는 '구년(舊年)-도(度), 신년(新年)-도(度), 전년(前年)-도(度), 내년(來年)-도(度), 2013년(年)-도(度)'와 '연말(年末)-연시(年始), 회계(會計)-연도(年度)' 등에 나타나는 '년(年)'의 표기가 다른 것도, 자립성을 갖는 단어의 첫머리에 두음 법칙을 적용하기 때문이다.

ㄱ	ㄴ	ㄱ	ㄴ
양심(良心)	량심	용궁(龍宮)	룡궁
역사(歷史)	력사	유행(流行)	류행
예의(禮儀)	례의	이발(理髮)	리발

다만, 다음과 같은 의존 명사는 본음대로 적는다.

리(里) : 몇 리냐?
리(理) : 그럴 리가 없다.

[붙임 1] 단어의 첫머리 이외의 경우에는 본음대로 적는다.

개량(改良)　선량(善良)　수력(水力)　협력(協力)　사례(謝禮)
혼례(婚禮)　와룡(臥龍)　쌍룡(雙龍)　하류(下流)　급류(急流)
도리(道理)　진리(眞理)

다만, 모음이나 'ㄴ' 받침 뒤에 이어지는 '렬, 률'은 '열, 율'로 적는다.(ㄱ을
취하고 ㄴ을 버림.)

ㄱ	ㄴ	ㄱ	ㄴ
나열(羅列)	나렬	분열(分裂)	분렬
치열(齒列)	치렬	선열(先烈)	선렬
비열(卑劣)	비렬	진열(陳列)	진렬
규율(規律)	규률	선율(旋律)	규률
비율(比率)	비률	전율(戰慄)	전률
실패율(失敗率)	실패률	백분율(百分率)	백분률

[붙임 2] 외자로 된 이름을 성에 붙여 쓸 경우에도 본음대로 적을 수 있다.[22]

신립(申砬)　　최린(崔麟)　　채륜(蔡倫)　　하륜(河崙)

[붙임 3] 준말에서 본음으로 소리나는 것은 본음대로 적는다.[23]

국련(국제연합)　　대한교련(대한교육연합회)

[붙임 4] 접두사처럼 쓰이는 한자가 붙어서 된 말이나 합성어에서, 뒷말의 첫소리가 'ㄴ' 또는 'ㄹ' 소리로 나더라도 두음 법칙에 따라 적는다.[24]

역이용(逆利用)　　연이율(年利率)　　열역학(熱力學)
해외여행(海外旅行)

---

22) 이름은 성과 구별되는 자립적인 단어이므로 두음 법칙을 적용한다. 예를 들어 '유-연화(柳-蓮花), 유-수련(柳-睡蓮)'과 같이 적는다. 다만, 한 글자로 된 한자어 이름일 때 본음대로 적는 것을 허용한다. 성과 이름은 고유명사라는 이유로 표기를 강제하지 않아, 그것에 적용되는 어문 규범이 잘 지켜지지 않는 경향이 있다. 특히 성씨의 경우 제11항과 12항에 따라, '라(羅), 량(梁), 려(呂), 렴(廉), 로(盧, 魯), 류(柳, 劉), 륙(陸), 리(李), 림(林)' 등은 '나, 양, 여, 염, 노, 유, 육, 이, 임'과 같이 적어야 한다. 성씨를 로마자로 적을 때도 마찬가지로 두음 법칙을 적용한 후 그 발음을 로마자로 표기해야 한다.

23) 준말인 '국련, 교련'의 경우 '국'과 '련', '교'와 '련'을 각각 자립하는 단어로 볼 수 없기 때문에 '국련'을 하나의 단어로 간주하므로, '련'을 소리대로 적는다.

24) 그런데 '입자(粒子), 유탄(榴彈), 염치(廉恥)'와 같은 단어들이 접두사 뒤에 놓여 '미(微)-립자, 수(手)-류탄, 파(破)-렴치'와 같이 본음대로 굳어져 쓰이는 경우는, 관용을 인정하여 소리대로 적는다.

[붙임 5] 둘 이상의 단어로 이루어진 고유 명사를 붙여 쓰는 경우나 십진법에 따라 쓰는 수(數)도 붙임 4에 준하여 적는다.

서울여관   신흥이발관   육천육백육십육(六千六百六十六)

제12항 한자음 '라, 래, 로, 뢰, 루, 르'가 단어의 첫머리에 올 적에는, 두음 법칙에 따라 '나, 내, 노, 뇌, 누, 느'로 적는다.(ㄱ을 취하고, ㄴ을 버림.)

ㄱ	ㄴ	ㄱ	ㄴ
낙원(樂園)	락원	뇌성(雷聲)	뢰성
내일(來日)	래일	누각(樓閣)	루각
노인(老人)	로인	능묘(陵墓)	룽묘

[붙임 1] 단어의 첫머리 이외의 경우에는 본음대로 적는다.[25]

쾌락(快樂)	극락(極樂)	거래(去來)	왕래(往來)
부로(父老)	연로(年老)	지뢰(地雷)	낙뢰(落雷)
고루(高樓)	광한루(廣寒樓)	동구릉(東九陵)	가정란(家庭欄)

[붙임 2] 접두사처럼 쓰이는 한자가 붙어서 된 단어는 뒷말을 두음 법칙에 따라 적는다.[26]

---

25) '란(欄)'은 '건의할 난을 만들다.'와 같이 자립성을 가지면서 고유어나 외래어에 연결되어 '수다-난, 알림-난, 가십(gossip)-난, 메모(memo)-난'과 같은 단어를 만드는데, 이 경우에 두음 법칙을 적용한다. 이와 같은 예로 '량(量)'이 있는데, '구름-양, 소금-양, 일-양, 비타민-양, 칼슘-양'과 같이 쓰일 때 두음 법칙을 적용한다. 그러나 한자어 뒤에 쓰이는 경우 원음대로 적는다.

26) '전라(全裸), 반라(半裸), 고랭(高冷)-지(地), 수랭(水冷)-식(式)'과 '전(全)-나체(裸體), 반(半)-나체(裸體), 과(過)-냉각(冷却), 물-냉면(冷麵)'의 표기를 달

내내월(來來月)   상노인(上老人)   중노동(重勞動)

비논리적(非論理的)

제6절 겹쳐 나는 소리

제13항 한 단어 안에서 같은 음절이나 비슷한 음절이 겹쳐 나는 부분은 같은 글자로 적는다. (ㄱ을 취하고, ㄴ을 버림.)[27]

ㄱ	ㄴ	ㄱ	ㄴ
딱딱	딱닥	꼿꼿하다	꼿곳하다
쌕쌕	쌕색	놀놀하다	놀롤하다
씩씩	씩식	눅눅하다	눙눅하다
똑딱똑딱	똑닥똑닥	밋밋하다	민밋하다
쓱싹쓱싹	쓱삭쓱삭	싹싹하다	싹삭하다
연연불망(戀戀不忘)	연련불망	쌉쌀하다	쌉살하다
유유상종(類類相從)	유류상종	씁쓸하다	씁슬하다
누누이(屢屢-)	누루이	짭짤하다	짭잘하다

리하는 이유도, 자립성을 갖는 단어의 첫머리에 두음 법칙이 적용되기 때문이다.

27) 제5항의 된소리 표기 원칙과 상관없이, 제13항의 단어들은 동일하거나 비슷한 음절이 겹쳐져 만들어진 형태이므로 같은 글자로 적는다. 그런데 같은 음절이 겹쳐진 단어지만 '낙락장송(落落長松), 늠름하다(凜凜-), 희희낙락(喜喜樂樂)'의 '낙락, 늠름, 낙락'을 두음 법칙에 따라 적는 것과 달리, 제13항의 한자어 '연연, 유유, 누누'는 예외적으로 발음의 관용을 존중하여 소리대로 적는다.

제4장 형태에 관한 것

제1절 체언과 조사

제14항 체언은 조사와 구별하여 적는다.

떡이	떡을	떡에	떡도	떡만
손이	손을	손에	손도	손만
팔이	팔을	팔에	팔도	팔만
밤이	밤을	밤에	밤도	밤만
집이	집을	집에	집도	집만
옷이	옷을	옷에	옷도	옷만
콩이	콩을	콩에	콩도	콩만
낮이	낮을	낮에	낮도	낮만
꽃이	꽃을	꽃에	꽃도	꽃만
밭이	밭을	밭에	밭도	밭만
앞이	앞을	앞에	앞도	앞만
밖이	밖을	밖에	밖도	밖만
넋이	넋을	넋에	넋도	넋만
흙이	흙을	흙에	흙도	흙만
삶이	삶을	삶에	삶도	삶만
여덟이	여덟을	여덟에	여덟도	여덟만
곬이	곬을	곬에	곬도	곬만
값이	값을	값에	값도	값만

제2절 어간과 어미

제15항 용언의 어간과 어미는 구별하여 적는다.

먹다	먹고	먹어	먹으니
신다	신고	신어	신으니
믿다	믿고	믿어	믿으니
울다	울고	울어	(우니)
넘다	넘고	넘어	넘으니
입다	입고	입어	입으니
웃다	웃고	웃어	웃으니
찾다	찾고	찾아	찾으니
좇다	좇고	좇아	좇으니
같다	같고	같아	같으니
높다	높고	높아	높으니
좋다	좋고	좋아	좋으니
깎다	깎고	깎아	깎으니
앉다	앉고	앉아	앉으니
많다	많고	많아	많으니
늙다	늙고	늙어	늙으니
젊다	젊고	젊어	젊으니
넓다	넓고	넓어	넓으니
훑다	훑고	훑어	훑으니
읊다	읊고	읊어	읊으니
옳다	옳고	옳아	옳으니
없다	없고	없어	없으니
있다	있고	있어	있으니

[붙임 1] 두 개의 용언이 어울려 한 개의 용언이 될 적에, 앞말의 본뜻이 유지되고 있는 것은 그 원형을 밝히어 적고, 그 본뜻에서 멀어진 것은 밝히어 적지 아니한다.

(1) 앞말의 본뜻이 유지되고 있는 것

넘어지다	늘어나다	늘어지다	돌아가다
되짚어가다	들어가다	떨어지다	벌어지다
엎어지다	접어들다	틀어지다	흩어지다

(2) 본뜻에서 멀어진 것[28]

드러나다	사라지다	쓰러지다

[붙임 2] 종결형에서 사용되는 어미 '-오'는 '요'로 소리나는 경우가 있더라도 그 원형을 밝혀 '오'로 적는다.(ㄱ을 취하고, ㄴ을 버림.)[29]

---

28) 본뜻에서 멀어졌다는 말은, 그 단어가 단독으로 쓰일 때의 의미가 제대로 인식되지 않거나 변했음을 뜻한다. 예를 들어 (1)에서 '늘어나다'의 '늘어'는 '늘다[增]'의 의미를 그대로 유지하고 있다. 그런데 (2)에서 '드러나다'의 '드러'는 그것이 '들다[擧, 列擧, 入]'에서 온 것임을 분명히 할 수 없으므로 소리대로 적는다. '사라지다, 쓰러지다, 나타나다, 바라보다, 부서지다, 불거지다, 부러지다, 자빠지다, 토라지다' 등도 앞말의 어원을 분명히 알 수 없어 소리대로 적는 예들이다.

29) '종결형에서 사용되는 어미'란 문장을 끝맺을 때 사용되는 어미를 말한다. '-(으)오'는 예사높임의 '하오체'를 나타내는 어미인데, 앞 음절이 'ㅣ'로 끝날 때 '요'로 발음 나는 경향이 크다. '학생이어도, 학생이었다'의 '어, 었'을 '여, 였'으로 잘못 표기하는 일이 잦은 것도, 'ㅣ' 뒤에서 '어'가 '여'로 발음 나는 경향 때문이다. 'ㅣ' 뒤에서 '오'가 '요'로 발음 나는 현상 때문에 [붙임 3]의 연결형 '이요'나 제17항의 조사 '요'와 '-오'를 혼동하게 되는데, 낱말의 형태가 다르므로 달리 표기한다. '-오, 이요, 요'를 구별하는 방법은 다음과

ㄱ	ㄴ
이것은 책이오.	이것은 책이요.
이리로 오시오.	이리로 오시요.
이것은 책이 아니오.	이것은 책이 아니요.

[붙임 3] 연결형에서 사용되는 '이요'는 '이요'로 적는다.(ㄱ을 취하고, ㄴ을 버림.)

ㄱ	ㄴ
이것은 책이요, 저것은 붓이요, 또 저것은 먹이다.	이것은 책이오, 저것은 붓이오, 또 저것은 먹이다.

제16항 어간의 끝음절 모음이 'ㅏ, ㅗ'일 때에는 어미를 '-아'로 적고, 그 밖의 모음일 때에는 '-어'로 적는다.[30]

같다.

'-오'는 문장의 가장 끝에 놓여 문장을 끝맺는 기능을 하는 어미이므로 이것이 생략된 '어서 오십시.' 혹은 '안녕히 가십시.'와 같은 문장은 있을 수 없다. 이 경우에 '-오'를 넣어 문장을 완성해야 한다. 반면 '요'는 단어나 문장의 끝에 놓여 존대의 뜻을 더해주는 보조사이므로, 단독으로 쓰일 수 있는 단어 뒤에만 나타난다. 따라서 '빨리요. 잠깐만요. 어서 읽어요. 이게 좋지요.'에서 '요'를 삭제해도 말이 된다. 특히 '아니오'와 '아니요'를 구별해야 하는데, '아니요'는 질문에 대답하는 말 '아니'의 존댓말이고 '아니오'는 '이것은 내 것이 아니오.'와 같이 서술어로 쓰이는 단어이다. 한편 '이요'는 [붙임 3]과 같이 항상 체언 뒤에만 연결되어 여러 대상을 나열하는 기능을 하므로 구별된다.

30) 이것은 이른바 '모음조화(母音調和)'라고 불리는 규칙이다. 모음의 음상을 '음(陰)'과 '양(陽)'으로 구별하는 것은 『훈민정음』의 제자원리에서 비롯되는데, 양성 뒤에는 양성이 결합하고 음성 뒤에는 음성이 결합하는 방식으로 조화를 이루어야 한다는 규칙이다. 현대국어에서 모음조화가 적용되는 경

1. '-아'로 적는 경우

나아	나아도	나아서
막아	막아도	막아서
얇아	얇아도	얇아서
돌아	돌아도	돌아서
보아	보아도	보아서

2. '-어'로 적는 경우

개어	개어도	개어서
겪어	겪어도	겪어서
되어	되어도	되어서
베어	베어도	베어서
쉬어	쉬어도	쉬어서
저어	저어도	저어서
주어	주어도	주어서
피어	피어도	피어서
희어	희어도	희어서

제17항 어미 뒤에 덧붙는 조사 '요'는 '요'로 적는다.[31]

우는 어간이 어미와 연결되어 용언을 이룰 때인데, 'ㅏ, ㅗ'는 양성(陽性)이고 나머지는 음성(陰性)이므로 어간의 끝 음절 모음이 양성이면 어미 '-아'가 연결되고 그렇지 않으면 '-어'가 연결된다. 만일 어간의 끝 음절 모음이 줄어지는 경우 그 바로 앞 음절의 모음에 따라 모음조화 한다. 제18항 4와 9의 예들이 여기에 속한다.

31) '요'는 어미 뒤만이 아니라 '이 책요. 철수요. 일곱요. 많이요. 빨리요. 아니요. 하지만요.'와 같이 자립해서 쓰이는 모든 단어에 두루 결합한다.

읽어   읽어요
참으리   참으리요
좋지   좋지요

제18항 다음과 같은 용언들은 어미가 바뀔 경우, 그 어간이나 어미가 원칙에 벗어나면 벗어나는 대로 적는다.[32]

1. 어간의 끝 'ㄹ'이 줄어질 적[33]

갈다 :   가니   간   갑니다   가시다   가오

놀다 :   노니   논   놉니다   노시다   노오

불다 :   부니   분   붑니다   부시다   부오

둥글다 :   둥그니   둥근   둥급니다   둥그시다   둥그오

어질다 :   어지니   어진   어집니다   어지시다   어지오

[붙임] 다음과 같은 말에서도 'ㄹ'이 준 대로 적는다.[34]

---

32) '원칙에서 벗어난다'는 말은, 어간과 어미가 결합하여 용언이 될 때 어간이나 어미의 원래 형태에 변화가 일어나는 것을 의미한다. 이러한 변화를 반영하여 그 바뀐 형태대로 적는 이 규정은, 낱말의 원형을 밝혀 적는다는 기본 원칙보다 언어생활의 효율성을 높이는 것에 초점을 둔 것이다.

33) 어간의 끝이 'ㄹ'이면 '-냐, -네, -니, -세, -(스)ㅂ니다, -(스)ㅂ니까'와 '으'로 시작하는 어미에 연결될 때, 'ㄹ'이 줄어 끝소리가 모음인 어간처럼 활용한다. 특정 어미 앞에서 어간의 끝 'ㄹ'이 줄어지는 일은 중세국어 시기부터 있어왔다. 반면 '-(으)ㅁ, -(으)라, -(으)라고'가 연결될 때는 어간의 형태를 유지하면서 어미의 '으'가 줄어 '갊, 갈라, 갈라고'와 같이 쓰인다.

34) [붙임]에 제시된 단어는 금지를 나타내는 동사 '말다'이다. 이것은 보조적 연결어미 '-지'와 종결형 어미 '-아, -아라' 앞에서도 'ㄹ'이 줄어진다. 그리고 '-다마다(←-다말다), -자마자(←-자말자)'처럼 'ㄹ'이 줄어진 채 굳어진 어미 형태도 있다.

마지못하다　　마지않다　　　　(하)다마다　　　(하)자마자

(하)지 마라　　(하)지 마(아)

2. 어간의 끝 'ㅅ'이 줄어질 적35)

긋다 :　　　그어　　　그으니　　　그었다

낫다 :　　　나아　　　나으니　　　나았다

잇다 :　　　이어　　　이으니　　　이었다

짓다 :　　　지어　　　지으니　　　지었다

3. 어간의 끝 'ㅎ'이 줄어질 적36)

---

35) 어간의 끝이 'ㅅ'인 것 중 일부는 모음으로 시작하는 어미와 연결될 때 'ㅅ'이 줄어진다. '긋다, 낫다, 붓다, 잇다, 짓다' 등이 그러하다. 'ㅅ'이 줄지 않는 '벗다, 솟다, 씻다' 등과 다른 이유는 역사적인 데 있다. 예를 들어 중세국어 시기에 '짓-'은 어미 '-어, -(으)니'와 연결될 때 '지-어→지어, 지-으니→지으니'와 같이 활용했는데, 그 후 'ㅿ'이 사라지면서 '지어, 지으니'로 굳어져 오늘에 이른다. 다만, '웃다'는 '우ᅀᅥ, 우ᅀᅳ니'로 활용하다가 근대국어 시기 이후에 '우서, 우스니'로 통일되어 오늘날에도 어간의 끝 'ㅅ'이 줄지 않는다.

36) 어간의 끝이 'ㅎ'인 것 중 일부는, 모음으로 시작하는 어미나 '-냐, -네, -니, -세'와 연결될 때 'ㅎ'이 줄어진다. '이렇다, 저렇다, 그렇다, 어떻다', '까맣다, 노랗다, 빨갛다, 파랗다, 하얗다', '기다랗다, 널따랗다, 동그랗다, 조그맣다, 커다랗다' 등이 여기에 속한다. 따라서 '-(으)ㅁ'과 연결되면 '그럼, 까맘, 동그람, 퍼럼, 하얌'과 같이 쓰고, '-네'와 연결되면 '그러네, 까마네, 동그라네, 퍼러네, 하야네'와 같이 쓴다.

　'-냐, -네, -니, -세' 앞에서 어간의 끝 'ㅎ'이 줄지 않는 '낳다, 닿다, 쌓다, 좋다' 등과 다른 점은, 3의 옛 형태들이 어간의 끝소리로 '하'를 가졌다는 것이다. 예를 들어 '그렇다, 퍼러다'의 옛 형태는 '그러하다, 퍼러하다'인데 지시 형용사 '그러하다' 등은 지금도 쓰이지만 색채어 '퍼러하다' 등은 더 이상 쓰이지 않는다. 어미 '-어/-아'가 연결될 때 모음조화하지 않고 '그래, 까매, 동그래, 퍼래, 하얘'와 같이 쓰이는 것도, 옛 어간 형태의 끝소리가 '하'이기 때문이다.

그렇다:	그러니	그럴	그러면	그러오
까맣다:	까마니	까말	까마면	까마오
동그랗다:	동그라니	동그랄	동그라면	동그라오
퍼렇다:	퍼러니	퍼럴	퍼러면	퍼러오
하얗다:	하야니	하얄	하야면	하야오

4. 어간의 끝 'ㅜ, ㅡ'가 줄어질 적[37]

푸다:	퍼	펐다		뜨다:	떠	떴다
끄다:	꺼	껐다		크다:	커	컸다
담그다:	담가	담갔다		고프다:	고파	고팠다
따르다:	따라	따랐다		바쁘다:	바빠	바빴다

---

37) 어간의 끝소리 'ㅡ'는 모음으로 시작하는 어미 앞에서 줄어진다. 다만, 'ㅡ' 앞에 'ㄹ'이 나타나는 경우 '다다르다, 따르다, 치르다'만 어간의 'ㅡ'가 줄고, 나머지 단어들은 어미의 형태가 바뀌거나 어간과 어미의 형태가 함께 바뀐다. 이에 대해서는 8과 9에서 다룬다.

　어간의 끝소리가 'ㅜ'인 것 중에서 '푸다'는 어미 '-어' 앞에서 '풔'가 아닌 '퍼'가 되는 예외적 활용을 한다. 이는 '푸다'의 옛 형태가 '프다'인 것에 이유가 있다. 역사적으로 'ㅂ, ㅍ' 뒤에 이어진 'ㅡ'는 입술을 오므리는 앞 자음의 성질에 동화되어 'ㅜ'로 바뀌는 변화를 겪었는데, 특히 어두에 강력하게 작용하여 '믈>물, 블>불, 븕다>붉다, 븥다>붙다, 븟다>붓다, 프르다>푸르다' 등과 같은 변화를 낳았다. 즉 어간의 모음이 바뀐 '푸고(←프+고), 푸면(←프+면)'과 옛 어간 형태에서 만들어진 '퍼(←프+어)'가 각기 굳어져 오늘에 이르렀기 때문에 구별하여 적는다.

　'부수다'에 어미 '-어지다'가 연결된 피동 형태를 '부숴지다'가 아닌 '부서지다'로 쓰는 것도 이와 같은 이유에서이다. '부수다'의 옛 형태 '브스다'에 어미 '-어지다'가 결합하여 '브서지다'가 되었고, 후에 '브'가 '부'로 바뀌면서 '부서지다→부서지다'와 같은 변화를 겪어 굳어진 단어이기 때문이다. 따라서 '부수고, 부수니, 부숴도, 부쉈다'로 활용하는 '부수다'와 '부서지고, 부서지니, 부서져도, 부서졌다'로 활용하는 '부서지다'를 구별한다.

5. 어간의 끝 'ㄷ'이 'ㄹ'로 바뀔 적[38]

걷다[步]:	걸어	걸으니	걸었다
듣다[聽]:	들어	들으니	들었다
묻다[問]:	물어	물으니	물었다
싣다[載]:	실어	실으니	실었다

6. 어간의 끝 'ㅂ'이 'ㅜ'로 바뀔 적[39]

깁다:	기워	기우니	기웠다
굽다[炙]:	구워	구우니	구웠다

---

[38] 어간의 끝이 'ㄷ'인 용언 중 일부는 모음으로 시작하는 어미와 연결될 때 'ㄷ'이 'ㄹ'로 바뀐다. '긷다, 깨닫다, 내닫다' 등도 여기에 속한다. 이러한 현상은 중세국어 시기부터 확인된다.

[39] 어간의 끝이 'ㅂ'인 것 중 일부는 모음으로 시작하는 어미와 연결될 때 'ㅂ'이 'ㅜ'로 바뀐다. '눕다, 더럽다, 덥다, 따갑다, 뜨겁다, 마렵다, 서럽다, 아깝다, 아름답다, 어렵다, 여쭙다, 외롭다, 차갑다, 춥다' 등도 여기에 속한다. 'ㅂ'이 'ㅜ'로 바뀌지 않는 '굽다[曲], 씹다, 입다, 잡다' 등과 다른 점은, 중세국어 시기부터 '곱다' 등이 모음으로 시작하는 어미와 연결될 때 '고ᄫᅵ, 고ᄫᆞᆫ, 고ᄫᆞ니'와 같이 'ㅂ'이 'ㅸ'로 바뀌는 활용을 했기 때문이다. 'ㅸ'이 사라지면서 'ㅜ'로 바뀌어 오늘날과 같은 형태로 굳어졌다.

어간의 끝 음절 모음이 양성이냐 음성이냐에 상관없이 'ㅂ'이 'ㅜ'로 바뀌므로, 어미 '-어'가 결합하여 모음조화 하게 된다. 그런데 1음절 단어 '곱다, 돕다'만 어미 '-아'와 결합하여 '고와, 도와'로 나타나므로 이를 예외로 처리한다. 이 중 '여쭙다'는 같은 의미를 가진 형태로 '여쭈다'와 함께 쓰이는데, '으'로 시작하는 어미 앞에는 '여쭈다'만 연결되어 '여쭈니, 여쭐, 여쭈면'과 같이 쓰인다. 이와 유사한 예로 '뵙다, 뵈다'가 있다. 이들의 의미는 같지만 자음으로 시작하는 어미 앞에는 '뵙다'만 연결되고 모음으로 시작하는 어미 앞에는 '뵈다'만 연결된다. 따라서 '뵙고, 뵙도록, 뵈니, 뵈면, 뵈어도/봬도, 뵈었다/뵀다'와 같이 활용한다.

가깝다:	가까워	가까우니	가까웠다
괴롭다:	괴로워	괴로우니	괴로웠다
맵다:	매워	매우니	매웠다
무겁다:	무거워	무거우니	무거웠다
밉다:	미워	미우니	미웠다
쉽다:	쉬워	쉬우니	쉬웠다

다만, '돕-, 곱-'과 같은 단음절 어간에 어미 '-아'가 결합되어 '와'로 소리 나는 것은 '-와'로 적는다.

돕다[助]:	도와	도와서	도와도	도왔다
곱다[麗]:	고와	고와서	고와도	고왔다

7. '하다'의 활용에서 어미 '-아'가 '-여'로 바뀔 적[40]

　하다:　　하여　　하여서　　하여도　　하여라　　하였다

8. 어간의 끝음절 '르' 뒤에 오는 어미 '-어'가 '-러'로 바뀔 적

이르다[至]:	이르러	이르렀다
노르다[41]:	노르러	노르렀다
누르다:	누르러	누르렀다
푸르다:	푸르러	푸르렀다

---

40) 어간의 끝이 'ㅏ'인 것 중에서 오직 '하다' 뒤에서만 어미가 이러한 변화를 보이는데, 이는 중세국어 시기부터 확인되는 일이다.
41) '노르다, 누르다'는 '황금 빛깔과 같은 색'을 뜻하는 말인데 '누르다'가 큰 말이다.

9. 어간의 끝음절 '르'의 'ㅡ'가 줄고, 그 뒤에 오는 어미 '-아/-어'가 '-라/-러' 로 바뀔 적[42]

가르다:	갈라	갈랐다	부르다:	불러	불렀다
거르다:	걸러	걸렀다	오르다:	올라	올랐다
구르다:	굴러	굴렀다	이르다:	일러	일렀다
벼르다:	별러	별렀다	지르다:	질러	질렀다

제3절 접미사가 붙어서 된 말[43]

제19항 어간에 '-이'나 '-음/-ㅁ'이 붙어서 명사로 된 것과 '-이'나 '-히'가 붙 어서 부사로 된 것은 그 어간의 원형을 밝히어 적는다.

---

42) 어간의 끝이 '르'인 것 중에서 4와 8에 제시된 예를 제외한 모든 단어는 9와 같이 활용한다. 어간의 끝모음 'ㅡ'가 줄어지므로 바로 그 앞 음절의 모음에 따라 모음조화 한다. 9의 단어들이 이러한 특이 활용을 하는 것은 중세국어 시기부터 확인되는 일이다.

43) 어미에 직접 연결될 수 있는 형태를 '어간(語幹)'이라고 하고 그렇지 않은 것 을 '어근(語根)'이라고 한다. 제19항과 제21-22항은 어간에 접미사가 연결된 예 들이고 제23-26항은 어근에 접미사가 연결된 예들이다. 제3절의 표기 원칙은 다음과 같이 정리된다. 첫째, 어간·어근과 접미사의 원형에 대한 인식이 분명하고 본뜻을 유지하고 있을 때 형태를 밝혀 적는다. 둘째, 접미사는 그 것이 접사라는 인식이 분명하고 높은 생산성을 가질 때 형태를 밝혀 적는 다. 셋째, 어간·어근과 접미사가 위와 같은 요건을 갖추지 못할 때 소리대 로 적는다. 이에 따라, 자음으로 시작하는 접미사나 '-이, -(으)ㅁ'이 붙는 어 간은 원형을 밝혀 적고 '-하다, -거리다'가 붙는 어근은 원형을 밝혀 적는 다. 이 접미사들이 붙지 않는 어간·어근은 소리대로 적는다.

1. '-이'가 붙어서 명사로 된 것

길이	깊이	높이	다듬이[44]	땀받이[45]
달맞이	먹이	미닫이	벌이	벼훑이
살림살이	쇠붙이			

2. '-음/-ㅁ'이 붙어서 명사로 된 것[46]

걸음	묶음	믿음	얼음	엮음	울음

---

44) '다듬이질, 다듬잇감(다음을 옷감)'을 뜻한다.

45) '땀을 받아 내려고 껴입는 속옷 혹은 옷 속에 받친 헝겊'을 뜻한다.

46) '갈음, 갚음, 그을음, 기쁨, 놀음, 느낌, 말씀, 물음, 볶음, 부끄럼, 부르짖음, 솎음, 수줍음, 슬픔, 앉음앉음, 어지럼, 용솟음, 일컬음, 절음(말이나 소가 다리를 저는 병), 꿈, 잠, 짐, 춤, 홈(질)' 등도 여기에 속한다. 이들은 동사나 형용사에서 새 단어인 명사가 만들어진 것이므로 모두 사전에 표제어로 등재되어 있다.

그런데 어간의 끝소리 'ㄹ'에 접미사 '-(으)ㅁ'이 붙어 명사가 될 때 '그을다, 놀다, 얼다, 울다, 졸다' 등은 '그을음, 놀음, 얼음, 울음, 졸음'이 되고 '살다, 알다, 만들다' 등은 '삶, 앎, 만듦'이 된다. 끝소리 'ㄹ' 뒤에 '-음'이 붙어 명사가 되는 예는 소수에 불과하나 이들의 굳어진 형태를 인정하여 달리 표기한다. 특히 '알다'는 '앎'과 '알음' 두 명사가 모두 가능한데 전자는 '지식'을 뜻하고 후자는 '사람들끼리 서로 아는 일'을 뜻하므로 별개의 명사로 구별한다.

끝소리가 'ㄹ'일 때 명사형 어미는 항상 '-ㅁ'이 연결되나 명사화 접미사는 '-음'이 붙는 예가 있어, 명사와 명사형의 형태가 다른 경우가 있다. 예를 들어 '탈놀음을 한바탕 놂. 얼음이 잘 얾.'에서 '놀음, 얼음'은 명사이고 '놂, 얾'은 명사형이다. 명사와 명사형의 형태가 같은 경우 '고단한 삶을 삶.'과 같이 나타나는데, 앞의 '삶'은 명사이고 뒤의 '삶'은 명사형이다.

명사는 용언 어간에 명사화 접미사가 붙어 품사가 바뀌면서 새 단어가 만들어진 것이고, 명사형은 주어진 문장 안에서 용언이 일시적으로 명사의 형태를 띤 것이다. 명사형은 품사가 바뀌는 것이 아니기 때문에 서술 기능을 하나 명사는 그렇지 못하다. 예를 들어 '믿음이 깊다. 진실한 믿음을 보

웃음　　　졸음　　　죽음　　　앎　　　만듦

3. '-이'가 붙어서 부사로 된 것

같이　　　굳이　　　길이　　　높이　　　많이

실없이　　　좋이　　　짓궂이

4. '-히'가 붙어서 부사로 된 것[47)]

밝히　　　　익히　　　　작히

다만, 어간에 '-이'나 '-음'이 붙어서 명사로 바뀐 것이라도 그 어간의 뜻과 멀어진 것은 원형을 밝히어 적지 아니한다.[48)]

였다. 믿음으로 극복한다. 중요한 것은 믿음이다.'의 '믿음'은 명사인데, 주어나 목적어, 부사어 기능을 하고 서술어가 되려면 반드시 서술격 조사 '이다'와 결합한다. 이에 비해 '성공을 굳게 믿음으로써 끝내 성공할 수 있었다. 나는 성공할 것으로 믿음.'의 '믿음'은 명사형인데, '성공을 믿다. 성공할 것을 믿다.'라는 서술 기능을 하고 있다.

　　명사화 접미사와 명사형 어미는 어간과의 결합성에도 차이가 있다. 소수의 용언 어간만이 접미사 '-(으)ㅁ'과 연결돼 명사가 되고 끝소리가 'ㄹ'인 경우에는 어휘에 따라 '-음'이 붙기도 하고 '-ㅁ'이 붙기도 한다. 반면 명사형 어미 앞에는 모든 용언 어간이 연결될 수 있는데, 어간의 끝소리가 모음이거나 'ㄹ'이면 '-ㅁ'이 붙고 그렇지 않으면 모두 '-음'이 붙는다.

47) '밝히'는 오늘날 사용되는 일이 거의 없고, '작히'는 반어법으로만 쓰이면서 '얼마나, 여북이나/오죽이나'의 뜻을 가져 어간의 본뜻과 매우 멀어져 있다. 그럼에도 불구하고 어간의 원형을 분명히 안다는 점을 중시하여 형태를 밝혀 적는다.

48) 이들의 뜻을 나타내면 '굽도리(굽돌-이: 방 안 벽의 밑 부분), 다리(달-이: 머리숱을 많아 보이게 하기 위해 덧 넣은 딴 머리), 목거리(목걸-이: 목이 붓고 아픈 병), 무녀리(문열-이: 한 배의 새끼 중에 맨 먼저 태어난 것, 말과

굽도리	다리[髢]	목거리(목병)	무녀리
코끼리	거름(비료)	고름[膿]	노름(도박)

[붙임] 어간에 '-이'나 '-음' 이외의 모음으로 시작된 접미사가 붙어서 다른 품사로 바뀐 것은 그 어간의 원형을 밝히어 적지 아니한다.[49]

(1) 명사로 바뀐 것[50]

귀머거리	까마귀	너머	뜨더귀	마감
마개	마중	무덤	비렁뱅이	쓰레기
올가미	주검			

(2) 부사로 바뀐 것[51]

거뭇거뭇	너무	도로	뜨덤뜨덤	바투

행동이 좀 모자라는 사람을 비유), 코끼리(코길-이: 동물의 이름), 거름(걸-음: 비료), 고름(곯-음: 膿液), 노름(놀-음: 賭博)'과 같다. 어간의 본뜻과 멀어져 원형을 밝힐 필요가 없다고 판단하여 소리대로 적는다.

49) 접미사 '-이, -음'은 여러 어간에 두루 붙어 새로운 단어를 만들므로 이들을 접사로 여기는 인식이 뚜렷하다. 반면 [붙임]에 제시된 접미사들은 오늘날 생산성이 거의 없어, [붙임]의 단어들을 '어간-접사'의 결합으로 여기는 인식이 희박하므로 소리대로 적는다. (1)의 '너머(넘-어)', (2)의 '차마(참-아)', (3)의 '나마(남-아), 부터(붙-어), 조차(좇-아)'는 어간에 어미 '-어/-아'가 연결된 용언이 새로운 의미를 얻으면서 명사나 부사, 조사가 된 예들이다.

50) 귀머거리(귀먹-어리), 까마귀(깜-아귀), 너머(넘-어), 뜨더귀(뜯-어귀: 뜯거나 조각내는 짓, 그 조각), 마감(막-암), 마개(막-애), 마중(맞-웅), 무덤(묻-엄), 비렁뱅이(빌-엉뱅이), 쓰레기(쓸-에기), 올가미(옭-아미), 주검(죽-엄).

51) 거뭇거뭇(검-웃), 너무(넘-우), 도로(돌-오), 뜨덤뜨덤(어원이 불분명함), 바투(밭-우: 시간이나 길이가 매우 짧게/가깝게), 불긋불긋(붉-웃), 비로소(비롯-오), 오긋오긋(옥-웃: 안으로 조금 오그라진 모양), 자주(잦-우), 차마(참-아).

불긋불긋   비로소   오긋오긋   자주   차마

(3) 조사로 바뀌어 뜻이 달라진 것

나마   부터   조차

제20항 명사 뒤에 '-이'가 붙어서 된 말은 그 명사의 원형을 밝히어 적는다.

1. 부사로 된 것

곳곳이   낱낱이   몫몫이   샅샅이   앞앞이   집집이

2. 명사로 된 것

곰배팔이[52]   바둑이   삼발이   애꾸눈이
육손이   절뚝발이/절름발이

[붙임] '-이' 이외의 모음으로 시작된 접미사가 붙어서 된 말은 그 명사의 원형을 밝히어 적지 아니한다.[53]

꼬락서니   끄트머리   모가치[54]   바가지   바깥

---

52) '팔이 꼬부라져 붙거나 팔뚝이 없는 사람을 낮잡아 이르는 말'이다.

53) 꼬락서니(꼴-악서니), 끄트머리(끝-으머리), 모가치(몫-아치), 바가지(박-아지), 바깥(밖-알), 사타구니(샅-아구니), 싸라기(쌀-아기), 이파리(잎-아리), 지붕(집-웅), 지푸라기(짚-으라기), 짜개(짝-애: 콩이나 팥 따위를 둘로 쪼갠 것의 한쪽).

54) '몫-아치'는 '목사치'가 아닌 '모가치'로 발음이 굳어진 것을 인정하여 소리대로 적는다. 접미사 '-아치/-어치'가 붙은 단어라도 '값-어치, 벼슬-아치'나 '만 원-어치, 동냥-아치, 장사치(장사-아치)'는 형태를 밝혀 적는다. 이들은 '모가치(몫-아치)'에 비해 어원 의식이 뚜렷하다고 판단하기 때문이다.

사타구니　　싸라기　　이파리　　지붕　　지푸라기

짜개55)

제21항 명사나 혹은 용언의 어간 뒤에 자음으로 시작된 접미사가 붙어서
된 말은 그 명사나 어간의 원형을 밝히어 적는다.

1. 명사 뒤에 자음으로 시작된 접미사가 붙어서 된 것

값지다　　홑지다56)　　넋두리　　빛깔　　옆댕이　　잎사귀

2. 어간 뒤에 자음으로 시작된 접미사가 붙어서 된 것

낚시　　　　　　늙정이57)　　　　　덮개
뜯게질58)　　　　갉작갉작하다59)　　갉작거리다
뜯적거리다　　　뜯적뜯적하다　　　굵다랗다
굵직하다　　　　깊숙하다　　　　　넓적하다
높다랗다　　　　늙수그레하다　　　얽죽얽죽하다

다만, 다음과 같은 말은 소리대로 적는다.

---

55) '콩·팥 등을 둘로 쪼갠 것의 한 쪽, 낚시할 때 들깻묵을 실로 묶어 사용하
는 미끼'를 뜻한다.
56) '복잡하지 않고 단순하다'는 뜻이다.
57) '늙은이'와 같은 뜻이다.
58) '해지고 낡아서 입지 못하게 된 옷의 솔기를 뜯는 일'을 뜻한다.
59) '갉작'은 '갉-'에서, '뜯적'은 '뜯-'에서, '얽죽'은 '얽-'에서 파생된 말이다. '갉
작갉작하다, 뜯적뜯적하다, 얽죽얽죽하다'처럼 반복형 시늉말 뒤에 '-하다'
가 붙은 것은 한 단어로 인정하여 붙여 쓰고 대개 사전에 표제어로 등재되
어 있다.

(1) 겹받침의 끝소리가 드러나지 아니하는 것[60]

할짝거리다	널따랗다	널찍하다	말끔하다
말쑥하다	말짱하다	실쑥하다	실큼하다
얄따랗다	얄팍하다	짤따랗다	짤막하다
실컷			

(2) 어원이 분명하지 아니하거나 본뜻에서 멀어진 것[61]

넙치	올무	골막하다	납작하다

제22항 용언의 어간에 다음과 같은 접미사들이 붙어서 이루어진 말들은 그
　　　어간을 밝히어 적는다.

1. '-기-, -리-, -이-, -히, -구-, -우-, -추-, -으키-, -이키-, -애-'가 붙는 것

맡기다	옮기다	웃기다	쫓기다	뚫리다
울리다	낚이다	쌓이다	핥이다	굳히다
굽히다	넓히다	앉히다	얽히다	잡히다
돋구다[62]	솟구다	돋우다[63]	갖추다	곧추다

---

60) '굵다랗다[국-], 굵적거리다[극-]'에서 '굵'과 '긁'의 끝소리 'ㄱ'이 발음 나고,
　　'넓적하다[넙-], 넓적다리[넙-]'에서도 '넓'의 끝소리 'ㅂ'이 발음 난다. 반면
　　'널따랗다, 널찍하다'에서는 어간 '넓'의 끝소리가 발음 나지 않으므로 소리
　　대로 적는다.
61) '넙치'는 한자어로 '광어(廣魚)'이므로 '넓다'와 결부된 듯하고 '올무(새나 짐
　　승을 잡는 올가미)'는 '옭다'와 연관된 듯하나 어원적 형태가 분명히 인식되
　　지 않는다. '골막하다(그릇에 거의 차 있다)'는 어원을 알 수 없고 '납작하다'
　　는 '넓적하다'의 작은말이지만 '납다'나 '넓다' 같은 단어가 없으므로, 여전히
　　어원을 알 수 없다. 따라서 이들은 소리대로 적는다.

맞추다   일으키다   돌이키다   없애다

  다만, '-이-, -히-, -우-'가 붙어서 된 말이라도 본뜻에서 멀어진 것은 소리대로 적는다.[64]

도리다(칼로 ~)	드리다(용돈을 ~)	고치다
바치다(세금을 ~)	부치다(편지를 ~)	거두다
미루다	이루다	

  2. '-치-, -뜨리-, -트리-'가 붙는 것

놓치다	덮치다	떠받치다	받치다
밭치다	부딪치다	뻗치다	엎치다
부딪뜨리다/부딪트리다		쏟뜨리다/쏟트리다	
젖뜨리다/젖트리다		찢뜨리다/찢트리다	
흩뜨리다/흩트리다			

  [붙임] '-업-, -읍-, -브-'가 붙어서 된 말은 소리대로 적는다.[65]

---

62) '돋구다'는 '더 높게 하다'의 뜻으로 '안경의 도수(度數)를 돋구다'와 같은 경우에 쓴다.

63) '돋우다'는 '위로 끌어 올려 높아지거나 도드라지게 하다'는 뜻으로, '발끝을/신경을/용기를/입맛을 돋우다'와 같은 경우에 쓴다.

64) '도리다, 드리다, 고치다, 바치다, 부치다, 거두다, 미루다, 이루다'는 어원적으로 어간 '돌[廻]-, 들[入]-, 곧[直]-, 받[受]-, 붙[附]-, 걷[撤, 捲]-, 밀[推]-, 일[起]-'에 접미사가 붙은 단어들이다. 그러나 지금은 어간의 본뜻과 많이 멀어져 더 이상 피동이나 사동으로 인식되지 않는다. 그러므로 소리대로 적는다.

65) '미덥다, 미쁘다, 우습다'는 어원적으로 동사 어간 '믿-, 웃-'에 접미사가 붙어 만들어진 단어이다. 그러나 지금은 어간의 원형에 대한 인식 없이 형용

미덥다   우습다   미쁘다66)

제23항 '-하다'나 '-거리다'가 붙는 어근에 '-이'가 붙어서 명사가 된 것은 그 원형을 밝히어 적는다.(ㄱ을 취하고, ㄴ을 버림.)

ㄱ	ㄴ	ㄱ	ㄴ
깔쭉이67)	깔쭈기	살살이68)	살사리
꿀꿀이	꿀꾸리	쌕쌕이69)	쌕쌔기
눈깜짝이70)	눈깜짜기	오뚝이	오뚜기
더펄이71)	더퍼리	코납작이	코납자기
배불뚝이	배불뚜기	푸석이72)	푸서기
삐죽이73)	삐주기	홀쭉이	홀쭈기

[붙임] '-하다'나 '-거리다'가 붙을 수 없는 어근에 '-이'나 또는 다른 모음으로 시작되는 접미사가 붙어서 명사가 된 것은 그 원형을 밝히어 적지 아니한다.

사로 쓰여 별개의 단어로 여기므로 소리대로 적는다. '고프다(곯-브), 기쁘다(깃-브), 나쁘다(낮-브), 바쁘다(밫-브), 슬프다(슳-브)'도 이와 같은 예에 속한다.

66) '미덥다'와 같은 뜻이다.
67) '가장자리를 톱니처럼 깔쭉깔쭉하게 만든 주화(鑄貨)'를 뜻한다.
68) '간사스럽게 알랑거리는 사람'을 뜻한다.
69) '제트기(jet機)'를 속되게 이르는 말인데 제트기가 '쌕쌕' 소리를 내며 빠르게 하늘을 나는 것을 흉내 낸 것이다.
70) '눈을 자꾸 깜짝거리는 사람'을 가리킨다.
71) '성미가 침착하지 못하고 덜렁대는 사람'을 뜻한다.
72) '부스러지기 쉬운 물건, 아주 무르게 생긴 사람'을 뜻한다.
73) '삐죽거리기 잘하는 사람'을 뜻한다.

개구리	귀뚜라미	기러기	깍두기
꽹과리	날라리	누더기	동그라미
두드러기	딱따구리	매미	부스러기
뻐꾸기	얼루기[74]	칼싹두기[75]	

제24항 '-거리다'가 붙을 수 있는 시늉말 어근에 '-이다'가 붙어서 된 용언은 그 어근을 밝히어 적는다.(ㄱ을 취하고, ㄴ을 버림.)

ㄱ	ㄴ	ㄱ	ㄴ
깜짝이다	깜짜기다	속삭이다	속사기다
꾸벅이다	꾸버기다	숙덕이다	숙더기다
끄덕이다	끄더기다	울먹이다	울머기다
뒤척이다	뒤처기다	움직이다	움지기다
들먹이다	들머기다	지껄이다	지꺼리다
망설이다	망서리다	퍼덕이다	퍼더기다
번득이다	번드기다	허덕이다	허더기다
번쩍이다	번쩌기다	헐떡이다	헐떠기다

제25항 '-하다'가 붙는 어근에 '-히'나 '-이'가 붙어서 부사가 되거나, 부사에 '-이'가 붙어서 뜻을 더하는 경우에는 그 어근이나 부사의 원형을 밝히어 적는다.

1. '-하다'가 붙는 어근에 '-히'나 '-이'가 붙는 경우

급히   꾸준히   도저히   딱히   어렴풋이   깨끗이

---

74) '얼룩얼룩한 점이나 무늬, 그런 점이나 무늬가 있는 짐승이나 물건'을 뜻한다.
75) '밀가루 반죽을 방망이로 밀고 굵직굵직하고 조각 지게 썰어서 물에 끓인 음식'을 뜻한다.

[붙임] '-하다'가 붙지 않는 경우에는 소리대로 적는다.

　　갑자기　　　　반드시(꼭)　　　　　슬며시

2. 부사에 '-이'가 붙어서 역시 부사가 되는 경우

　　곰곰이　　더욱이　　생긋이　　오뚝이　　일찍이　　해죽이

제26항 '-하다'나 '-없다'가 붙어서 된 용언은 그 '-하다'나 '-없다'를 밝히어 적는다.

1. '-하다'가 붙어서 용언이 된 것

　　딱하다　　　숱하다　　　착하다　　　텁텁하다　　　푹하다

2. '-없다'가 붙어서 용언이 된 것

　　부질없다　　　상없다76)　　시름없다77)　　열없다78)　　하염없다79)

제4절 합성어 및 접두사가 붙은 말

제27항 둘 이상의 단어가 어울리거나 접두사가 붙어서 이루어진 말은 각각 그 원형을 밝히어 적는다.80)

---

76) '상없다(常-)'는 '보통의 이치에서 벗어나 막되고 상스럽다'는 뜻이다.
77) '근심·걱정으로 맥이 없다'는 뜻이다.
78) '조금 겸연쩍고 부끄럽다'는 뜻이다.
79) '아무 생각이 없이 그저 멍하다, 그침이 없다'는 뜻이다.
80) 제27항에 제시된 접두사는 '웃-, 헛-, 홀-, 홑-, 맞-, 빗-, 새-, 샛-, 시-, 싯-,

국말이[81]	꺾꽂이	꽃잎	끝장	물난리
밑천	부엌일	싫증	옷안	웃옷
젖몸살	첫아들	칼날	팥알	헛웃음
홀아비	홑몸	흙내		
값없다	겉늙다	굶주리다	낮잡다	맞먹다
받내다	벋놓다[82]	빗나가다	빛나다	새파랗다
샛노랗다	시꺼멓다	싯누렇다	엇나가다	엎누르다
엿듣다	옻오르다	짓이기다	헛되다	

[붙임 1] 어원은 분명하나 소리만 특이하게 변한 것은 변한 대로 적는다.[83]

할아버지　　할아범

[붙임 2] 어원이 분명하지 아니한 것은 원형을 밝히어 적지 아니한다.[84]

엇- 엿-, 짓-, 헛-' 등이다. 이 중 '새-, 샛-, 시-, 싯-'은 모두 같은 의미를 갖는다. 된소리나 거센소리 앞에는 '새-/시-'가 붙고 울림소리(ㄴ, ㅁ, ㅇ, ㄹ) 앞에는 '샛-/싯-'이 붙는데, 어간의 첫 음절이 양성모음일 때는 '새-, 샛-'이 붙고, 음성모음일 때는 '시-, 싯-'이 붙는다. '싫-증(症)'은 고유어와 한자어가 어울려 된 말인데, '표준국어대사전'이 '증'을 명사로 인정하고 있어 '싫증'이 합성어로 예시되었다.

81) '국에 만 밥이나 국수'를 뜻한다.
82) '바른 길에서 벗어나게 내버려 두다'는 뜻이다.
83) '할아버지, 할아범'에서 '할'의 옛 형태는 '한'인데 '큰[大]'과 같은 뜻이다.
84) '골병, 골탕'의 '골'은 '골수(骨髓), 골(骨), 곯-' 중 어느 것인지 알 수 없고, '끌탕(속을 끓이는 걱정)'의 앞말은 '끓-'로 분석되나 뒷말이 무엇인지 알 수 없다. '며칠'은 '몇-월(月)[며뒬]'과 발음이 달라 '몇-일(日)'로 분석하기 어렵다. '이틀[二日]'을 '사흘, 나흘'과 같이 보아 '읻-흘'로 분석할 경우 앞말인 '읻'이 무엇인지 밝힐 수 없다. '아재비'는 옛 형태가 '앛[弟]-아비'이므로 어원을 분명히 알 수 있으나 현대국어에 '앛(←앗)'이 쓰이지 않으므로 '앛애

골병	골탕	끌탕	며칠	아재비
오라비	업신여기다	부리나케		

[붙임 3] '이[齒, 虱]'가 합성어나 이에 준하는 말에서 '니' 또는 '리'로 소리날 때에는 '니'로 적는다.[85]

간니	덧니	사랑니	송곳니	앞니
어금니	윗니	젖니	톱니	틀니
가랑니	머릿니			

제28항 끝소리가 'ㄹ'인 말과 딴 말이 어울릴 적에 'ㄹ' 소리가 나지 아니하는 것은 아니 나는 대로 적는다.[86]

다달이(달-달-이)　　따님(딸-님)　　마되(말-되)

비'로 적을 수 없다.

85) '이[齒, 虱]'의 옛 형태는 '니'인데, '간-니(젖니가 빠지고 나는 이), 덧-니', '가랑-니(서캐에서 깨어 나온 지 얼마 안 되는 새끼 이), 머릿-니'처럼 복합어의 뒷말로 연결된 경우에 옛 형태를 그대로 지니고 있다. 이것을 '간이, 덧이, 가랑이, 머리이'로 표기하는 것은 오히려 의미 해석에 혼란을 줄 우려가 크므로 굳어진 형태대로 적는다.

86) 끝소리가 'ㄹ'인 말은 'ㄴ, ㄷ, ㅅ, ㅈ'으로 시작하는 뒷말이 붙어 복합어가 될 때 'ㄹ'이 떨어져 나가는 변화를 겪었다. '나날이(날-날이), 무논(물-논), 무수리(물-수리: 대궐에서 나인의 세숫물 시중을 들던 여자 종), 미닫이(밀-닫이), 아드님(아들-님), 주낙(줄-낚시), 차돌[石英](찰-돌), 차조(찰-조), 차지다(찰-지다), 하느님(하늘-님)' 등도 그러한 예들이다. 제18항에서 용언 어간의 끝소리 'ㄹ'이 'ㄴ, ㅅ'으로 시작하는 어미 앞에서 줄어지는 것도 이와 같은 현상이다. 한자어 '불(不)'도 'ㄷ, ㅈ' 앞에서 끝소리 'ㄹ'이 사라져 '부단(不斷)히, 부당(不當)하다, 부정(不正, 不貞, 不定), 부조리(不條理), 부주의(不注意)'와 같이 쓰인다.

마소(말-소)   무자위(물-자위)   바느질(바늘-질)

부나비(불-나비)   부삽(불-삽)   부손(불-손)

소나무(솔-나무)   싸전(쌀-전)   여닫이(열-닫이)

우짖다(울-짖다)   화살(활-살)

제29항 끝소리가 'ㄹ'인 말과 딴 말이 어울릴 적에 'ㄹ' 소리가 'ㄷ' 소리로
　　　나는 것은 'ㄷ'으로 적는다.

반짇고리(바느질~)   사흗날(사흘~)   삼짇날(삼질~)

섣달(설~)   숟가락(술~)[87]   이튿날(이틀~)

잗주름(잘~)   푿소(풀~)[88]   섣부르다(설~)

잗다듬다(잘~)   잗다랗다(잘~)

제30항 사이시옷은 다음과 같은 경우에 받치어 적는다.[89]

---

87) '젓가락'은 합성어 '저(箸)-가락'에 사이시옷을 넣어 '젓가락'이 된 형태라고
　　보아, '숟가락(술-가락)'과 달리 표기한다.
88) '여름에 생풀만 먹고 살아 힘을 잘 쓰지 못해 부리기에 부적당한 소'를 뜻한다.
89) 제30항은 사이시옷 표기가 합성어의 발음에 달려 있음을 규정하고 있다. 고
　　유어가 하나 이상 들어있는 합성어의 뒷말이 된소리로 나거나 앞말과 뒷말
　　사이에 [ㄴ]이나 [ㄴㄴ]이 덧날 때 사이시옷을 적는다. 따라서 뒷말이 처음
　　부터 거센소리나 된소리인 '개-똥, 개-펄' 등이나 합성어 안에 어떤 소리 변
　　동도 없는 '개-구멍, 머리-말[序言], 새-집, 인사-말' 등에는 사이시옷을 적
　　지 않는다. 그리고 앞말의 끝소리가 자음일 때 합성어의 발음에 상관없이
　　사이시옷을 적지 않는다.
　　　합성어의 앞말과 뒷말에 사잇소리가 개재되는 현상은, 앞말이 뒷말의 의
　　미를 한정하는 관형사적 기능을 하며 종속적으로 연결된 경우에 나타난다.
　　이때 앞말은 뒷말의 '시간, 장소, 기원, 용도, 재료, 방법' 등에 대한 정보를
　　제공하는 관계를 보인다. 두 말의 의미가 대등하게 병렬 접속된 '개-돼지,
　　금-비녀, 논-밭, 눈-비, 봄-가을, 비-바람, 손-발, 위-아래, 팔-다리' 등에서

1. 순 우리말로 된 합성어로서 앞말이 모음으로 끝난 경우[90]

(1) 뒷말의 첫소리가 된소리로 나는 것

고랫재[91]	귓밥	나룻배	나뭇가지	냇가
댓가지	뒷갈망	맷돌	머릿기름	모깃불

는 그런 현상을 볼 수 없다. 그런데 사잇소리의 개재 여부가 어휘에 따라 임의적이어서 두 말이 종속적으로 합성된 경우라도 '귀-밑, 버들-가지, 볶음-밥, 솔-바람, 쥐-덫, 털-장갑' 등에서는 나타나지 않는다.

종속적 합성어에 사잇소리가 개재되는 일은 중세국어 시기부터 확인되는 것이고, 사잇소리를 사이시옷으로 통일하여 적는 표기법도 그 시기에 시작된 것이다. 다만, 중세국어 시기에는 앞말의 끝소리가 모음이든 자음이든 상관없이 사이시옷을 받쳐 적었으나, 현행 맞춤법에서는 앞말의 끝소리가 모음일 때만 사이시옷을 적는 점이 다르다.

그런데 길 이름과 같이 고유명사의 성격이 강한 합성어는, 뒷말의 첫소리가 된소리로 나더라도 'ㅅ'을 받쳐 적지 않고 '버드내-길, 진달래-길, 갑사-길, 퇴계-길'과 같이 적는다. 또한 외래어가 들어간 합성어도 '피자-집, 핑크-빛, 호프-집'처럼 사이시옷을 받쳐 적지 않는다.

90) '햇감자, 햇것, 햇곡식, 햇과일, 햇나물, 햇병아리, 햇보리, 햇순'의 '햇-'과 '해쑥, 해콩, 해팥'의 '해-'는 모두 '그 해에 새로 난'이란 뜻의 접두사인데, 뒷말의 첫소리가 된소리로 나거나 앞말과 뒷말 사이에 'ㄴ'이 덧날 때 '햇-'으로 적고 그렇지 않을 때 '해-'로 적는다. '수꿩, 수놈, 숫양, 숫염소, 숫쥐'에서 같은 뜻을 가진 접두사를 '수-'와 '숫-'으로 구별하여 적는 것도 사잇소리의 덧남이 있느냐 없느냐에 따른 것이다. 접두사가 붙은 단어는 파생어이므로 제30항에 예시되지 않았으나, '햇-/해-'의 기원은 명사 '히[年]'에 있고 '수-/숫-'의 기원은 명사 '숳[雄]'에 있으므로 제30항과 같은 표기 원칙이 적용되었다. 이러한 표기 원리는 '새까맣다, 샛노랗다, 새파랗다'와 같은 파생어에도 적용되어, 뒷말이 된소리나 거센소리일 때 '새-'로 적고 앞말과 뒷말 사이에 [ㄴ]이 덧날 때 '샛-'으로 적는다. '새-/샛-'의 큰말인 '시-/싯-'도 마찬가지이다.

91) '방고래(방의 구들장 밑으로 나 있는, 불길과 연기가 통하여 나가는 길)에 쌓인 재'를 뜻한다.

못자리	바닷가	뱃길	볏가리	부싯돌
선짓국	쇳조각	아랫집	우렁잇속	잇자국
잿더미	조갯살	찻집[92]	쳇바퀴	킷값[93]
핏대	햇볕	혓바늘		

(2) 뒷말의 첫소리 'ㄴ, ㅁ' 앞에서 'ㄴ' 소리가 덧나는 것

멧나물	아랫니	텃마당	아랫마을	뒷머리
잇몸	깻묵[94]	냇물	빗물	

(3) 뒷말의 첫소리 모음 앞에서 'ㄴㄴ' 소리가 덧나는 것[95]

도리깻열	뒷윷[96]	두렛일	뒷일	뒷입맛

---

92) '찻집'의 '차'는 한자어 '茶'이나 그것의 새김도 예부터 '차'였고 사람들은 '다 (茶)'를 '차'의 한자어로 인식하고 있어 '다도(茶道), 다기(茶器)'와 같이 쓰므 로, '차'를 고유어로 간주한다.

93) '키가 큰 만큼 철이 든 행동을 함을 일컫는 말'인데 비슷하게 쓰이는 말로 '나잇값, 이름값, 인물값' 등이 있다.

94) '기름을 짜낸 깨의 찌꺼기'를 뜻한다.

95) 합성어 안에서 'ㄴㄴ' 소리가 덧나는 예들은 뒷말의 옛 형태가 'ㄴ'을 첫소 리로 가졌던 단어들이다. 어두에 '냐, 녀, 뇨, 뉴, 녜, 니'를 지녔던 단어들은 현대국어로 오면서 모두 '야, 여, 요, 유, 예, 이'로 바뀌는 변화를 겪었다. '약다(<냑다), 여름(<녀름), 열다(<녈다), 옆(<녚), 요기(<뇨기), 윷(<늇), 예 (<녜), 이(<니), 이기다(<니기다), 이불(<니불), 이야기(<니야기), 일(<닐), 익다(<닉다), 입다(<닙다), 잊다(<닞다), 잎(<닢)' 등이 그러한 예들이다. 이 단어들이 합성어의 뒷말이 된 경우 기원적으로 어두에 지니고 있던 'ㄴ'이 발음으로 드러나는 것인데, 앞말이 고유어든 한자어든 상관없이 이러한 현 상이 일어난다.

　'나뭇잎'을 예로 들어 'ㄴㄴ' 소리가 덧나는 과정을 이해하면 다음과 같 다. '잎'의 옛 형태는 '닢'인데 '나무'와 '닢'이 연결돼 합성어가 될 때 [나문

베갯잇   욧잇   깻잎   나뭇잎   댓잎

2. 순 우리말과 한자어로 된 합성어로서 앞말이 모음으로 끝난 경우

(1) 뒷말의 첫소리가 된소리로 나는 것[97]

귓병	머릿방	뱃병	봇둑	사잣밥[98]
샛강	아랫방	자릿세	전셋집	찻잔
찻종[99]	촛국[100]	콧병	탯줄	텃세
핏기	햇수	횟가루	횟배	

(2) 뒷말의 첫소리 'ㄴ, ㅁ' 앞에서 'ㄴ' 소리가 덧나는 것

겟날   제삿날   훗날   툇마루   양칫물

(3) 뒷말의 첫소리 모음 앞에서 'ㄴㄴ' 소리가 덧나는 것

가욋일[101]   사삿일   예삿일   훗일

님]으로 발음되며 사잇소리 [ㄴ]이 들어가므로 그 표기를 '나뭇닢'으로 하였다. 그 후 '닢'이 '잎'으로 바뀌어 오늘날 '나뭇잎'으로 적지만 그 발음은 여전히 [나문닙]이다. 즉 합성어 안에 덧나는 'ㄴㄴ' 중에, 앞의 'ㄴ'은 사잇소리이고 뒤의 'ㄴ'은 옛 형태의 흔적이다.

96) '윷판의 첫 밭에서 앞밭에 꺾이지 않고 아홉째 밭'을 뜻한다.
97) '고양잇과(고양이-科), 등굣길(登校-길), 만둣국(饅頭-국), 맥줏집(麥酒-집), 성묫길(省墓-길), 소나뭇과(소나무-科), 장밋빛(薔薇-빛), 팻말(牌-말/말뚝), 푯말(標-말/말뚝), 하굣길(下校-길), 홧김(火-김)' 등도 여기에 속한다.
98) '초상집에서 죽은 사람의 넋을 부를 때 저승사자(使者)에게 대접하는 밥'을 뜻한다.
99) '찻종(茶鍾)'은 '차를 따라 마시는 종지'로 '찻종지(茶--)'라고도 한다.
100) '초(醋)를 끓인 국처럼 지나치게 신 음식'을 뜻한다.
101) '가욋일(加外-일)'는 '필요 밖의, 또는 일정한 일 이외에 하는 일'을 뜻한다.

3. 두 음절로 된 다음 한자어[102]

곳간(庫間)　　셋방(貰房)　　숫자(數字)　　찻간(車間)

툇간(退間)　　횟수(回數)

제31항 두 말이 어울릴 적에 'ㅂ' 소리나 'ㅎ' 소리가 덧나는 것은 소리대로 적는다.

1. 'ㅂ' 소리가 덧나는 것[103]

댑싸리(대ㅂ싸리)　　멥쌀(메ㅂ쌀)　　볍씨(벼ㅂ씨)

입때(이ㅂ때)　　　　입쌀(이ㅂ쌀)[104]　접때(저ㅂ때)

좁쌀(조ㅂ쌀)　　　　햅쌀(해ㅂ쌀)

2. 'ㅎ' 소리가 덧나는 것[105]

---

102) 3에 제시된 6개 한자어를 제외한 모든 한자어는 음절수에 상관없이, 뒷말의 첫소리가 된소리로 발음 나도 사이시옷을 받쳐 적지 않는다. '개수(個數), 기차간(汽車間), 대가(代價), 도수(度數), 소수점(小數點), 인사성(人事性), 장미과(薔薇科), 전세방(傳貰房), 초점(焦點)' 등에 사이시옷을 적지 않는 것도 이 때문이다.

103) '싸리, 쌀, 씨, 때'의 옛 형태는 'ㅄ리, ㅄ, ㅄ, ㅄ'인데 그 시기에 만들어진 단어들은 '대-ㅄ리→[댑ㅅ리]→[댑ㅆ리], 메-ㅄ→[멥슬]→[멥쓸]'과 같이 발음 났다. 그 소리대로 형태가 굳어진 것을 인정하여 '댑싸리, 멥쌀'과 같이 적으므로 현대국어의 시각에서 볼 때는 앞말의 끝소리에 'ㅂ'이 덧난 셈이 된다.

104) '잡곡을 섞지 않은 멥쌀'을 가리키는 말로 '멥쌀만으로 지은 흰쌀밥'을 '이밥'이라고 한다.

105) '머리, 살, 수-, 안, 암-'의 옛 형태는 '머링, 삻, 숳, 않, 앓'이다. 따라서 뒷말의 첫소리가 'ㄱ, ㄷ, ㅂ'일 때 '머링-가락[머리카락], 삻-고기[살코기], 않-밖[안팍]'과 같이 발음되었는데, 그 소리대로 굳어진 형태를 인정하여 '머

머리카락(머리ㅎ가락)	살코기(살ㅎ고기)	수캐(수ㅎ개)
수컷(수ㅎ것)	수탉(수ㅎ닭)	안팎(안ㅎ밖)
암캐(암ㅎ개)	암컷(암ㅎ것)	암탉(암ㅎ닭)

제5절 준말

제32항 단어의 끝모음이 줄어지고 자음만 남은 것은 그 앞의 음절에 받침으로 적는다.[106]

리카락, 살코기, 안팎'와 같이 적는다. 그런데 뒷말의 첫소리가 'ㄱ, ㄷ, ㅂ'인 모든 단어를 위와 같이 적는 것은 아니고, 역사적으로 이른 시기에 만들어진 것으로 인정되는 몇몇 복합어에만 이 규정을 적용한다. 접두사 '수-'의 경우에 이러한 역사성을 인정하는 단어는 '수캉아지, 수캐, 수컷, 수키와, 수탉, 수탕나귀, 수톨쩌귀, 수퇘지, 수평아리'에 국한된다. '암-'도 이와 같다('표준어 규정' 제7항 참고).

106) 제32항은 단어나 어간의 끝 모음이 줄어진 경우에 해당한다. 준말과 본말이 함께 쓰이는 단어로 '거짓부리/거짓불, 노을/놀, 바둑장기/박장기, 바깥다리/밭다리, 바깥벽/밭벽, 바깥사돈/밭사돈, 시누이/시뉘/시누, 오누이/오뉘/오누' 등을 더 들 수 있다. '가리가리→갈가리, 가지가지→갖가지, 고루고루→골고루'나 '가을→갈, 다음→담, 마음→맘, 사이→새, 요즈음→요즘, 이야기→얘기, 조금→좀' 등도 여기에 속한다.
    그런데 어간의 준말과 본말이 함께 쓰이는 것 중에 활용에 제약을 가진 것이 있다. '가지다/갖다, 디디다/딛다, 머무르다/머물다, 서두르다/서둘다, 서투르다/서툴다, 잡수시다/잡숫다' 등이 그러하다. '갖다, 딛다, 잡숫다'는 모음으로 시작하는 어미와 연결하여 쓰지 않으므로 '갖으면, 갖어, 딛으면, 딛어, 잡숫으면, 잡숫어'와 같은 단어는 인정하지 않는다. '갖은 양념, 갖은 고생'에서와 같이 관형사로 굳어진 '갖은'은 예외이다. 그리고 '머물다, 서둘다, 서툴다'는 끝소리가 'ㄹ'인 어간이므로 제18항 1과 같이 활용하는데, '-어'로 시작하는 어미에 연결하여 쓰지 않으므로 '머물어, 서둘어, 서툴어'와 같은 단어는 인정하지 않는다. 이에 비해 '머무르다, 서두르다, 서투르다'는 끝소리가 '르'인 어간이므로 제18항 9와 같이 활용한다.

(본말)	(준말)
기러기야	기럭아
어제그저께	엊그저께
어제저녁	엊저녁
가지고, 가지지	갖고, 갖지
디디고, 디디지	딛고, 딛지

제33항 체언과 조사가 어울려 줄어지는 경우에는 준 대로 적는다.[107]

(본말)	(준말)
그것은	그건
그것이	그게
그것으로	그걸로
나는	난
나를	날
너는	넌
너를	널
무엇을	뭣을/무얼/뭘
무엇이	뭣이/무에

제34항 모음 'ㅏ, ㅓ'로 끝난 어간에 '-아/-어, -았-/-었-'이 어울릴 적에는

---

107) 같은 예로 '그리로→글로, 이리로→일로, 저리로→절로, 조리로→졸로', '그
것으로→그걸로, 이것으로→이걸로, 저것으로→저걸로', '뭐인지→뭔지, 왜
인지→왠지' 등이 있다. 또한 '걔(←그 애), 얘(←이 애), 쟤(←저 애)'가 조
사와 연결되어 '걔는→걘, 걔를→걜, 얘는→얜, 얘를→얠, 쟤는→쟨, 쟤를
→쟬'과 같이 줄어질 때도 준 대로 적는다. '금시(今時)에→금세'도 여기에
속한다.

준 대로 적는다.108)

(본말)	(준말)	(본말)	(준말)
가아	가	가았다	갔다
나아	나	나았다	났다
타아	타	타았다	탔다
서어	서	서었다	섰다
켜어	켜	켜었다	켰다
펴어	펴	펴었다	폈다

[붙임 1] 'ㅐ, ㅔ' 뒤에 '-어, -었-'이 어울려 줄 적에는 준 대로 적는다.109)

(본말)	(준말)	(본말)	(준말)
개어	개	개었다	갰다
내어	내	내었다	냈다
베어	베	베었다	벴다
세어	세	세었다	셌다

[붙임 2] '하여'가 한 음절로 줄어서 '해'로 될 적에는 준 대로 적는다.

---

108) '하-'를 제외하고 'ㅏ, ㅓ'로 끝난 어간에 '-어/-아'로 시작하는 어미가 연결된 단어는 준말만 쓴다. 그런데 '낫-아→나아, 젓-어→저어'처럼 어간의 끝 자음이 줄어진 '나아, 저어'는 다시 '나, 저'로 줄여 쓰지 않는다.

109) 'ㅐ, ㅔ'로 끝나는 어간 중 '(날이)개다, (목이)메다, 설레다, (살을)에다, (이삭이)패다, 헤매다'를 '개이다, 메이다, 설레이다, 에이다, 패이다, 헤매이다'로 잘못 쓰거나 피동사 '(발에)차이다, (땅이)파이다'의 준말인 '채다, 패다'를 '채이다, 패이다'로 잘못 쓰는 일이 잦은데, 이 형태들에 대한 주의가 필요하다.

(본말)	(준말)		(본말)	(준말)
하여	해		하였다	했다
더하여	더해		더하였다	더했다
흔하여	흔해		흔하였다	흔했다

제35항 모음 'ㅗ, ㅜ'로 끝난 어간에 '-아/-어, -았-/-었-'이 어울려 'ㅘ/ㅝ, 왔/웠'으로 될 적에는 준 대로 적는다.[110]

(본말)	(준말)		(본말)	(준말)
꼬아	꽈		꼬았다	꽜다
보아	봐		보았다	봤다
쏘아	쏴		쏘았다	쐈다
두어	둬		두었다	뒀다
쑤어	쒀		쑤었다	쒔다
주어	줘		주었다	줬다

　　[붙임 1] '놓아'가 '놔'로 줄 적에는 준 대로 적는다.[111]

---

110) 제35항에 속한 단어 중 어간의 끝소리가 '오'인 '오다, 나오다, 내오다, 들어오다' 등은 준말만 인정하므로 '와, 나와, 내와, 들어와' 등으로만 쓴다. 어간의 끝소리가 '우'인 '깨우다, 배우다, 세우다, 싸우다' 등의 경우 구어에서는 준말만 쓰이지만 표기할 때는 본말과 준말 형태를 모두 인정한다. 그런데 '붓-어→부어'처럼 어간의 끝 자음이 줄어진 '부어'는 다시 '붜'로 줄여 쓰지 않는다.

111) 제18항 3에 속한 단어('그렇다, 까맣다' 등)를 제외하면 어간의 끝소리 'ㅎ'이 어미 앞에서 줄어진 형태를 인정하지 않는다. 그러므로 '놓아'가 '놔'로 줄어진 준말을 인정하는 것은 매우 예외적이다. 이것에 영향을 받아 '다 해 논(놓-은) 뒤에 왔어. 여기 너(넣-어) 논(놓-은) 게 없네? 둘째를 날(낳-을) 때는 진통이 덜 했어. 두 갈래로 따(땋-아) 줘. 한번에 빠(빻-아) 왔

[붙임 2] '괴' 뒤에 '-어, -었-'이 어울려 '괘, 괬'으로 될 적에도 준 대로 적는 다.112)

(본말)	(준말)	(본말)	(준말)
괴어	괘	괴었다	괬다
되어	돼	되었다	됐다
뵈어113)	봬	뵈었다	뵀다
쇠어	쇄	쇠었다	쇘다
쐬어114)	쐐	쐬었다	쐤다

어.'의 밑줄 친 단어들처럼 잘못 표기하는 일이 생기는데, 이러한 준말은 인정하지 않는다.

112) '외우다'와 같은 뜻으로 쓰이는 '외다'도 여기에 속하는데 '외어, 외었다'와 그것의 준말인 '왜, 왰다'를 모두 인정한다. [붙임 2]에서 보듯이 '괴-, 되-, 뵈-, 쇠-, 쐬-'는 어간 형태이고 '괘, 돼, 봬, 쇄, 쐐'는 어간에 '-어'가 연결 된 형태의 준말이다. 그런데 '괴'와 '괘'를 같은 소리로 발음하는 경향이 압 도적인 바람에, 두 형태를 구별하는 일에 상당한 혼란을 겪는다. 발음이 같을 때 이들을 구별하는 열쇠는 어미에 있다. 어미 '-도, -라(직접 명령 형), -서, -쓰-, -야, -요' 앞에 연결된 것은 준말이고 나머지 어미들 앞에 연결된 것은 모두 어간 형태이다. 따라서 '돼도(되어도), 돼라(되어라), 돼 서(되어서), 됐(되었)-, 돼야(되어야), 돼요(되어요)'와 '되고, 되는, 되니, 되 면, 되시-, 된, 될, 됨, …' 등과 같이 쓴다.
　어간의 끝소리가 '괴'인 경우에도 '꿰-어→꿰'와 같이 준말을 인정한다. 그러나 어간이 끝소리가 '귀'인 경우에는 준말을 인정하지 않으므로 '뀌- 어, 뛰-어, 튀-어, 사귀-어' 등을 '꿔, 뚸, 퉈, 사궈'나 '껴, 뗘, 텨, 사겨'로 쓰 는 것은 인정하지 않는다.

113) 이 '뵈다'는 타동사 '보다'의 존댓말로서 '뵙다'와 같은 뜻으로 쓰인다. '보다' 의 피동·사동형인 '보이다'의 준말 '뵈다'와 형태는 같으나 뜻이 다르다.

114) 이 '쐬다'는 타동사로 '바람을/햇볕을 쐬다.'와 같이 쓰인다. '쏘다'의 피동형 인 '쏘이다'의 준말 '쐬다'와 형태는 같으나 뜻이 다르다.

제36항 'ㅣ' 뒤에 '-어'가 와서 'ㅕ'로 줄 적에는 준 대로 적는다.115)

(본말)	(준말)	(본말)	(준말)
가지어	가져	가지었다	가졌다
견디어	견뎌	견디었다	견뎠다
다니어	다녀	다니었다	다녔다
막히어	막혀	막히었다	막혔다
버티어	버텨	버티었다	버텼다
치이어	치여	치이었다	치였다

제37항 'ㅏ, ㅕ, ㅗ, ㅜ, ㅡ'로 끝난 어간에 '-이-'가 와서 각각 'ㅐ, ㅖ, ㅚ, ㅟ, ㅢ'로 줄 적에는 준 대로 적는다.116)

(본말)	(준말)	(본말)	(준말)
싸이다	쌔다	누이다	뉘다

---

115) 이 때 어간이 2음절 이상이거나 어간의 끝소리가 '지, 치, 찌'인 경우, 구어에서는 준말만 쓰이지만 표기할 때는 본말과 준말 형태를 모두 인정한다. 그런데 '잇-어→이어, 짓-어→지어'와 같이 어간의 끝 자음이 줄어진 '이어, 지어'는 다시 '여, 져'로 줄여 쓰지 않는다.

116) 제37항은 끝소리가 'ㅏ, ㅕ, ㅗ, ㅜ, ㅡ'인 어간에 접미사 '-이-'가 연결될 때 어간이 한 음절로 줄어지는 단어들이다. '까이다→깨다, 고이다→괴다, 꼬이다→꾀다, 꾸이다→뀌다, 나누이다→나뉘다, 모이다→뫼다, 쏘이다→쐬다, 조이다→조다, 짜이다→째다, 쪼이다→쬐다, 차이다→채다, 켜이다→키다, 파이다→패다' 등도 여기에 속한다. 어간의 끝소리가 자음인 경우에도 이러한 현상이 일어나 '새삼스러이(새삼스럽-이)→새삼스레, 천연스러이(천연스럽-이)→천연스레, 탐스러이(탐스럽-이)→탐스레'나 '쌓이다→쌔다, 놓이다→뇌다'와 같은 준말이 쓰인다. 그런데 '펴이다'가 '폐다'로 줄어 '폐-어→폐'로 쓰이는 것과 달리, '켜이다'는 '키다'로 줄어 '키-어→켜'로 쓰이므로, 이 점에 대한 붙임말을 둘 필요가 있겠다.

펴이다	폐다	뜨이다	띄다
보이다	뵈다	쓰이다	씌다

제38항 'ㅏ, ㅗ, ㅜ, ㅡ' 뒤에 '-이어'가 어울려 줄어질 적에는 준 대로 적는
다.[117]

(본말)	(준말)		(본말)	(준말)	
싸이어	쌔어	싸여	뜨이어	띄어	
보이어	뵈어	보여	쓰이어	씌어	쓰여
쏘이어	쐬어	쏘여	트이어	틔어	트여
누이어	뉘어	누여			

제39항 어미 '-지' 뒤에 '않-'이 어울려 '-잖-'이 될 적과 '-하지' 뒤에 '않-'이
어울려 '-찮-'이 될 적에는 준 대로 적는다.[118]

(본말)	(준말)		(본말)	(준말)
그렇지 않은	그렇잖은		만만하지 않다	만만찮다

---

117) '싸이어→싸여'는 제36항에서, '싸이어→쌔어'는 제37항에서 언급한 내용에
해당하므로 굳이 제38항을 따로 둘 필요가 없어 보이나, 제38항은 '싸이어'
등이 두 형태의 준말로 쓰임을 보이는 데 목적이 있다.

118) 이 경우에도 앞 음절의 끝소리가 'ㅣ'이므로 제36항의 '가지어→가져'와 같
이 '-지 않-, -하지 않-'을 '-잖-, -찮-'으로 줄여 쓸 것이라는 예측을 할
수 있으나, 이들은 '-잖-, -찮-'으로 통일하여 쓴다. 두 단어가 줄어져 쓰
이는 다른 예로 '게(거기) 서 있거라→게 섰거라, 예(여기) 있다→옜다'나
'막아야 하겠다→막아야겠다, 먹고 싶다고 한다→먹고 싶단다, 가고 싶다
고 해→가고 싶대, 재미있다→재밌다' 등을 들 수 있다. 그러나 '어디 있는
지→어딨는지, 어디 있니→어딨니'와 같은 준말은 구어에서는 가능하나
표기로는 인정하지 않는다.

적지 않은   적잖은 | 변변하지 않다   변변찮다

제40항 어간의 끝음절 '하'의 'ㅏ'가 줄고 'ㅎ'이 다음 음절의 첫소리와 어울려 거센소리로 될 적에는 거센소리로 적는다.

(본말)	(준말)	(본말)	(준말)
간편하게	간편케	다정하다	다정타
연구하도록	연구토록	정결하다	정결타
가하다	가타	흔하다	흔타

[붙임 1] 'ㅎ'이 어간의 끝소리로 굳어진 것은 받침으로 적는다.119)

않다	않고	않지	않든지
그렇다	그렇고	그렇지	그렇든지
아무렇다	아무렇고	아무렇지	아무렇든지
어떻다	어떻고	어떻지	어떻든지
이렇다	이렇고	이렇지	이렇든지
저렇다	저렇고	저렇지	저렇든지

[붙임 2] 어간의 끝음절 '하'가 아주 줄 적에는 준 대로 적는다.120)

---

119) [붙임 1]이 말하고자 하는 바를 정확하게 전달하려면, '않다, 그렇다, 아무렇다, 어떻다, 이렇다, 저렇다'가 '아니하다, 그러하다, 아무러하다, 어떠하다, 이러하다, 저러하다'의 준말임을 명시적으로 보여야 한다. '그러하다→ 그렇다'는 제32항의 '가지다→갖다'와 마찬가지로 '단어의 끝 모음이 줄어지고 자음만 남은 것'에 해당하지만, 본말 어간의 끝 음절이 '하'라는 점에서 제40항에 제시되었다.

120) '간편하게→간편케'에서는 어간의 끝소리 'ㅏ'만 줄고 '거북하지→거북지'

(본말)	(준말)	(본말)	(준말)
거북하지	거북지	넉넉하지 않다	넉넉지 않다
생각하건대	생각건대	못하지 않다	못지않다
생각하다 못해	생각다 못해	섭섭하지 않다	섭섭지 않다
깨끗하지 않다	깨끗지 않다	익숙하지 않다	익숙지 않다

[붙임 3] 다음과 같은 부사는 소리대로 적는다.[121]

결단코	결코	기필코	무심코	아무튼
요컨대	정녕코	필연코	하마터면	하여튼
한사코				

제5장 띄어쓰기[122]

제1절 조사

제41항 조사는 그 앞말에 붙여 쓴다.[123]

에서는 어간의 끝 음절 '하'가 완전히 줄어진다. 울림소리(비음, 모음) 뒤에 접미사 '-하-'가 연결된 어간은 끝소리 'ㅏ'만 줄고, 울림소리가 아닌 'ㄱ, ㄷ, ㅂ' 뒤에 접미사 '-하-'가 연결되면 '하'가 완전히 줄어지는 차이가 있다.

121) 이 단어들은 기원적으로 '어간-어미'의 결합이고 어간이 본래 끝 음절 '하'를 가졌던 것이나 어간의 끝 음절 모음이 줄어지면서 '결단하-고→결단ㅎ-고→결단코, 아무하-든→아무ㅎ-든→아무튼'과 같이 굳어져 오늘에 이른다. 이 어간들이 다른 어미와 결합하여 활용하는 일이 없고 이들이 용언이라는 의식이 희박해져 부사로만 쓰이므로, 어간의 원형을 밝히지 않고 소리대로 적는다.

꽃이	꽃마저	꽃밖에	꽃에서부터
꽃으로만	꽃이나마	꽃이다	꽃입니다
꽃처럼	어디까지나	거기도	멀리는
웃고만			

122) 제1장 총칙 제2항에서 '문장의 각 단어는 띄어 씀을 원칙으로 한다.'고 밝혔기 때문에, 띄어쓰기를 이해하기 위해서는 '단어'라고 불리는 형태에 대한 명확한 인식이 필요하다. 단어는 자립성(다른 형태의 도움 없이 말에 쓰일 수 있는 특성)을 가진 단위로 한 단어 내부에 다른 단어가 끼어들지 못한다. 예를 들어 '작은 아버지'는 '작은[小]'과 '아버지[父]'라는 두 의미를 지니고 각각 자립하므로 두 단어이다. 두 단어로 분리되기 때문에 그 사이에 다른 단어가 들어가 '키가 작은 우리 아버지'와 같은 표현이 가능하다. 이에 비해 '작은아버지'는 '숙부(叔父)'라는 한 의미를 갖고 한 덩어리로 자립하므로 한 단어이다.

    띄어쓰기의 어려움은 대개 세 가지에 기인한다. 첫째, 형태는 같으나 의미(기능)가 다를 때 자립성을 가진 형태는 띄어 쓰고 그렇지 않은 형태는 띄어 쓰지 않기 때문에 혼동을 겪는 것(참고자료 ③과 ④)이 있다. 둘째, 단어로 인정하지만 독립적으로 쓰이지 못해 띄어쓰기를 잘못하는 것(참고자료 ⑤와 ⑥)이 있다. 셋째, 각기 자립하는 두 단어가 결합하여 새로운 단어가 된 경우, 각 요소의 자립성 때문에 띄어쓰기에 혼란을 겪는 것(참고자료 ⑦~⑫)이 있다.

123) '조사'는 항상 자립하는 형태에만 결합하면서 생략이 자유롭기 때문에, 학교문법에서는 '조사'를 단어로 인정한다. 그러나 '조사'는 '어미'와 마찬가지로 자립성이 없으므로 앞말과 반드시 붙여 쓰도록 하고 있다. 조사는 필요한 만큼 여러 형태가 겹쳐 나타날 수 있는데, 아무리 여러 개의 조사가 중첩돼도 모두 붙여 쓴다. 문장부호에 조사가 이어지는 경우에도 '"알았어."라고 말했다. '어머니'라는 말만 들으면.'과 같이 붙여 적는다. 특히 그것이 조사임을 알지 못해 띄어쓰기를 잘못하게 되는 형태들이 있는데 '참고자료 ②'에서 이러한 예들을 확인할 수 있다.

제2절 의존 명사, 단위를 나타내는 명사 및 열거하는 말 등

제42항 의존 명사는 띄어 쓴다.[124]

아는 것이 힘이다.   나도 할 수 있다.

먹을 만큼 먹어라.   아는 이를 만났다.

네가 뜻한 바를 알겠다.   그가 떠난 지가 오래다.

제43항 단위를 나타내는 명사는 띄어 쓴다.

한 개	차 한 대	금 서 돈	소 한 마리
옷 한 벌	열 살	조기 한 손	연필 한 자루
버선 한 죽	집 한 채	신 두 켤레	북어 한 쾌

　다만, 순서를 나타내는 경우나 숫자와 어울리어 쓰이는 경우에는 붙여 쓸 수 있다.[125]

두시 삼십분 오초	제일과	삼학년
육층	1446년 10월 9일	2대대
16동 502호	제1실습실	80원
10개	7미터	

---

124) 의존명사도 명사와 같은 기능을 하기 때문에 앞뒤의 말과 반드시 띄어 쓴다. 그런데 의존명사는 그 앞에 의미를 한정시켜 주는 꾸밈말을 앞세워야만 말에 쓰이기 때문에 자립성이 없어 띄어쓰기에 혼란을 겪는다. '참고자료' ④와 ⑤는 130여 개의 의존명사들을 유형별로 제시하고 있다.

125) 예를 들어 '제일 과'와 '제일과'를 모두 인정하고 '제'가 생략된 경우 '일과'로 적을 수 있다.

제44항 수를 적을 적에는 '만(萬)' 단위로 띄어 쓴다.[126]

    십이억 삼천사백오십육만 칠천팔백구십팔

    12억 3456만 7898

제45항 두 말을 이어 주거나 열거할 적에 쓰이는 말들은 띄어 쓴다.

국장 **겸** 과장	열 **내지** 스물
청군 **대** 백군	책상, 걸상 **등**이 있다
이사장 **및** 이사들	사과, 배, 귤 **등등**
사과, 배 **등속**	부산, 광주 **등지**

제46항 단음절로 된 단어가 연이어 나타날 적에는 붙여 쓸 수 있다.[127]

    그때 그곳   좀더 큰것   이말 저말   한잎 두잎

제3절 보조 용언

제47항 보조 용언은 띄어 씀을 원칙으로 하되, 경우에 따라 붙여 씀도 허용한다.(ㄱ을 원칙으로 하고, ㄴ을 허용함.)[128]

---

126) 단순히 수를 언급하는 것이 아니라 특정 서류에 금액을 적을 때는 변조(變造) 등의 사고를 막으려는 뜻에서 관례적으로 붙여 쓴다. 예를 들어 '일금: 이십삼만사천오백육십칠원정.'과 같이 적는다.

127) 지시어 '이, 그, 저'에 단음절 명사가 이어진 경우 한 단어로 인정하는 것이 있는데, 이들은 반드시 붙여 쓴다. '이것, 저것, 그것', '이곳, 저곳, 그곳', '이때, 그때', '이날, 그날', '이놈, 그놈, 저놈', '이달, 그달', '이이, 그이, 저이', '그중'이 그러하다.

ㄱ	ㄴ
불이 꺼져 **간다**.	불이 꺼져**간다**.
내 힘으로 막아 **낸다**.	내 힘으로 막아**낸다**.
어머니를 도와 **드린다**.	어머니를 도와**드린다**.
그릇을 깨뜨려 **버렸다**.	그릇을 깨뜨려**버렸다**.
비가 올 **듯하다**.	비가 올**듯하다**.

128) 두 용언이 연결될 때 다음과 같은 띄어쓰기 원칙을 적용한다. 첫째, 두 용언이 두 개의 어휘적 의미를 유지하며 시간 순서에 따라 이어진 행위일 때 띄어 쓴다. 이 경우 앞의 동사는 연결어미 '-어(서)/-아(서)'와 연결될 수 있고 '-어(서)/-아(서)'를 '-어/-아 가지고'로 바꿔 쓸 수 있다. '동생을 찾아(서) 가다. 신청서를 써(서) 내다. 주소를 적어(서) 주다. 잘게 찢어(서) 버리다. 이쪽에 서(서) 보다. 발을 헛디뎌(서) 빠지다. 연락처를 알아(서) 오다. 보자기로 덮어(서) 치우다. 떡을 불려(서) 볶는다. 잘 준비해(서) 성공해야지.'와 같다.

둘째, 두 용언이 본용언과 보조용언의 관계를 가지며 하나의 어휘적 의미만 가질 때 띄어 쓰는 것이 원칙이고 붙여 쓸 것을 허용한다. '본용언'은 앞에 놓이는데 문장의 주체를 주되게 서술하며 어휘적 의미를 갖고, '보조용언'은 뒤에 놓이는데 본용언에 문법적 의미를 더하는 기능을 한다. 보조용언은 보조적 연결어미와 함께 나타나는데, 보조용언에 따라 연결되는 보조적 연결어미가 고정되어 있다. 예를 들어 '-어/-아 가다/내다/놓다/대다/두다/드리다/버리다/보다/보이다/빠지다/오다/주다/치우다', '-어야/-아야 하다', '-고 나다/말다/싶다/있다/하다', '-게 되다/생기다/하다', '-지 말다/않다/못하다', '-(으)ㄹ까 보다/싶다/하다'와 같다. 특히 의존명사 '듯, 만, 법, 뻔, 성, 양, 척'에 접미사 '-하-'가 연결된 보조용언 '-(으)ㄹ 듯싶다/듯하다/만하다/법하다/뻔하다/성싶다'나 '-은/-는 양하다/척하다'의 띄어쓰기에 주의가 필요하다. 예를 들어 '올 듯하다, 올듯하다, 올 듯도 하다'와 같이 적는 것은 맞지만 '올듯 하다, 올듯도 하다'와 같이 적는 것은 틀린다.

셋째, 두 용언이 결합하여 새 의미를 얻은 경우 한 단어로 인정하여 띄어 쓰지 않는다. '참고자료 ⑫'는 두 용언이 연결되어 하나의 합성어가 된 단어들을 220여 개 예시하고 있다.

그 일은 할 만하다.	그 일은 할만하다.
일이 될 법하다.	일이 될법하다.
비가 올 성싶다.	비가 올성싶다.
잘 아는 척한다.	잘 아는척한다.

다만, 앞말에 조사가 붙거나 앞말이 합성 동사인 경우, 그리고 중간에 조사가 들어갈 적에는 그 뒤에 오는 보조 용언은 띄어 쓴다.

잘도 놀아만 나는구나!	책을 읽어도 보고 …… .
네가 덤벼들어 보아라.	강물에 떠내려가 버렸다.
그가 올 듯도 하다.	잘난 체를 한다.

제4절 고유 명사 및 전문 용어[129]

제48항 성과 이름, 성과 호 등은 붙여 쓰고, 이에 덧붙는 호칭어, 관직명 등은 띄어 쓴다.[130]

김양수(金良洙)　　서화담(徐花潭)　　채영신 씨

---

129) 행정 단위인 '도, 시, 군, 구, 읍, 면, 리, 동'은 앞말과 붙여 쓴다.
130) 성과 이름은 별개 단어의 성격을 지니고 있으므로 성과 이름을 띄어 쓰는 것이 당연하다. 그런데 이른바 한자 문화권에 속하는 나라들에서 성과 이름을 붙여 쓰는 것이 통례이고, 한국인의 성이 대개 한 음절이라 별개의 단어로 인식되지 않는다고 판단하여, 성과 이름은 붙여 쓰기로 한 것이다. 이름과 같은 성격을 갖는 호(號)나 자(字)도 성과 붙여 쓴다. 그러나 호칭어나 관직명(官職名), '군, 양, 씨, 여사'와 같은 말은 앞말과 띄어 쓰고, 호나 자 등이 성명 앞에 놓이는 경우도 띄어 쓴다.

최치원 선생   박동식 박사   충무공 이순신 장군

다만, 성과 이름, 성과 호를 분명히 구분할 필요가 있을 경우에는 띄어 쓸 수 있다.

남궁억/남궁 억   독고준/독고 준

황보지봉(皇甫芝峰)/황보 지봉

제49항 성명 이외의 고유 명사는 단어별로 띄어 씀을 원칙으로 하되, 단위별로 띄어 쓸 수 있다.(ㄱ을 원칙으로 하고, ㄴ을 허용함.)[131]

ㄱ	ㄴ
대한 중학교	대한중학교
한국 대학교 사범 대학	한국대학교 사범대학

제50항 전문 용어는 단어별로 띄어 씀을 원칙으로 하되, 붙여 쓸 수 있다. (ㄱ을 원칙으로 하고, ㄴ을 허용함.)

ㄱ	ㄴ
만성 골수성 백혈병	만성골수성백혈병
중거리 탄도 유도탄	중거리탄도유도탄

---

131) '부설(附設), 부속(附屬), 직속(直屬), 산하(傘下)' 따위는 특정 대상물과의 관계를 나타내는 말이므로 원칙적으로 앞뒤의 말과 띄어 쓴다. 다만, '부속 병원, 부속 연구소, 부속 초등학교' 등은 특정 대상물을 가리키는 고유명사의 자격을 가지므로 하나의 단위로 다루어 붙여 쓸 수 있다. 예를 들어 '한국대학교 의과대학 부속병원, 한국대학교 사범대학 부속중학교'와 같이 적을 수 있다.

제6장 그 밖의 것

제51항 부사의 끝음절이 분명히 '이'로만 나는 것은 '-이'로 적고, '히'로만 나거나 '이'나 '히'로 나는 것은 '-히'로 적는다.[132]

1. '이'로만 나는 것

가붓이	깨끗이	나붓이	느긋이	둥긋이
따뜻이	반듯이	버젓이	산뜻이	의젓이
가까이	고이	날카로이	대수로이	번거로이
많이	적이	헛되이	겹겹이	번번이
일일이	집집이	틈틈이		

2. '히'로만 나는 것

극히	급히	딱히	속히	작히	족히
특히	엄격히	정확히			

3. '이, 히'로 나는 것

솔직히	가만히	간편히	나른히	무단히
각별히	소홀히	쓸쓸히	정결히	과감히

---

[132] '-하다'가 붙어 용언이 되는 것은 대개 '히'로 적고 그렇지 않은 것은 '이'로 적는 경향이 있다. 그런데 '-하다'가 붙을 수 있는 형태라고 해도 끝소리가 'ㅅ'이면 '이'로 적는데, '가붓이, 깨끗이, 느긋이, 둥긋이, 따뜻이, 반듯이, 산뜻이, 어렴풋이, 의젓이' 등이 여기에 속한다. 다만, '깊숙이, 멀찍이'와 같이 끝소리가 'ㅅ'이 아니면서 '-하다'가 붙는 형태인데도 '이'로 적는 것이 있어 주의가 필요하다.

꼼꼼히	심히	열심히	급급히	답답히
섭섭히	공평히	능히	당당히	분명히
상당히	조용히	간소히	고요히	도저히

제52항 한자어에서 본음으로도 나고 속음으로도 나는 것은 각각 그 소리에 따라 적는다.[133]

(본음으로 나는 것)	(속음으로 나는 것)
승낙(承諾)	수락(受諾), 쾌락(快諾), 허락(許諾)
만난(萬難)	곤란(困難), 논란(論難)
안녕(安寧)	의령(宜寧), 회령(會寧)
분노(忿怒)	대로(大怒), 희로애락(喜怒哀樂)
토론(討論)	의논(議論)
오륙십(五六十)	오뉴월, 유월(六月)
목재(木材)	모과(木瓜)
십일(十日)	시방정토(十方淨土), 시왕(十王), 시월(十月)
팔일(八日)	초파일(初八日)

제53항 다음과 같은 어미는 예사소리로 적는다.(ㄱ을 취하고, ㄴ을 버림.)[134]

---

[133] '제공(提供), 공포(公布), 도장(道場)(무예를 닦는 곳)'이나 불교 용어 '보리(菩提), 보시(布施), 도량(道場)(불도를 닦는 깨끗한 마당)' 등도 속음이 굳어진 단어들이다. 그리고 '본댁(本宅), 시댁(媤宅), 댁내(宅內)'와 '자택(自宅)', '모란(牧丹)'과 '단심(丹心)', '통찰(洞察)'과 '동굴(洞窟)', '사탕(砂糖), 설탕(雪糖)'과 '당분(糖分)' 등도 동일한 한자가 두 개의 음으로 쓰이는 예이다.

[134] 제53항에 예시된 어미들은 기원적으로 관형사형 어미 '-(으)ㄹ' 뒤에 의존명사가 연결된 것인데, 둘의 관계가 긴밀해져 하나의 어미로 굳어져 쓰이므로 한 형태로 붙여 쓴다. '-(으)ㄹ망정, -(으)ㄹ밖에, -(으)ㄹ뿐더러, -(으)

ㄱ	ㄴ
-(으)ㄹ거나	-(으)ㄹ꺼나
-(으)ㄹ걸	-(으)ㄹ껄
-(으)ㄹ게	-(으)ㄹ께
-(으)ㄹ세	-(으)ㄹ쎄
-(으)ㄹ세라	-(으)ㄹ쎄라
-(으)ㄹ수록	-(으)ㄹ쑤록
-(으)ㄹ시	-(으)ㄹ씨
-(으)ㄹ지	-(으)ㄹ찌
-(으)ㄹ지니라	-(으)ㄹ찌니라
-(으)ㄹ지라도	-(으)ㄹ찌라도

ㄹ작시면'도 이와 같다. 그런데 '(으)ㄹ'에 이어지는 자음이 모두 된소리로 발음 나는 것은, '(으)ㄹ'의 옛 형태가 '(으)ㅭ'이기 때문이다. 'ㅎ'은 성문파열음인데 이것이 받침 위치에 놓이면 다른 자음들처럼 기류가 터지지 않은 채 조음부의 긴장이 지속되고, 이 긴장이 뒤따르는 자음에 얹혀 뒷자음을 된소리로 발음 나게 한다. 중세국어 시기의 문헌에는 관형사형 어미가 '-(으)ㅭ' 혹은 '-(으)ㄹ'로 나타나는데, 'ㅎ'을 표기하지 않을 때는 뒷자음을 된소리로 적어 '몯홀 꺼시, 밍굴 쏘리, ㄱ톨ㄸ라도, 몯 볼까 ㅎ다니'와 같이 표기함으로써, 'ㅎ'이 기저에 있음을 드러내고 있다.

 'ㅎ'이 사라진 뒤 '(으)ㅭ'은 '(으)ㄹ'이 되었지만 그 발음은 오늘날에 그대로 이어져 '-을거나[-꺼나], -을수록[-쑤록], 먹을 것[껃], 갈 거야[꺼야], 앉을 데[떼], 상관할 바[빠], 올 사람[싸람], 할 수[쑤], 그럴 줄[쭐], 살 집[찝]'과 같이 뒷자음을 여전히 된소리로 발음한다. 다만, 의문형에 쓰이는 종결어미는 '(으)ㄹ' 뒤의 자음이 된소리로 발음 나는 것을 그대로 표기에 반영하여 '-(으)ㄹ까, -(으)ㄹ꼬, -(으)ㄹ쏘냐'와 같이 적는다. 이는, 다른 의문형 어미들을 된소리로 표기하여 '-(스)ㅂ니까, -(으)리까'로 적는 것에 일치시키기 위함이다. 참고로 '니까, 리까'의 옛 형태는 '니잇가[니잇까], 리잇가[리잇까]'이다.

-(으)르지어다		-(으)르찌어다	
-(으)르지언정		-(으)르찌언정	
-(으)르진대		-(으)르찐대	
-(으)르진저		-(으)르찐저	
-올시다		-올씨다	

다만, 의문을 나타내는 다음 어미들은 된소리로 적는다.

-(으)르까?　　-(으)르꼬?-　　　(스)ㅂ니까?

-(으)리까?　　-(으)르쏘냐?

제54항 다음과 같은 접미사는 된소리로 적는다.(ㄱ을 취하고, ㄴ을 버림.)[135]

ㄱ	ㄴ	ㄱ	ㄴ
심부름꾼	심부름군	귀때기	귓대기
익살꾼	익살군	볼때기	볼대기
일꾼	일군	판자때기	판잣대기
장꾼[136]	장군	뒤꿈치	뒤굼치
장난꾼	장난군	팔꿈치	팔굼치
지게꾼	지겟군	이마빼기[137]	이맛배기

---

135) 제54항의 '-꾼, -깔, -꿈치, -때기'는 된소리로만 쓰이므로 규정대로 된소
리로 적는다. 그러나 '-빼기, -쩍다'는 단어에 따라 '-배기, -적다'로도 나
타나므로, 잘못된 표기를 막기 위해서는 이 점을 구별하여 언급할 필요가
있다.

136) 장(場)에 모여 물건을 사고파는 사람들을 뜻한다.

137) '-빼기'와 '-배기'는 '앞말의 의미와 관련된 특정한 것/곳'을 뜻하는 접미사
인데, '-빼기'는 앞말을 낮추어 이를 때도 쓰인다.

때깔	땟갈	코빼기	콧배기
빛깔	빛갈	객쩍다138)	객적다
성깔	성갈	겸연쩍다	겸연적다

'-빼기'가 쓰인 예로 '고들빼기(식물의 이름), 재빼기(잿마루), 곱빼기(곱절의 양인 것), 과녁빼기(똑바로 건너다보이는 곳), 그루빼기(짚단·나뭇단의 그루가 맞대어서 이룬 바닥), 머리빼기(머리가 향한 쪽), 밥빼기(아우가 생겨 샘내느라고 밥을 많이 먹는 아이), 악착빼기(몹시 악착스러운 사람을 낮잡아 이르는 말), 얽둑빼기/얽작빼기/얽빼기(얼굴에 얽은 자국이 많은 사람을 낮잡아 이르는 말)' 등이 있다. 앞말을 낮추어 쓰인 예로는 '대갈빼기, 이마빼기, 코빼기('코쭝배기'의 준말)' 등이 있다.

'-배기'가 쓰인 예로 '한 살배기(한 살을 먹은), 나배기/나이배기(보기보다 나이를 많이 먹은), 알배기(알이 꽉 찬), 공짜배기(공짜인 것), 귀퉁배기(귀의 언저리), 대(大)짜배기(그중 큰 것), 언덕배기(언덕마루), 육자(六字)배기(잡가의 하나), 주정(酒酊)배기(주정하는 사람), 진짜배기, 포배기(한 것을 자꾸 되풀이 함), 혀짤배기(혀가 짧아 발음이 똑똑하지 않은 사람)' 등이 있다.

단어가 한 형태소인가 아닌가에 상관없이 공명음(비음, 유음, 모음) 뒤에서 [빼기]로 소리 나면 '빼기'로 적고 [배기]로 소리 나면 '배기'로 적는다. 이는 단어에 따라 굳어진 소리를 그대로 표기에 반영하고자 함이다. 그런데 'ㄱ, ㄷ, ㅂ' 뒤에서 [빼기]로 발음 나는 단어를 표기할 때는 주의가 필요하다. '뚝배기, 학배기(잠자리의 애벌레)'는 낱말의 어원을 알 수 없어 단일 형태소로 간주하므로 제5항의 규정에 따라 '-배기'로 적는다. '언덕배기'를 된소리로 적지 않는 것도 이를 한 형태소로 간주하기 때문이다. 반면 두 형태소로 이루어진 단어 '곱-빼기, 과녁-빼기, 밥-빼기, 악착-빼기, 얽-빼기'는 '-빼기'로 적는다.

138) '-쩍다'와 '-적다'는 형용사를 만드는 접미사인데 단어에 따라 굳어진 발음대로 적는다. '-쩍다'로 적는 예로 '객쩍다(말이나 행동이 쓸데없고 실없다), 겸연쩍다(너무 미안하여 낯이 화끈하다. 계면쩍다), 맥쩍다(심심하고 재미없다), 멋쩍다(격에 어울리지 않다. 어색하고 쑥스럽다), 해망쩍다(총명하지 못하고 아둔하다), 행망쩍다(주의력이 없고 아둔하다)' 등이 있다.

제55항 두 가지로 구별하여 적던 다음 말들은 한 가지로 적는다.(ㄱ을 취하고, ㄴ을 버림.)

ㄱ	ㄴ
맞추다(입을 맞춘다. 양복을 맞춘다.)	마추다
뻗치다(다리를 뻗친다. 멀리 뻗친다.)	뻐치다

제56항 '-더라, -던'과 '-든지'는 다음과 같이 적는다.

1. 지난 일을 나타내는 어미는 '-더라, -던'으로 적는다.(ㄱ을 취하고, ㄴ을 버림.)139)

ㄱ	ㄴ
지난 겨울은 몹시 춥더라.	지난 겨울은 몹시 춥드라.

'-적다'로 적는 예로는 '괘다리적다/괘달머리적다(무뚝뚝하고 퉁명스럽다), 열퉁적다(말이나 행동이 엉뚱하고 미련한 데가 있다)' 등이 있다. 그러나 '맛-적다(맛이 적어 싱겁다), 딴기(-氣)-적다(기력이 없어 앞서나가는 기운이 없다)'의 '적다'는 형용사이므로 원형을 밝혀 적는다.

139) '-더-'와 관련하여 각별한 주의가 필요한 것은 종결형 어미 '-데'와 '-대'이다. '-데'는 자신이 직·간접으로 경험한 일을 회상의 방식으로 말하는 어미로 평서문에만 쓰이는데 해라체로 말하면 '-더라'에 해당한다. 예를 들어 '(내가 보니까)방이 생각보다 크데/크더라. (내가 보니까)문제가 생각만큼 어렵지는 않데/않더라.'와 같이 쓴다. 상대방의 경험을 물을 때는 구어에서 '-디' 형태가 쓰여 '(네가 볼 때)방이 생각보다 크디/크더냐?', '(네가 볼 때)문제가 생각만큼 어렵지는 않디/않더냐?'와 같이 쓴다.

　'-대'는 '-다고 해'의 준말로 다른 사람의 말을 전하는 방식으로 말하는 종결형 어미인데 평서문과 의문문에 모두 쓰인다. 예를 들어 '(남들이 말하기를)방이 생각보다 크대. (남들이 말하기를)문제가 생각만큼 어렵지는 않대. (걔가 말하기를)같이 간대?'와 같이 쓴다.

깊던 물이 얕아졌다.   깊든 물이 얕아졌다.

그렇게 좋던가?   그렇게 좋든가?

그 사람 말 잘하던데!   그 사람 말 잘하든데!

얼마나 놀랐던지 몰라.   얼마나 놀랐든지 몰라.

2. 물건이나 일의 내용을 가리지 아니하는 뜻을 나타내는 조사와 어미는 '(-)든지'로 적는다.(ㄱ을 취하고, ㄴ을 버림.)140)

                 ㄱ   ㄴ

배든지 사과든지 마음대로 먹어라.   배던지 사과던지 마음대로 먹어라.

가든지 오든지 마음대로 해라.   가던지 오던지 마음대로 해라.

제57항 다음 말들은 각각 구별하여 적는다.141)

가름142)	둘로 가름.
갈음	새 책상으로 갈음하였다.
거름143)	풀을 썩인 거름.
걸음	빠른 걸음.

---

140) '-든지'는 '-든'으로도 쓴다. '무엇이든, 어떻든, 어떻게든, 어쨌든, 언제든, 얼마든'의 '든'도 같은 쓰임이다.

141) 제57항은, 발음이 같거나 비슷하여 표기에 혼란을 겪게 되나 단어의 의미가 다르므로 형태를 구별하여 적는 단어들이다.

142) '가름'은 동사 '가르다'의 명사형이고 '갈음'은 명사이다.

143) '거름'은 형용사 '걸다(=기름지다)'에서 파생된 명사이고 '걸음'은 동사 '걷다'에서 파생된 명사이다. '풀을 썩인'은 '풀을 썩힌'으로 써야 한다. '썩이다'는 '속을 썩이다, 가슴을 썩이다'로 쓰이는 단어이다.

거치다	영월을 거쳐 왔다.
걷히다[144]	외상값이 잘 걷힌다.

걷잡다[145]	걷잡을 수 없는 상태.
겉잡다	겉잡아서 이틀 걸릴 일.

그러므로(그러니까)	그는 부지런하다. 그러므로[146] 잘 산다.
그럼으로(써)	그는 열심히 공부한다. 그럼으로(써) 은혜에 보답한다.
(그렇게 하는 것으로)	

노름[147]	노름판이 벌어졌다.
놀음(놀이)	즐거운 놀음.

느리다	진도가 너무 느리다.
늘이다[148]	고무줄을 늘인다.
늘리다	수출량을 더 늘린다.

다리다[149]	옷을 다린다.

---

144) '거치다'는 '경유하다'의 뜻이고 '걷히다'는 '걷다'의 피동형이다.
145) '걷-잡다'는 '붙들어 잡다'라는 뜻이고, '겉-잡다'는 명사와 동사가 연결된 합성어로 '겉만 보고 대강 어림잡아 생각하다'라는 뜻이다.
146) '그러므로'는 이유를 뜻하고 '그럼으로(써)'는 수단을 뜻한다.
147) '노름, 놀음'은 둘 다 동사 '놀다'에서 파생된 명사인데, '노름'은 '도박'을 뜻하고 '놀음'은 '놀이'를 뜻하여 구별되므로 별개의 명사로 인정한다.
148) '느리다'는 형용사이고 '늘이다, 늘리다'는 동사 '늘다'에서 파생된 사동사이다. 길이를 대상으로 할 때 '늘이다'를 쓰고 수나 양, 시간을 대상으로 할 때 '늘리다'를 쓴다.
149) '다리다, 달이다'는 둘 다 타동사인데, 옷이나 천을 펼 때 '다리다'를 쓰고 액체를 끓일 때 '달이다'를 쓴다.

달이다	약을 달인다.
다치다	부주의로 손을 다쳤다.
닫히다150)	문이 저절로 닫혔다.
닫치다	문을 힘껏 닫쳤다.
마치다	벌써 일을 마쳤다.
맞히다151)	여러 문제를 더 맞혔다.
목거리152)	목거리가 덧났다.
목걸이	금 목걸이, 은 목걸이.
바치다	나라를 위해 목숨을 바쳤다.
받치다153)	우산을 받치고 간다. 책받침을 받친다.
받히다	쇠뿔에 받혔다.
밭치다	술을 체에 밭친다.

---

150) '닫치다'는 '닫-'에 강조를 뜻하는 접미사 '-치-'가 붙은 것으로 '닫치다'와 '닫다'의 어휘적 뜻은 같다. 반면 '닫히다'는 '닫다'의 피동사이다.

151) '맞히다'는 동사 '맞다'의 사동사인데 '맞추다'와 혼동하는 일이 잦다. '맞추다'는 '내 답안과 정답이 일치하는지 맞춰본다. 음식의 간을 맞춘다. 양복을 맞춰 입는다. 입맞춤.'과 같이 쓰인다.

152) '-거리'는 '주기적으로 일어나는 동안'의 뜻을 갖는 접미사로 병증(病症)을 일컫는 명사 '달거리[月經], 목거리(목이 붓고 아픈 병), 볼거리(유행성 이하선염), 이틀거리[二日瘧], 하루거리[間日瘧]' 등에 쓰인다. '목걸이'의 '걸이'는 명사로 '귀걸이, 벽걸이, 옷걸이, 코걸이, 턱걸이, 팔걸이'에도 쓰인다. 특히 '귀걸이'는 '귀마개(귀가 시리지 않게 귀를 싸는 물건)'와 같은 뜻으로도 쓰이고 '귀고리(귓불에 다는 장식품)'와 같은 뜻으로도 쓰인다.

153) '받치다'는 어간 '받-'에 강세 접미사 '-치-'가 연결된 것으로 '받치다'와 '받다'의 어휘적 뜻은 같다. 반면 '받히다'는 '받다'의 피동사이다. '밭치다'는 동사 어간 '밭-'에 강세 접미사 '-치-'가 연결된 형태이다.

반드시[154]	약속은 반드시 지켜라.
반듯이	고개를 반듯이 들어라.
부딪치다[155]	차와 차가 마주 부딪쳤다.
부딪히다	마차가 화물차에 부딪혔다.
부치다	힘이 부치는 일이다.
	편지를 부친다.
	논밭을 부친다.
	빈대떡을 부친다.
	식목일에 부치는 글.
	회의에 부치는 안건.
	인쇄에 부치는 원고.
	삼촌 집에 숙식을 부친다.
붙이다[156]	우표를 붙인다.
	책상을 벽에 붙였다.
	흥정을 붙인다.
	불을 붙인다.
	감시원을 붙인다.
	조건을 붙인다.
	취미를 붙인다.
	별명을 붙인다.

---

154) '꼭'과 같은 뜻이면 '반드시'이고 '똑바로, 삐뚤지 않게'의 뜻이면 '반듯이'이다.

155) '부딪치다'는 어간 '부딪-'에 강세 접미사 '-치-'가 연결된 형태이므로 '부딪치다'와 '부딪다'의 어휘적 뜻은 같다. 반면 '부딪히다'는 '부딪다'의 피동사이다. 강세형인 '부딪치다'의 피동형은 '부딪치이다'이므로, '부딪다, 부딪치다'는 둘 다 능동사이고 '부딪히다, 부딪치이다'는 둘 다 피동사이다.

156) '붙이다'는 '붙다'의 사동사이다.

시키다	일을 시킨다.
식히다[157)	끓인 물을 식힌다.
아름	세 아름 되는 둘레.
알음[158)	전부터 알음이 있는 사이.
앎	앎이 힘이다.
안치다	밥을 안친다.
앉히다[159)	윗자리에 앉힌다.
어름[160)	두 물건의 어름에서 일어난 현상.
얼음	얼음이 얼었다.
이따가[161)	이따가 오너라.

---

157) '식히다'는 '식다'의 사동사이다.
158) '알음'과 '앎'은 둘 다 '알다'에서 파생된 명사이다. 그런데 '알음'은 '서로 아는 일'을 뜻하고 '앎'은 '지식'을 뜻하여 구별되므로 별개의 단어로 인정한다. 이와 비슷한 경우로 '알은척하다/알은체하다'와 '아는 척하다/체하다'가 있다. '알은척하다/알은체하다'는 명사 '알은척/알은체'에 접미사 '-하-'가 연결된 단어이므로 띄어 쓰지 않는다. '알은척, 알은체'는 '알다'의 관형사형 '알은' 뒤에 의존명사 '척/체'가 연결된 것이었는데, 두 단어가 하나로 굳어져 쓰이면서 '안면이 있는 척/체'라는 새 뜻을 얻었으므로 명사로 인정되었다. 이처럼 '알은척'의 '알은'과 '아는 척'의 '아는'의 뜻이 다르므로 구별하여 적는다.
159) '앉히다'는 '앉다'의 사동사이다.
160) '어름'은 '두 사물의 끝이 맞닿은 자리, 경계점, 부근'의 뜻이고 '얼음'은 동사 '얼다'에서 파생된 명사이다.
161) '이따가'는 '조금 지난 뒤에'라는 뜻의 부사로 '이따'로도 쓸 수 있다. '있다가'는 어간 '있-'에 연결어미 '-다(가)'가 결합된 용언인데, '-다가'는 '가다가 멈췄다. 까불다가 다쳤다. 울다가 그쳤다. 좋다가 말았다.'와 같이 두루

있다가   돈은 있다가도 없다.

저리다   다친 다리가 저린다.
절이다162)   김장 배추를 절인다.

조리다163)   생선을 조린다. 통조림, 병조림.
졸이다   마음을 졸인다.

주리다   여러 날을 주렸다.
줄이다164)   비용을 줄인다.

하노라고   하노라고 한 것이 이 모양이다.
하느라고   공부하느라고 밤을 새웠다.

-느니보다(어미)   나를 찾아오느니보다 집에 있거라.
-는 이보다   오는 이가 가는 이보다 많다.
 (의존 명사)165)

-(으)리만큼(어미)   나를 미워하리만큼 그에게 잘못한 일이 없다.
-(으)ㄹ 이만큼   찬성할 이도 반대할 이만큼이나 많을 것이다.

쓰인다.
162) '절이다'는 '절다'의 사동사이다.
163) '졸이다'는 '초조해하다'의 뜻일 때 타동사이고 '국물을 졸게 하다'의 뜻일
    때 '졸다'의 사동사이다. 따라서 '마음을/가슴을 졸이다.'와 '찌개를 졸이다.'
    는 모두 맞는 표현이다. 반면 '조리다'는 음식을 요리하는 한 방법에 해당
    하는 것으로 끓이다, 볶다, 삶다, 찌다, 튀기다'에 대응되는 단어이다.
164) '줄이다'는 '줄다'의 사동사이다.
165) '-는 이보다'의 '이'가 의존명사라는 뜻이다.

(의존명사)166)

-(으)러(목적)　　　공부하러 간다.
-(으)려(의도)　　　서울 가려 한다.

(으)로서(자격)167)　사람으로서 그럴 수는 없다.
(으)로써(수단)　　닭으로써 꿩을 대신했다.

-(으)므로(어미)　　그가 나를 믿으므로 나도 그를 믿는다.
(-ㅁ, -음)으로(써)　그는 믿음으로(써) 산 보람을 느꼈다.

(조사)

---

166) '-는 이만큼'의 '이'가 의존명사라는 뜻이다.
167) '-(으)ㅁ 으로(써)'와 '-(으)므로', '(으)로서, (으)로써'는, 발음이 매우 비슷하
여 표기에 혼란을 겪는 예들이다. '자격'을 뜻하는 '(으)로서' 앞에는 명사
만 연결되어 '나-로서, 사람-으로서'와 같이 쓰이고, '수단, 방법'을 뜻하는
'(으)로(써)' 앞에는 명사나 동사의 명사형만 연결되어 '닭-으로써, 믿음-으
로써, 투지-로써'와 같이 쓰인다. '원인'을 뜻하는 '-(으)므로' 앞에는 동사
나 형용사 어간만 연결되어 '믿-으므로, 빠르-므로'와 같이 쓰인다.

문장 부호

문장 부호의 이름과 그 사용법은 다음과 같이 정한다.

Ⅰ. 마침표[終止符]

1. 온점(.), 고리점(。)

가로쓰기에는 온점, 세로쓰기에는 고리점을 쓴다.

(1) 서술, 명령, 청유 등을 나타내는 문장의 끝에 쓴다.

> 젊은이는 나라의 기둥이다.
> 황금 보기를 돌같이 하라.
> 집으로 돌아가자.

다만, 표제어나 표어에는 쓰지 않는다.

> 압록강은 흐른다(표제어)
> 꺼진 불도 다시 보자(표어)

(2) 아라비아 숫자만으로 연월일을 표시할 적에 쓴다.

　　　1919. 3. 1. (1919 년 3 월 1 일)

(3) 표시 문자 다음에 쓴다.

　　　1. 마침표　　　ㄱ. 물음표　　　가. 인명

(4) 준말을 나타내는 데 쓴다.

　　　서. 1987. 3. 5. (서기)

2. 물음표(?)

의심이나 물음을 나타낸다.

(1) 직접 질문할 때에 쓴다.

　　　이제 가면 언제 돌아오니?
　　　이름이 뭐지?

(2) 반어나 수사 의문(修辭疑問)을 나타낼 때 쓴다.

　　　제가 감히 거역할 리가 있습니까?
　　　이게 은혜에 대한 보답이냐?
　　　남북 통일이 되면 얼마나 좋을까?

(3) 특정한 어구 또는 그 내용에 대하여 의심이나 빈정거림, 비웃음 등을 표시할 때, 또는 적절한 말을 쓰기 어려운 경우에 소괄호 안에 쓴다.

그것 참 훌륭한(?) 태도야.
우리 집 고양이가 가출(?)을 했어요.

[붙임 1] 한 문장에서 몇 개의 선택적인 물음이 겹쳤을 때에는 맨 끝의 물음에만 쓰지만, 각각 독립된 물음인 경우에는 물음마다 쓴다.

너는 한국인이냐, 중국인이냐?
너는 언제 왔니? 어디서 왔니? 무엇하러?

[붙임 2] 의문형 어미로 끝나는 문장이라도 의문의 정도가 약할 때에는 물음표 대신 온점(또는 고리점)을 쓸 수도 있다.

이 일을 도대체 어쩐단 말이냐.
아무도 그 일에 찬성하지 않을 거야. 혹 미친 사람이라면 모를까.

3. 느낌표(!)

감탄이나 놀람, 부르짖음, 명령 등 강한 느낌을 나타낸다.

(1) 느낌을 힘차게 나타내기 위해 감탄사나 감탄형 종결 어미 다음에 쓴다.

앗!
아, 달이 밝구나!

(2) 강한 명령문 또는 청유문에 쓴다.

　　지금 즉시 대답해!
　　부디 몸조심하도록!

(3) 감정을 넣어 다른 사람을 부르거나 대답할 적에 쓴다.

　　춘향아!
　　예, 도련님!

(4) 물음의 말로써 놀람이나 항의의 뜻을 나타내는 경우에 쓴다.

　　이게 누구야!
　　내가 왜 나빠!

[붙임 3] 감탄형 어미로 끝나는 문장이라도 감탄의 정도가 약할 때에는 느
　　낌표 대신 온점(또는 고리점)을 쓸 수도 있다.

　　개구리가 나온 것을 보니, 봄이 오긴 왔구나.

II. 쉼표[休止符]

1. 반점(,), 모점(´)

가로쓰기에는 반점, 세로쓰기에는 모점을 쓴다. 문장 안에서 짧은 휴지를

나타낸다.

(1) 같은 자격의 어구가 열거될 때에 쓴다.

근면, 검소, 협동은 우리 겨레의 미덕이다.
충청도의 계룡산, 전라도의 내장산, 강원도의 설악산은 모두 국립 공원이다.

다만, 조사로 연결될 적에는 쓰지 않는다.

매화와 난초와 국화와 대나무를 사군자라고 한다.

(2) 짝을 지어 구별할 필요가 있을 때에 쓴다.

닭과 지네, 개와 고양이는 상극이다.

(3) 바로 다음의 말을 꾸미지 않을 때에 쓴다.

슬픈 사연을 간직한, 경주 불국사의 무영탑.
성질 급한, 철수의 누이동생이 화를 내었다.

(4) 대등하거나 종속적인 절이 이어질 때에 절 사이에 쓴다.

콩 심으면 콩 나고, 팥 심으면 팥 난다.
흰 눈이 내리니, 경치가 더욱 아름답다.

(5) 부르는 말이나 대답하는 말 뒤에 쓴다.

　　애야, 이리 오너라.
　　예, 지금 가겠습니다.

(6) 제시어 다음에 쓴다.

　　빵, 빵이 인생의 전부이더냐?
　　용기, 이것이야말로 무엇과도 바꿀 수 없는 젊은이의 자산이다.

(7) 도치된 문장에 쓴다.

　　이리 오세요, 어머님.
　　다시 보자, 한강수야.

(8) 가벼운 감탄을 나타내는 말 뒤에 쓴다.

　　아, 깜빡 잊었구나.

(9) 문장 첫머리의 접속이나 연결을 나타내는 말 다음에 쓴다.

　　첫째, 몸이 튼튼해야 된다.
　　아무튼, 나는 집에 돌아가겠다.

　다만, 일반적으로 쓰이는 접속어(그러나, 그러므로, 그리고, 그런데 등) 뒤에는 쓰지 않음을 원칙으로 한다.

그러나 너는 실망할 필요가 없다.

(10) 문장 중간에 끼어든 구절 앞뒤에 쓴다.

나는, 솔직히 말하면, 그 말이 별로 탐탁하지 않소.
철수는 미소를 띠고, 속으로는 화가 치밀었지만, 그들을 맞았다.

(11) 되풀이를 피하기 위하여 한 부분을 줄일 때에 쓴다.

여름에는 바다에서, 겨울에는 산에서 휴가를 즐겼다.

(12) 문맥상 끊어 읽어야 할 곳에 쓴다.

갑돌이가 울면서, 떠나는 갑순이를 배웅했다.
갑돌이가, 울면서 떠나는 갑순이를 배웅했다.
철수가, 내가 제일 좋아하는 친구이다.
남을 괴롭히는 사람들은, 만약 그들이 다른 사람에게 괴롭힘을 당
해 본다면, 남을 괴롭히는 일이 얼마나 나쁜 일인지 깨달을 것이다.

(13) 숫자를 나열할 때에 쓴다.

1, 2, 3, 4

(14) 수의 폭이나 개략의 수를 나타낼 때에 쓴다.

5, 6 세기   6, 7 개

(15) 수의 자릿점을 나타낼 때에 쓴다.

    14,314

2. 가운뎃점(·)

열거된 여러 단위가 대등하거나 밀접한 관계임을 나타낸다.

(1) 쉼표로 열거된 어구가 다시 여러 단위로 나누어질 때에 쓴다.

    철수·영이, 영수·순이가 서로 짝이 되어 윷놀이를 하였다.
    공주·논산, 천안·아산·천원 등 각 지역구에서 2 명씩 국회 의원[168]을 뽑는다.
    시장에 가서 사과·배·복숭아, 고추·마늘·파, 조기·명태·고등어를 샀다.

(2) 특정한 의미를 가지는 날을 나타내는 숫자에 쓴다.

    3·1 운동
    8·15 광복

(3) 같은 계열의 단어 사이에 쓴다.

    경북 방언의 조사·연구
    충북·충남 두 도를 합하여 충청도라고 한다.

---

168) '국회의원'은 붙여 쓰는 것이 규범에 맞는 표기이다.

동사 · 형용사를 합하여 용언이라고 한다.

3. 쌍점(:)

(1) 내포되는 종류를 들 적에 쓴다.

    문장 부호: 마침표, 쉼표, 따옴표, 묶음표 등.
    문방사우: 붓, 먹, 벼루, 종이.

(2) 소표제 뒤에 간단한 설명이 붙을 때에 쓴다.

    일시: 1984 년 10 월 15 일 10 시.
    마침표: 문장이 끝남을 나타낸다.

(3) 저자명 다음에 저서명을 적을 때에 쓴다.

    정약용: 목민심서, 경세유표.
    주시경: 국어 문법, 서울 박문 서관, 1910.

(4) 시(時)와 분(分), 장(章)과 절(節) 따위를 구별할 때나, 둘 이상을 대비할
    때에 쓴다.

    오전 10:20 (오전 10 시 20 분)
    요한 3:16 (요한복음 3 장 16 절)
    대비 65:60 (65 대 60)

4. 빗금(/)

(1) 대응, 대립되거나 대등한 것을 함께 보이는 단어와 구, 절 사이에 쓴다.

남궁만/남궁 만   백이십오 원/125 원
착한 사람/악한 사람   맞닥뜨리다/맞닥트리다

(2) 분수를 나타낼 때에 쓰기도 한다.

3/4 분기   3/20

Ⅲ. 따옴표[引用符]

1. 큰따옴표(" "), 겹낫표(『 』)

가로쓰기에는 큰따옴표, 세로쓰기에는 겹낫표를 쓴다. 대화, 인용, 특별 어구 따위를 나타낸다.

(1) 글 가운데서 직접 대화를 표시할 때에 쓴다.

"전기가 없었을 때는 어떻게 책을 보았을까?"
"그야 등잔불을 켜고 보았겠지."

(2) 남의 말을 인용할 경우에 쓴다.

예로부터 "민심은 천심이다."라고 하였다.

"사람은 사회적 동물이다."라고 말한 학자가 있다.

2. 작은따옴표(' '), 낫표(「 」)

가로쓰기에는 작은따옴표, 세로쓰기에는 낫표를 쓴다.

(1) 따온 말 가운데 다시 따온 말이 들어 있을 때에 쓴다

"여러분! 침착해야 합니다. '하늘이 무너져도 솟아날 구멍이 있다.'
고 합니다."

(2) 마음속으로 한 말을 적을 때에 쓴다.

'만약 내가 이런 모습으로 돌아간다면, 모두들 깜짝 놀라겠지.'

[붙임] 문장에서 중요한 부분을 두드러지게 하기 위해 드러냄표 대신에 쓰
기도 한다.

지금 필요한 것은 '지식'이 아니라 '실천'입니다.
'배부른 돼지'보다는 '배고픈 소크라테스'가 되겠다.

Ⅳ. 묶음표[括弧符]

1. 소괄호(( ))

(1) 원어, 연대, 주석, 설명 등을 넣을 적에 쓴다.

커피(coffee)는 기호 식품이다.
3 · 1 운동(1919) 당시 나는 중학생이었다.
'무정(無情)'은 춘원(6 · 25 때 납북)의 작품이다.
니체(독일의 철학자)는 이렇게 말했다.

(2) 특히 기호 또는 기호적인 구실을 하는 문자, 단어, 구에 쓴다.

　(1) 주어　　　(ㄱ) 명사　　　(라) 소리에 관한 것

(3) 빈 자리임을 나타낼 적에 쓴다.

우리 나라169)의 수도는 (　　　)이다.

2. 중괄호({ })

여러 단위를 동등하게 묶어서 보일 때에 쓴다.

주격 조사 $\left\{ \begin{matrix} 이 \\ 가 \end{matrix} \right\}$　　　국가의 3요소 $\left\{ \begin{matrix} 국토 \\ 국민 \\ 주권 \end{matrix} \right\}$

---

169) '우리나라'는 붙여 쓰는 것이 규범에 맞는 표기이다.

3. 대괄호([ ])

(1) 묶음표 안의 말이 바깥 말과 음이 다를 때에 쓴다.

나이[年歲]　　　　낱말[單語]　　　　手足[손발]

(2) 묶음표 안에 또 묶음표가 있을 때에 쓴다.

명령에 있어서의 불확실[단호(斷乎)하지 못함]은 복종에 있어서의 불확실[모호(模糊)함]을 낳는다.

V. 이음표[連結符]

1. 줄표 (—)

이미 말한 내용을 다른 말로 부연하거나 보충함을 나타낸다.

(1) 문장 중간에 앞의 내용에 대해 부연하는 말이 끼어들 때 쓴다.

그 신동은 네 살에 — 보통 아이 같으면 천자문도 모를 나이에 — 벌써 시를 지었다.

(2) 앞의 말을 정정 또는 변명하는 말이 이어질 때 쓴다.

어머님께 말했다가 — 아니, 말씀드렸다가 — 꾸중만 들었다.

이건 내 것이니까 — 아니, 내가 처음 발견한 것이니까 — 절대로 양보할 수가 없다.

2. 붙임표(-)

(1) 사전, 논문 등에서 합성어를 나타낼 적에, 또는 접사나 어미임을 나타낼 적에 쓴다.

> 겨울-나그네   불-구경   손-발
> 휘-날리다   슬기-롭다   -(으)ㄹ걸

(2) 외래어와 고유어 또는 한자어가 결합되는 경우에 쓴다.

> 나일론-실   다-장조   빛-에너지   염화-칼륨

3. 물결표(~)

(1) '내지'라는 뜻에 쓴다.

> 9 월 15 일 ~ 9 월 25 일

(2) 어떤 말의 앞이나 뒤에 들어갈 말 대신 쓴다.

> 새마을: ~ 운동   ~ 노래
> - 가(家):   음악~   미술~

VI. 드러냄표[顯在符]

1. 드러냄표(˙ , ˚)

˙ 이나 ˚을 가로쓰기에는 글자 위에, 세로쓰기에는 글자 오른쪽에 쓴다. 문장 내용 중에서 주의가 미쳐야 할 곳이나 중요한 부분을 특별히 드러내 보일 때 쓴다.

한글의 본 이름[170]은 훈민정음 이다.
중요한 것은 왜 사느냐가 아니라 어떻게 사느냐 하는 문제이다.

[붙임] 가로쓰기에서는 밑줄(_____ , ~~~~~)을 치기도 한다.

다음 보기에서 명사가 <u>아닌</u> 것은?

VII. 안드러냄표[潛在符]

1. 숨김표(××, ○○)

알면서도 고의로 드러내지 않음을 나타낸다.

---

170) '본이름'은 '본디 이름, 본명(本名)'이란 뜻인데 붙여 쓰는 것이 규범에 맞는 표기이다.

(1) 금기어나 공공연히 쓰기 어려운 비속어의 경우, 그 글자의 수효만큼 쓴다.

　　배운 사람 입에서 어찌 ○○○란 말이 나올 수 있느냐?
　　그 말을 듣는 순간 ×××란 말이 목구멍까지 치밀었다.

(2) 비밀을 유지할 사항일 경우, 그 글자의 수효만큼 쓴다.

　　육군 ○○부대 ○○○ 명이 작전에 참가하였다.
　　그 모임의 참석자는 김×× 씨, 정×× 씨 등 5 명이었다.

2. 빠짐표(□)

글자의 자리를 비워 둠을 나타낸다.

(1) 옛 비문이나 서적 등에서 글자가 분명하지 않을 때에 그 글자의 수효만큼 쓴다.

　　大師爲法主□□賴之大□薦 (옛 비문)

(2) 글자가 들어가야 할 자리를 나타낼 때 쓴다.

　　훈민정음의 초성 중에서 아음(牙音)은 □□□의 석 자다.

3. 줄임표(……)

(1) 할 말을 줄였을 때에 쓴다.

　　"어디 나하고 한번 ……."

하고 철수가 나섰다.

(2) 말이 없음을 나타낼 때에 쓴다.

　　　"빨리 말해 !"
　　　"……."

1. 어간

잡지의 <u>가십란</u>에 단골로 등장한다.	가십난(gossip欄)
절벽이 너무 <u>가파라서</u> 위험해.	가팔라서
법원에 <u>개류</u>중인 사건이다.	계류(繫留)
입상한 사진은 다음 호에 <u>개재</u>함.	게재(揭載)
사적인 감정이 <u>개제</u>된 것이다.	개재(介在)
<u>객적은</u> 소리 그만 해.	객쩍(客-)은
맞힌 문제의 <u>갯수</u>를 세세요.	개수(個數)
<u>건넌마을</u>로 곧장 가는 다리가 놓였다.	건넛마을
<u>결제</u>할 서류가 많다.	결재(決裁)
여기는 <u>경노석</u>입니다.	경로석(敬老席)
현충일에는 조기를 <u>계양</u>한다.	게양(揭揚)
정상 <u>패도</u>를 벗어났다.	궤도(軌道)
칠판에 <u>궤도</u>를 걸어놓고 설명한다.	괘도(掛圖)
무로 <u>깍둑이/깍뚜기</u>를 담근다.	깍두기
주변 사람들을 <u>깜쪽같이</u> 속였다.	감쪽같이
<u>눈꼽</u>이 끼었다.	눈곱
많은 사람들이 <u>눈쌀</u>을 찌푸렸다.	눈살
너무 <u>닥달</u>하지 마세요.	닦달

171) 각 문장의 밑줄 친 단어는 오른쪽과 같이 고쳐 써야 한다.

일손이 <u>딸려서</u> 정신이 없다.	달려서172)
실수한 <u>댓가</u>를 톡톡히 치렀다.	대가(代價)
<u>돌뿌리</u>에 걸려 넘어졌다.173)	돌부리
일이 그렇게 <u>돼면</u> 안 되지.	되면
저는 안 가도 <u>되요</u>?	돼요
하는 일은 잘 <u>되</u> 가요?	돼
다른 사람들 <u>뒤치닥거리</u>만 한다.	뒤치다꺼리
<u>뒷쪽</u>에 앉은 사람.	뒤쪽
<u>드립다</u> 고생만 하고 제대로 된 건 없다.	들입다
<u>등교길</u>에 차량이 몰린다.	등굣길(登校-)
부리가 길고 뾰족한 <u>딱다구리</u>.	딱따구리
<u>떫떠름한</u> 얼굴로 쳐다본다.	떨떠름한
눈에 <u>띠는</u> 것이 있다.	띄는
미소를 <u>띈</u> 얼굴.	띤
시원한 <u>무국</u>이 먹고 싶다.	뭇국
계획대로 <u>밀어부쳐요</u>.	밀어붙여요
전화번호가 <u>바꼈다고</u> 하더라.	바뀌었다고
<u>백분률</u>로 나타낼 것.	백분율(百分率)
<u>부숴진</u> 유리 조각이 널려 있다.	부서진
아랫사람을 <u>불이는</u> 일이 쉽지 않다.	부리는

---

172) '딸리다'는 '처자식이 딸린 가장. 정원이 딸린 집. 대학에 딸린 병원.'과 같이 쓰인다.

173) '총부리를 들이대다.'에서도 '부리'인데, 발음은 '돌부리[돌뿌리], 총부리[총뿌리]'이다.

<u>빨래비누</u>를 직접 만들어 쓴다.	빨랫비누
취미가 같은 친구를 <u>사겨</u> 봐.	사귀어
<u>상개서</u> 130쪽.	상게서(上揭書)
물가 <u>상승율</u>을 고려해야 한다.	상승률(上昇率)
요리 수업을 받는 <u>새색씨</u>들.	새색시
경기의 <u>성패</u>보다 내용이 중요하다.	승패(勝敗)
설을 <u>쇄러</u> 고향에 가요.	쇠러
명절 잘 <u>쉈어요</u>?	쇘어요
이번 일의 <u>승패</u>는 네게 달렸다.	성패(成敗)
이론과 <u>실재</u>는 다르다.	실제(實際)
<u>실제</u>하는 인물이 아니라 가상의 인물이다.	실재(實在)
너무 쉽게 <u>실증</u>을 낸다.	싫증
죽 <u>써서</u> 개 준다는 말이 있지.	쒀서
일을 망쳐서 <u>어떻게</u>?	어떡해
<u>어떡해</u> 그럴 수 있어?	어떻게
남을 <u>없인여기는</u> 마음을 버려라.	업신여기는
뭘 좀 <u>여쭤워</u> 보려고요.	여쭈어
<u>오랫만에</u> 동창을 만났어.	오랜만에
<u>왠</u> 사람이 이렇게 많아?	웬
비가 오면 <u>웬지</u> 기분이 까라져.	왠지
<u>육계장</u>과 삼계탕.	육개장(肉-醬)
회장님의 <u>인삿말</u>이 있겠습니다.	인사말
<u>인슐린량</u>을 조절해야 돼요.	인슐린양(insulin量)

<u>잇딴</u> 의혹으로 감찰을 받게 되었다.	잇따른
객차 뒤에 화물칸을 <u>잇따랐다</u>.	잇달았다
국가 경쟁력을 <u>재고</u>해야 한다.	제고(提高)
마땅한 <u>전셋방</u>이 없다.	전세방(傳貰房)
<u>젖갈</u>을 많이 넣지 마세요.	젓갈
닭 <u>좇던</u> 개 지붕 쳐다보듯 한다.	쫓던
졸음을 <u>쫓으며</u> 공부한다.	좇으며
마땅히 <u>죄값</u>을 치러야 한다.	죗값(罪-)
<u>지긋이</u> 눈을 감았다.	지그시
<u>지그시</u> 기다릴 줄 알아야지.	지긋이
스승의 뜻을 <u>쫓기로</u> 했다.	좇기로
성공을 <u>쫓는</u> 사람들.	좇는
<u>찝개</u>가 너무 작다.	집게
불법 <u>채류</u>자.	체류(滯留)
차간 거리가 좁을 때 <u>충돌</u> 사고가 잦다.	추돌(追突)
색깔이 아주 <u>파랗네</u>.	파라네
샅샅이 <u>파해치고</u> 있다.	파헤치고
사이비 종교의 <u>패해</u>가 크다.	폐해(弊害)
사전에 <u>표재어</u>로 등재한다.	표제어(標題/表題語)
<u>피잣집</u>에서 아르바이트를 해요.	피자집(pizza-)
일곱 살 아이들은 <u>햇님</u>반이에요.	해님
요령을 부리다가 <u>혼구멍난</u> 일이 많다.	혼(魂)꾸멍난
<u>화김</u>에 버럭 소리를 질렀어요.	홧김(火-)

훼손된 문화재의 관리가 시급하다.　　　　훼손(毀損)

여학생 휴계실의 게시판.　　　　　　　　휴게실(休憩室)

단순한 흥미기리에 불과하다.　　　　　　흥밋거리(興味--)

힘쎄고 오래가는 건전지.　　　　　　　　힘세고

2. 어미

가장으로써의 압박감이 컸다.　　　　　　가장으로서의

너무 비싼 것 같애요.　　　　　　　　　같아

걸맞는 상대가 나타났다.　　　　　　　　걸맞은

그의 영혼이 깃들은 작품이다.　　　　　　깃든

바늘에 실을 꿰여서 꽂아 둔다.　　　　　꿰어서

나래도 그렇게 했겠다.　　　　　　　　　나라도

헐레벌떡 뛰여 왔다.　　　　　　　　　　뛰어

함께하는 사회를 만듧시다.　　　　　　　만듭시다

혹이 아니면 백이다라는 생각을 버려라.　　백이라는

돈을 많이 벌은 사람들.　　　　　　　　　번

박 선생님을 뵐려고 왔어요.　　　　　　　뵈려고

값이 너무 비싸구만.　　　　　　　　　　비싸구먼

행복한 삶을 살음.　　　　　　　　　　　삶

문제가 있으면 서슴치 말고 지적할 것.　　서슴지

값은 섭섭치 않게 쳐 드릴게요.　　　　　섭섭지

싫던 좋던 계획했던 대로 해.　　　　　　싫든 좋든

가늘게 <u>썰은</u> 오이를 준비하세요.	썬
제가 그런 것이 <u>아니예요</u>.	아니에요/아네요
예/<u>아니오</u>로 답하시오.	아니요/아뇨
이건 내 탓이 <u>아니요</u>.	아니오
<u>알맞는</u> 답을 쓰시오.	알맞은
어서 <u>오십시요</u>!	오십시오
제 시간에 <u>올런지</u> 걱정이에요.	올는지
대표자 회의가 <u>있아오니</u> 참석 바랍니다.	있사오니
졸음이 몰려와서 계속 <u>졸음</u>.	졺
내가 써보니까 생각보다 <u>좋대</u>.	좋데
내일은 2시에 <u>출발한데</u>.	출발한대
얼마나 <u>춥든지</u> 얼어 죽을 뻔했어.	춥던지
마음을 <u>털어놀</u> 친구가 필요해.	털어놓을
불굴의 <u>투지로서</u> 이겨냅시다.	투지로써
성실한 <u>학생이예요</u>.	학생이에요
자랑스러운 <u>한국인이였어요</u>.	한국인이었어요
훌륭한 <u>학자에요</u>.	학자예요174)
제 이름은 박시언이<u>에요</u>.	예요175)

---

174) 명사에 연결되는 '이다'의 '이'는 앞 명사의 끝소리가 자음일 때 반드시 나타나고 모음일 때는 줄어진다. 예를 들어 '학자이고/학자고, 학자이에요/학자예요'와 같이 쓰인다. 그러므로 '예요/여요'는 '이에요/이어요'가 줄어진 말이다.

175) 사람의 이름 뒤에 조사가 직접 연결될 때 이름의 끝소리가 자음이면, 이름 뒤에 접미사 '-이'를 반드시 붙여 단어를 만드는 것이 우리말의 큰 특징이다. 예를 들어 '시언<u>이</u>-는 학생이다. 시언<u>이</u>-에게 주었다. 박시언<u>이</u>-를 추

제 이름은 박슬기<u>에요</u>   예요

내가 다 <u>해논</u> 뒤에 왔어.   해놓은

천합니다. 제 이름은 박시언<u>이</u>-이에요/박시언<u>이</u>-예요'와 같이 쓴다.

참고자료 ② 주의해야 할 조사

같이	나같이 해 봐. 눈같이 희다.
그려	참 잘했네그려. 아주 훌륭합니다그려.
깨나	자랑깨나 하겠다. 힘깨나 쓰겠다.
나마	그나마 다행이다. 전화로나마 인사를 나누었다.
	이렇게나마 일이 마무리 돼서 다행이다.
대로	나름대로 최선을 다 했다. 그대로 둬.
더러	나더러 여기 있으래. 그 사람더러 하라고 해.
라고	어린애라고 함부로 대하면 안 돼.
	"시간 있어요?"라고 내게 물었다.
마따나	네 말마따나 제대로 된 게 하나도 없네.
마는[176]	그랬으면 얼마나 좋겠냐마는 가망이 없어 보인다.
	비가 오더니마는 금세 그쳤다.
	가 보기는 한다마는 대책이 없다.
	보고 싶지마는 참는다. 그렇지마는 어쩔 수 없어.
만	용기만 있으면 돼. 너만은 올 줄 알았어.
	오기만 해 봐. 형만한 아우가 없지.
	빨리만 오세요. 무슨 일이든 시켜만 주세요.
만큼[177]	그만큼 얘기했으면 들어야지. 나만큼만 해라.

---

176) '마는'은 종결형 어미에 연결되는 조사인데 준말은 '만'이다. '표준국어대사전'에서는 '-다마는/-다만, -더니마는/-더니만, -(으)련마는/-(으)련만, -지마는/-지만'을 어미로도 인정하고 있다.

	이번 일만큼은 꼭 성공할 거야.
밖에	역시 너밖에 없다. 친구밖에 몰라.
	혼나기밖에 더 하겠어? 이렇게밖에 못 해?
보고	누가 너보고 하래? 그런 사람보고 하는 말이야.
보다	이보다 좋을 순 없다. 보기보다 어렵네.
	마음에 안 든다기보다 왠지 불편해.
뿐	역시 너뿐이야. 그것뿐만이 아닙니다.
	손만 안 썼다뿐이지 반칙이야.
에게다	누구에게다 맡길 지 생각 중이야.
에게로	우승의 영광은 청팀에게로 돌아갔다.
에게서	친구에게서 편지가 왔다. 그런 사람에게서 뭘 배우겠니?
에다(가)	여기에다 올려 둬. 잠깐 옆집에다 맡겨.
	소주에다가 맥주를 섞는다.
	고기에다가 해물에다가 아주 잘 먹었어.
(에)서부터	2시에서부터 3시 사이. 어디서부터 잘못 됐지?
(으)ㄴ커녕	밥은커녕 죽도 한 그릇 못 먹었다.
(이)야말로	우정이야말로 진정한 인간애이다. 너야말로 조심 해.
이다	필요한 것은 용기입니다. 사랑이라는 것.
	훌륭한 공연이었어요. 그래서인지 더 매워요.
인즉(슨)	말씀인즉슨 이렇다. 얘긴즉(슨) 진담이오.
조차	생각조차 못했다. 이런 것조차 해결 못하면 어떡해?

---

177) ‘최선을 다했으니만큼 후회는 없다.’의 ‘-(으)니만큼’은 ‘원인이나 근거’를
     나타내는 연결어미이다.

치고	첫솜씨<u>치고</u> 아주 훌륭하네.
하며	고기<u>하며</u> 해물<u>하며</u> 진수성찬이더라.

	예문	의미
부사	두 사람이 이 일을 <u>같이</u>/<u>함께</u> 한다. 점심 <u>같이</u>/<u>함께</u> 먹자. 너하고 <u>같이</u>/<u>함께</u> 가면 좋겠다.	'따로'의 반대말. '같이' 형태로만 쓰임.
형용사	어른(과) <u>같이</u> 말한다. 나(와) <u>같으면</u> 그렇게 안 해. 샛별(과) <u>같은</u> 눈.	'다르다'의 반대말.178)
동사	두 사람은 생각을 <u>같이한다</u>. <u>함께하는</u> 사회를 만듭시다.	같은 사정에 처하다. 더불어 하다.
조사	바보<u>같이</u> 울지 마. 나<u>같이</u> 해 봐. 눈<u>같이</u> 희다. 어머니<u>같이</u> 보살펴 주셨다.	'처럼'과 같은 말. '같이' 형태로만 쓰임.

	예문	의미
부사	그렇게 하면 <u>안</u> 돼. 아직 시간이 <u>안</u> 됐어. 3시까지 <u>안</u> 끝내면 곤란해.	부정(否定)어.

---

178) '같다'에서 파생된 부사 '감쪽같이, 귀신같이, 득달같이, 똑같이, 뚱딴지같이, 매일같이, 벼락같이, 새벽같이, 쏜살같이, 악착같이, 주옥같이, 찰떡같이, 철석같이, 철통같이, 하나같이, 한결같이' 등은 한 단어이므로 붙여 쓴다.

부사	비가 와서 <u>못</u> 갔어.	부정(否定)어.
	그렇게는 <u>못</u> 해.	
	아직 <u>못</u> 해본 사람들이 있어.	
	무사히 <u>잘</u> 도착했는지 모르겠다.	'안, 못'의 반대말.
	내말을 <u>잘</u> 새겨들어.	
	시간을 <u>잘</u> 지켜야 해.	
	<u>잘 안/못</u> 먹으니까 살이 안 쪄.	'잘'의 부정(否定).
	<u>잘 못/안</u> 써봐서 사용법을 잘 몰라.	
	<u>잘못</u> 쓴 글자를 고치세요.	'그르게'의 뜻. '잘'의 반대말.
	내가 사람을 <u>잘못</u> 봤어.	
	전화번호를 <u>잘못</u> 눌렀네.	
동사	기본이 제대로 <u>안된</u> 선수들.	좋게 이루어지지 않다. 일정 수준에 이르지 못하다.
	오늘따라 일이 잘 <u>안된다</u>.	
	<u>안돼도</u> 3등 안에는 들겠다.	
형용사	그 사람 요즘 참 <u>안됐다</u>.	가엾다, 해쓱하다.
	안색이 <u>안돼</u> 보인다.	
동사	<u>잘되면</u> 내가 한 턱 낼게.	좋게 이루어지다. 일정 수준에 이르다.
	공부가 더 <u>잘되는</u> 곳을 찾아 봐.	
	가정교육이 <u>잘된</u> 아이들.	
형용사	<u>못돼도</u> 100명은 될 거야.	뜻대로 되지 않다.
	일이 <u>못되면</u> 모두 내 탓을 하더라.	
	잘되고 <u>못되고</u>는 너한테 달렸다.	

형 용 사	<u>못된</u> 송아지 엉덩이에 뿔 난다. 성격이 아주 <u>못됐다</u>. <u>못된</u> 버릇을 고쳐야 해.	품행 따위가 좋지 않다.
동 사	수영은 <u>못해요</u>. 술을 잘 <u>못해요</u>. 좀 <u>못하더라도</u> 이해해 주세요. 걔는 <u>못하는</u> 게 없어요.	능숙하지 못하다.
	술을 <u>잘해요</u>. 걔는 <u>잘하는</u> 일이 없어요. <u>잘하면</u> 1등도 할 수 있겠다.	자주 하다, 능숙하다.
동 사	게으름 피우면 <u>못써</u>. <u>못쓰게</u> 된 물건은 버리자. 며칠 앓더니 얼굴이 <u>못쓰게</u> 됐다.	좋지 않다, 안되다.
	<u>잘못한</u> 일이 있으면 사과할게. <u>잘못하면</u> 오해를 살 수 있다. 시작부터 <u>잘못된</u> 만남이었어. 어디서부터 <u>잘못된</u> 거니?	그르치다, 그릇되다.

참고자료 ④ 의존명사와 형태가 같은 조사·어미·접미사

	예문	의미
의존명사	될 대로 돼라.	용언 뒤에 쓰임.
	먹을 만큼 먹었다.	
	해야 할 일을 할 뿐이다.	
	출석만 했다 뿐이지	
	십 년 만에 만났다.	시간의 경과.179)
조사	생각대로 잘 되니?	체언 뒤에 쓰임.
	형만큼 키가 크다.	
	역시 너뿐이야. 그뿐이 아니다.	
	학교에서뿐만 아니라	
	키가 나만 하다. 형만 한 아우 없다.	비교.
	너는 이것만 해. 너만 먹어.	한정.

	예문	의미
의존명사	부모 자식 간의 사랑.	(間). 관계, 사이.180)
	서울 부산 간 고속도로.	(間). 거리.
	어찌 됐든 간에 빨리 끝내.	(間). 어느 쪽이든 상관없이.

---

179) '오랜만'은 '오래간-만'의 준말인데 하나의 명사로 인정하므로 띄어 쓰지 않는다.

180) '관계, 사이'라는 뜻을 가진 의존명사 '간'이 자립성을 가진 2음절 한자어에

	예문	의미
의 존 명 사	수박, 참외, 토마토 들을 샀다.	'등(等)'과 같은 말.
	문병 갔던 차에 아는 사람을 봤다.	(次). 기회, 계제.
	나가려던 차에 잘 왔다.	
	5세기 초. 고려 초. 내년 초. 학기 초	(初). 초기.181)
	9회 말. 신라 말. 작년 말. 학기 말.	(末). 끝, 끝 무렵.182)
접 사	한 달간이나 기다렸다.	(間). 동안.
	대장간, 방앗간, 외양간, 찻간, 헛간	(間). 장소.
	학생들은 이쪽으로 오세요.	복수.
	어서들 오세요. 빨리들 오셨네요.	
	출장차 서울에 갔다.	(次). ~을 목적으로.

	예문	의미
의 존 명 사	기다릴 걸 알면서 안 갔다.	'걸'은 '것을'의 준말.
	비싼 걸 고르면 안 돼.	
	잘 아는 데가 있어.	장소.
	편히 쉴 데가 없다.	
	실수한 데에 따른 처벌이야.	것.
	그런 일 하는 데는 소질이 없어.	

연결되어 합성어로 굳어진 경우 한 단어로 인정하므로 붙여 쓴다. '내외간, 부부간, 부자간, 형제간, 다소간, 좌우간, 피차간' 등이 그러하다.
181) '월초(月初), 연초(年初)' 등은 하나의 명사로 인정하므로 붙여 쓴다.
182) '세기말(世紀末), 여말(麗末), 월말(月末), 연말(年末)' 등은 하나의 명사로 인정하여 붙여 쓴다.

	보일 <u>듯</u> 말 <u>듯</u> 하다.	'말다'와 같이 쓰임.[183]
의 존 명 사	먹은 <u>듯</u> 만 <u>듯</u> 하다.	
	부러운 <u>듯</u>(이) 쳐다본다.	'듯이'의 준말. '짐작, 추측'의 뜻. '것처럼'과 바꿔 쓸 수 있음.
	땅이 꺼질 <u>듯</u>(이) 한숨을 쉰다.	
	그런 일은 본 <u>바</u> 없다.	방법, 일.
	내가 알 <u>바</u> 아니다.	
	버스 떠난 <u>지</u> 오래다.	시간의 경과.
어 미	제법 잘하는<u>걸</u>.	종결형 어미. '후회, 추측, 감탄' 기능.
	지금쯤 도착했을<u>걸</u>.	
	조금만 더 기다릴<u>걸</u>.	
	생각보다 비싼<u>걸</u>.	
	이미 끝난 일인<u>걸</u>.	
	비가 오는<u>데</u> 어딜 가?	연결형 어미. '화제 전환' 기능.
	잘 먹는<u>데</u> 왜 그래?	
	이건 좋은<u>데</u> 저건 별로야.	
	이곳은 시원한<u>데</u> 거긴 어때?	
	땀이 비 오<u>듯</u>(이) 한다.	연결형 어미.
	전에도 말했<u>듯</u>(이) 네가 최고야.	
	실수가 인정되는<u>바</u> 징계조치한다.	어떠어떠하니까.
	면밀히 검토해본<u>바</u> 진품이 아니다.	

---

183) 의존명사 '듯'이 접미사 '-하-'와 결합하여 보조용언으로 쓰이면 한 단어이
므로 붙여 쓴다. 예를 들어 '비가 올 듯하다. 너무 작은 듯하다. 손에 잡힐

	예문	의미
어 미	언제 오는지 알면 좋겠다. 시간이 있는지 물어 볼게. 어떻게 해야 좋을지 가르쳐 줘. 얼마나 지루한지 몰라.	막연한 의심.

	예문	의미
조 사	역시 너밖에 없다. 하나밖에 없는데 어떡하지?	'~밖에 없다'는 '~뿐이다'와 같은 뜻.
명 사	그 밖에 다른 의견은 없었다. 그 (이)외에 다른 의견은 없었다. 이 밖에도 사례가 많다. 이 (이)외에도 사례가 많다. 관계자 밖 출입금지. 관계자 (이)외 출입금지. 그 밖의 것은 공문을 참고 바람. 그 (이)외의 것은 공문을 참고 바람.	'밖'은 '외(外)'와 바꿔 쓸 수 있음. '외'는 '이외(以外)'의 준말.

듯한 모습. 꽤 비싼 듯한 물건.'과 같이 적는다.

참고자료 ⑤ 앞말과 띄어 쓰는 단어–의존명사

1. 의존명사[184]

가량(假量)[185]	30분 <u>가량</u> 기다렸다. 열 명 <u>가량</u> 왔다.
간(間)[186]	부모 자식 <u>간</u>, 서울 부산 <u>간</u>, 어찌 됐든 <u>간</u>에
것	있는 <u>것</u>, 먹을 <u>것</u>, 과일인 <u>것</u>
겨를	돌볼 <u>겨를</u>도 없이, 생각할 <u>겨를</u>이 없다.
겸(兼)	친구도 만날 <u>겸</u>, 이야기도 할 <u>겸</u>
김	가는 <u>김</u>에, 기다리는 <u>김</u>에
나름	제 <u>나름</u>대로, 생각하기 <u>나름</u>이다. 사람 <u>나름</u>이다.
나위	더할 <u>나위</u> 없이 좋다. 두말할 <u>나위</u>가 없다.
내(內)	기한 <u>내</u>에, 이번 달 <u>내</u>에, 수도권 <u>내</u>에
녀석	귀여운 <u>녀석</u>, 이 <u>녀석</u>
노릇	부모 <u>노릇</u>, 주인 <u>노릇</u>, 기가 찰 <u>노릇</u>, 귀신이 곡할 <u>노릇</u>
놈	나쁜 <u>놈</u>, 이 <u>놈</u>, 망할 <u>놈</u>의 세상
님[187]	홍길동 <u>님</u>, 길동 <u>님</u>
대로	좋을 <u>대로</u> 해, 아는 <u>대로</u> 말해.

---

184) 한자어 '미만(未滿), 이내(以內), 이상(以上), 전(前), 후(後)' 등은 명사이므로 앞말과 띄어 쓴다.

185) '약(約), 정도(程度), -쯤'도 '가량'과 같은 뜻으로 쓰인다. '약'은 관형사이고 '정도'는 명사이므로 앞뒤의 말과 띄어 쓰고 '-쯤'은 접미사이므로 앞말과 붙여 쓴다. '약 3미터, 3미터 정도, 3미터쯤'과 같다.

186) '한 달간, 대장간'의 '-간'은 접미사이므로 붙여 쓴다.

187) '선생님, 스승님, 달님, 별님' 등의 '-님'은 접미사이다.

데	이 아픈 데에 먹는 약, 공부하는 데 도움이 된다.
듯	먹은 듯 만 듯, 보일 듯 말 듯, 구름 위를 걷는 듯
등(等)	사과, 포도, 배 등
따름	최선을 다할 따름, 오직 1등이 있을 따름이다.
따위	과일이나 야채 따위, 이런 따위의 물건, 네 따위
딴	제 딴에는, 학생들 딴에는
때문	너 때문에, 비 때문에, 비가 오기 때문에
리(理)	그럴 리가 없다. 했을 리가 없다.
마당	다 끝난 마당에, 떠나는 마당에, 이렇게 된 마당에
만188)	삼 년 만에 만났다. 자랑할 만도 하다.
만큼	노력하는 만큼, 먹을 만큼, 지루할 만큼, 배운 만큼
무렵	그 무렵, 퇴근 무렵, 어두워질 무렵
바	그럴 바에는, 몸둘 바를 모르다. 네가 알 바 아니다.
바람	그 바람에, 속옷 바람으로, 서두르는 바람에
법189)	그럴 법도 하다. 이런 법이 어디 있어요?
분190)	이 분, 다섯 분, 그럴 분이 아니다.
뻔	포기할 뻔도 했는데 덕분에 잘 견뎠다.
뿐	봤을 뿐만 아니라, 이름만 있다 뿐이지.
셈	그런 셈이다. 어쩔 셈이냐? 없는 셈 친다.
수	할 수 있다. 좋은 수가 있다.
시(時)	규칙을 어길 시 처벌이 따름. 출발 시 전방을 살필 것.

---

188) '오랜만'은 '오래간만'의 준말로 한 단어이므로 붙여 쓴다.
189) '방법, 방식, 습성, 이치' 등을 뜻한다.
190) '여러분'은 한 단어이므로 붙여 쓴다.

식	이런 <u>식</u>으로, 농담 <u>식</u>으로, 나는 모르겠다는 <u>식</u>으로
양	그럴 <u>양</u>이면 아예 가지도 마.
외(外)	그 <u>외</u>에도 몇 가지가 더 있다.
이[사람]	불만을 가진 <u>이</u>, 맨 앞에 선 <u>이</u>
적	먹어본 <u>적</u>이 없다. 처녀 <u>적</u>에 찍은 사진
줄	자는 <u>줄</u> 알고, 그럴 <u>줄</u> 몰랐다. 간 <u>줄</u> 알다.
줄191)	나이가 육십 <u>줄</u>에 들다.
중(中)192)	불행 <u>중</u> 다행, 오늘 <u>중</u>으로, 말하던 <u>중</u>에
즈음193)	방학이 끝날 <u>즈음</u>에 왔다.
지	여기에 산 <u>지</u> 1년 됐다. 밥을 먹은 <u>지</u> 30분도 안 됐다.
지경	죽을 <u>지경</u>, 심각한 <u>지경</u>, 이 <u>지경</u>이 되었다.
쪽	찬성하는 <u>쪽</u>, 소리 나는 <u>쪽</u>, 창가 <u>쪽</u>
채	신을 신은 <u>채</u>, 아침도 굶은 <u>채</u>
척	혼자 잘난 <u>척</u>을 한다.
체	너무 아는 <u>체</u>를 한다.
측(側)	우리 <u>측</u>, 주최 <u>측</u>
터	준비를 못했던 <u>터</u>라 당황했다. 같이 갈 <u>터</u>인데(=텐데)
통	태풍 <u>통</u>에 쑥대밭이 됐다. 서두르는 통에 정신이 없다.
투	사극 <u>투</u>의 말, 상관없다는 <u>투</u>로, 말하는 <u>투</u>
편(便)	이 <u>편</u>이 낫다. 추운 <u>편</u>이다. 친구 <u>편</u>에 보냈다.

---

191) '그 정도'의 뜻.
192) '산중(山中), 상중(喪中), 병중(病中)'은 한 단어이므로 붙여 쓴다.
193) '이즈음, 고즈음, 그즈음'은 한 단어이므로 붙여 쓴다.

2. 단위를 나타내는 의존명사[194)

개	사과 열다섯 개, 15개
개년(個年)	십 개년 계획, 10개년 계획
개월(個月)[195)	십 개월 동안, 10개월 동안
걸음[196)	한 걸음, 서너 걸음
그루	나무 다섯 그루, 5그루
근(斤)[197)	고기 세 근, 3근
길	열 길 물속은 알아도 한 길 사람의 속은 모른다.
냥[兩쭝]	금 석 냥, 은 넉 냥, 3냥, 4냥
년(年)[198)	오십 년, 삼 년, 50년, 3년
님[199)	한 님, 다섯 님
닢[200)	동전 한 닢, 가마니 다섯 닢
단	시금치/무/볏짚 한 단

---

194) 이것은 사물의 수를 셀 때 사용하는 단위를 나타내는 말이다. 수를 셀 때
는 고유어 수사 '한, 두, 세, 네, …'를 사용하는데, 한자어 '개년, 개월, 년,
세, 일, 일간'과 외래어 '미터' 앞에서는 한자어 수사 '일, 이, 삼, 사, …'를
사용한다. 단위명사를 아라비아 숫자와 함께 쓸 때 붙여 쓸 수 있다.
195) 달을 셀 때는 '개월'을 사용하지만 '징역 오 월을 선고함.'과 같이 '월(月)'이
사용되는 경우도 있다.
196) '발'과 같은 뜻.
197) 고기나 한약재 따위에서는 600g을 1근으로 삼고, 채소 따위에서는 375g을
1근으로 삼는다.
198) 두음 법칙이 적용된 '연(年)'은 명사이므로 '연 강수량, 연 5%의 이율'과 같
이 뒷말과 띄어 쓴다.
199) 바느질에 사용하는 토막 친 실을 세는 말.
200) 쇠붙이로 만든 돈이나 가마니같이 납작한 물건을 세는 말.

대	담배/주사/꿀밤/화살/갈비 한 대
대(臺)	자동차/컴퓨터/냉장고 한 대
돈[-쭝]201)	금 서 돈, 금반지 너 돈, 3돈, 4돈
동202)	한 동, 두 동, 석 동
되	쌀 석 되, 보리 넉 되, 3되, 4되
마리	토끼 일곱 마리, 7마리
마지기203)	논 서너 마지기, 밭 스무 마지기, 20마지기
말204)	쌀 서 말, 보리 너 말, 3말, 4말
명	학생 열한 명, 스물두 명, 11명, 22명
모금	물 한 모금, 담배 한 모금
미터(meter)	이십 미터, 20미터
바람205)	실 두 바람, 새끼 한 바람
바리206)	장작 한 바리, 짐짝 두 바리
바퀴	운동장 한 바퀴, 동네 한 바퀴
발(發)	총탄 수십 발, 두 발 내지 세 발
발207)	열두 발 상모, 한 발이나 되는 물고기
방(放)	총 한 방, 주먹 한 방, 홈런 한 방, 사진 세 방
번(番)	몇 번, 한 번, 두 번, 여러 번

---

201) 한 푼의 열 갑절.
202) 윷놀이에서 말이 첫 밭에서 끝 밭을 거쳐 나가는 한차례를 세는 단위.
203) 논은 150~300평, 밭은 100평 내외임.
204) 한 말은 한 되의 열 배.
205) 실이나 새끼 따위 한 발 정도의 길이.
206) 마소의 등에 잔뜩 실은 짐을 세는 단위. 윷놀이에서는 말 한 개를 이르는 말.
207) 두 팔을 양옆으로 펴서 벌렸을 때 한쪽 손끝에서 다른 쪽 손끝까지의 길이.

벌[208]	옷 한 벌, 반상기 한 벌, 공구 몇 벌
사리[209]	국수 한 사리, 윷 두 사리
살[歲]	나이 한 살, 서른세 살, 1살, 33살
섬[210]	벼 석 섬, 보리 넉 섬
세(歲)	이십 세, 20세
손[211]	고등어 한 손, 조기 두 손
술[212]	밥 한 술, 국물 몇 술
시간(時間)	한 시간, 열두 시간, 1시간, 12시간
원	오십 원, 천 원, 백만 원
일(日)	삼 일 동안, 오 일 남았다. 3일 동안, 5일 남았다.
일간(日刊)[213]	삼 일간, 이십 일간, 3일간, 20일간
자[214]	비단 석 자, 넉 자
자루[215]	연필/붓/총 한 자루, 쌀/콩 한 자루
죽[216]	버선 한 죽, 접시 두 죽
줄[217]	한 줄, 두 번째 줄, 잎담배 한 줄

208) 옷이나 그릇 따위가 짝을 이루거나 여러 가지가 모여서 갖추어진 덩이를 세는 단위.
209) 국수·새끼·실 따위의 뭉치를 세는 단위. 윷놀이에서는 모나 윷을 던진 횟수를 세는 단위.
210) 한 말의 열 곱절. '석(石)'과 같은 말.
211) 물건을 한 손에 잡을 만한 분량을 세는 단위. 조기·고등어·통배추 따위는 큰 것과 작은 것을 끼어 둘씩이 한 손. 미나리 따위는 한 줌을 이름.
212) 한 숟가락의 분량.
213) '일간 작업량'에서는 명사이고 '일간 한번 만나자.'에서는 부사이다.
214) 길이 단위의 하나로 약 30.3cm를 의미함. '치'의 열 배. '척(尺)'과 같은 말.
215) 기름하게 생긴 물건을 세는 단위. 자루에 든 것을 세는 단위에도 씀.
216) 옷·그릇 등의 열 벌을 묶어 일컫는 말.

줌[218]	쌀 한 줌, 소금 한 줌, 흙 한 줌, 잎담배 한 줌
쪽	사과 두 쪽, 모두 삼백 쪽이다.
채	집 한 채, 달구지 한 채, 장롱 한 채, 이불 두 채
켤레	양말 한 켤레, 신발 두 켤레, 장갑 세 켤레
쾌[219]	북어 한 쾌
톨	쌀 한 톨, 밤 한 톨
톳[220]	김 한 톳
통[221]	배추 한 통, 수박 한 통
통(通)	편지 한 통, 전화 한 통, 주민등록등본/이력서 1통
포기	풀 한 포기, 배추 열 포기
푼	서 푼, 너 푼
호(戶)[222]	오십 호가 산다. 50호 가량 된다.

3. 순서를 나타내는 의존명사[223]

강의실	제삼 강의실/(제)삼강의실, 제3강의실, 2201강의실
과(課)	제일 과/(제)일과, 제1과/1과

---

217) 늘어선 열을 세거나 채소 등의 엮어 묶은 두름을 세는 말.
218) 주먹으로 쥘 만한 양.
219) 북어 스무 마리를 한 단위로 세는 말.
220) 김의 묶음을 세는 말. 한 톳은 김 100장을 이름.
221) 배추나 박 등을 세는 말.
222) 집의 수를 세는 단위.
223) 순서를 나타내는 의존명사는 대개 한자어이고 이들 앞에 쓰이는 수사도 한자어 수사이다. '번째'는 예외적으로 고유어 수사와 어울린다. 순서를 나타내는 말이 아라비아 숫자와 같이 쓰일 때 붙여 쓰는 것을 허용한다.

급(級)	삼 급/삼급, 3급
년(年)	이천십삼 년, 2013년
단(段)	태권도 1단, 바둑 5단, 4단 기어, 1면 3단의 기사
대(代)[224]	십 대/십대 청소년, 삼 대/삼대 회장, (제)18대 대통령
동(棟)	104동, F동, W-4동
반(班)	일 학년 삼 반/일학년 삼반, 1학년 3반
번(番)	4번 타자, 등번호 99번, 110-2번 버스
번지(番地)	66-2번지, 182번지
번째(番–)	세 번째 줄, 3번째 줄
분(分)	몇 분, 삼십 분/삼십분, 30분
시(時)	몇 시, 두 시/두시, 2시
실습실	제이 실습실/(제)이실습실, 제2실습실
월(月)	십이 월, 12월
일(日)	십이 월 사 일/십이월 사일, 12월 4일
장(場)	3막 5장
차(次)	제일 차/(제)일차 세계 대전, 제1차 세계 대전
초(秒)	몇 초, 삼십 초/삼십초, 30초
층(層)	오 층 건물, 5층 건물
편(篇)	제사 편/(제)사편, 제4편
학년(學年)	일 학년 삼 반/일학년 삼반, 1학년 3반
항(項)	제오 항/(제)오항, 제5항
호(號)	A동 13호, 21호, 12번지 3호, 제15권 4호, 1월 호

224) '세종 대'와 같이 임금의 치세 기간을 나타낼 때는 명사이다.

| 회(回) | 제십 회/(제)십회 총동창회, 제10회 |
| | 윗몸일으키기 이 회/이회, 2회 |

각(各)226)	각 부분, 각 세대
고(故)	고 김○○ 선생, 고 박○○ 총장 추도식
구(舊)	구 시민회관, 구 시청
귀(貴)227)	귀 출판사, 귀 대학
근(近)	근 30년, 근 열흘, 근 1세기 동안
단(單)	단 한 시간, 단 한 명
동(同)	동 대학원, 동 연구소
딴[다른]228)	딴 일, 딴 사람
만(滿)	만 19세, 만 60세
매(每)229)	매 학기, 매 회계 연도, 매 번
맨[가장]	맨 꼭대기, 맨 끝
모(某)230)	모 기자, 모 국회의원, 김 모

---

225) 관형사와 뒤따르는 명사가 하나의 단어로 굳어져 쓰이면서 두 단어라는 인식이 희박할 때 합성어로 인정하여 붙여 쓴다. 또한 관형사의 뒷말이 자립성이 없으면 한 단어로 인정하여 붙여 쓴다.

226) '각국(各國), 각지(各地), 각처(各處)' 등은 뒷말의 자립성이 없어 붙여 쓴다.

227) '귀국(貴國), 귀댁(貴宅), 귀사(貴社)' 등은 뒷말의 자립성이 없어 붙여 쓴다. 이처럼 '귀(貴)'가 상대편을 높이는 말로 쓰일 때 관형사이나, '귀하다'의 뜻으로 쓰일 때는 접두사이므로 뒷말과 붙여 쓴다. '귀부인, 귀공자, 귀금속' 등이 그러하다.

228) '딴것, 딴마음, 딴말, 딴사람, 딴생각'은 한 단어로 인정하여 붙여 쓴다.

229) '매일, 매주, 매달, 매월, 매년' 등은 뒷말의 자립성이 없어 붙여 쓴다.

230) '씨, 군, 양, 옹' 등이 이어지면 '김모 씨, 김모 군'과 같이 앞말에 붙여 쓸

뭇[231]	뭇 사람, 뭇 백성
별(別)[232]	별 사고 없이, 별 사이 아니다. 별 볼 일 없다.
본(本)[233]	본 대학, 본 법정, 본 변호인
새[新][234]	새 옷, 새 가방, 새 학기
수(數)[235]	수 미터, 수 킬로미터
순(純)[236]	순 우리말, 순 살코기, 순 한국식
약(約)	약 20명, 약 이천 년
양(兩)	양 어깨, 양 손, 양 집안
연(延)[237]	이 공사에 연 5만 명이 동원됐다.
옛[238]	옛 모습, 옛 추억
온[全][239]	온 식구, 온 집안, 온 세상

수 있다.

231) '뭇매, 뭇사람, 뭇시선, 뭇짐승'은 한 단어로 인정하여 붙여 쓴다.

232) '별수(別-) 없다.'의 '별수'는 '달리 어떻게 할 방법'이라는 뜻을 가진 명사이 므로 하나로 붙여 쓴다.

233) '본인(本人), 본사(本社)' 등은 뒷말의 자립성이 없어 붙여 쓴다. 이처럼 '본 (本)'이 '지금 말하고 있는 이(것)'의 뜻일 때 관형사이나, '근본이 되는, 본 디'의 뜻일 때 접두사이므로 뒷말과 붙여 쓴다. '본고장, 본집, 본회의' 등 이 그러하다.

234) '새것, 새살, 새색시, 새신랑, 새싹, 새아가, 새장가, 새집, 새해'는 한 단어로 인정하여 붙여 쓴다.

235) 앞이나 뒤에 다른 수사가 결합하여 개략적인 수를 나타낼 때는 접두사이 므로 붙여 쓴다. '수십 개, 수십억 원, 수백만 명, 수천 대 일의 경쟁률, 수 차례 건의한 문제, 십수 마리, 백수십여 개' 등이 그러하다.

236) '순이익, 순수입'은 한 단어로 인정하여 붙여 쓴다

237) 이것은 '연인원(延人員), 연일수(延日數)' 등의 준말로, 어떤 일에 관련된 인 원이나 시간, 금액 따위를 모두 합친 전체를 가리키는 말이다.

238) '옛것, 옛길, 옛날, 옛말, 옛사람, 옛사랑, 옛일, 옛정, 옛집'은 한 단어로 인 정하여 붙여 쓴다.

웬240)	웬 사람, 웬 난리, 웬 돈, 웬 떡이냐?
전(前)241)	전 총장, 전 대통령
전(全)	전 국민, 전 교직원
제(諸)	제 문제, 제 의견
첫242)	첫 만남, 첫 단추, 첫 사위, 첫 시험
총(總)243)	총 10억, 총 이천 명
한244)	한 가지, 한 스무 명, 한 남자

239) '온몸, 온종일'은 한 단어로 인정하여 붙여 쓴다.
240) '웬일'은 한 단어로 인정하여 붙여 쓴다.
241) '하루 전, 먹기 전'에서는 명사이다.
242) '첫가을(가을이 시작되는 첫머리), 첫걸음, 첫날, 첫날밤, 첫눈(目), 첫눈 (雪), 첫닭, 첫돌, 첫딸, 첫마디, 첫머리(일이나 사물이 시작되는 부분), 첫 발, 첫배('한 해에 몇 번 새끼 치는 짐승이 그해에 처음으로 새끼를 치는 일, 또는 그 새끼'를 뜻한다. '맏배'와 같은 말), 첫사랑, 첫아들, 첫여름, 첫 인사, 첫인상, 첫잠(막 곤하게 든 잠), 첫제사, 첫차' 등은 한 단어로 인정하여 붙여 쓴다.
243) '수량을 합계하여 모두'의 뜻일 때 관형사이므로 띄어 쓴다. 그러나 '온통, 통틀어'의 뜻일 때 접두사이므로 '총공격, 총동창회, 총선거'와 같이 붙여 쓴다.
244) '한'은 수를 나타내는 관형사로 '하나의, 대략, 어떤'의 뜻을 가진다. 다만, '한걸음에 달려 나왔다. 마음 한구석에 자리했다. 한눈에 알아봤다. 한때 친구였다. 한몫 챙겼다. 한번 먹어보자. 한술 뜨다. 한입에 털어 넣었다. 한 자리 차지했다. 한잔 하자. 한잠 잤다. 한줄기 소나기.' 등과 같이 '하나의' 라는 수의 의미가 사라지고 특별한 뜻을 나타낼 때 합성어로 인정하므로 붙여 쓴다.
　　그러나 '같은, 중앙의, 큰, 바깥'의 뜻으로 쓰일 때는 접두사이므로 뒷말 과 붙여 쓴다. '한데, 한뜻, 한마음, 한목소리, 한배, 한자리, 한집, 한집안, 한통속, 한편'의 '한'은 '같은'이라는 뜻이고, '한가운데, 한밤중, 한복판, 한 여름, 한겨울'의 '한'은 '중앙의, 가운데의'라는 뜻이다. '한길, 한밑천, 한바 탕, 한시름'의 '한'은 '큰'의 뜻이고, '한데서 잠을 자다.'의 '한'은 '바깥'이라

헌[245]   헌 옷, 헌 돈, 헌 신

현(現)   현 총장, 현 정권

는 뜻이다.

245) '헌것, 헌솜, 헌책, 헌책방'은 한 단어로 인정하여 붙여 쓴다.

1. 고유어 명사에 '-하다'가 연결된 동사247)

거짓말하다	계집질하다	고자질하다
곱하다	굿하다	나들이하다
나무하다	나물하다	노래하다
노름하다	두말하다	말하다
머리하다	물질하다	반말하다
밥하다	벼슬하다	빈말하다
빨래하다	살림하다	삿대질하다
서방질하다	소리하다	손가락질하다
손질하다	씨름하다	욕하다
이야기하다	일하다	잔소리하다
절하다	탓하다	헛소리하다

246) '거짓말을 하다. 감동을 하다.'의 '하다'는 동사이나 '거짓말하다, 감동하다'
와 같이 명사에 직접 연결된 '-하-'는 접미사이므로 앞말과 붙여 쓴다.

247) '고자(告者)질, 서방(書房)질'은 한자어와 고유어 접미사가 결합한 명사이
고, '욕(辱)하다'는 한자어인데 2에 예시된 2음절 동작성 한자어와 구별하
기 위해 1에 두었다. 시늉말이 겹친 '꼬불꼬불, 말랑말랑, 반짝반짝, 번들번
들, 벌렁벌렁, 서글서글, 시원시원, 얼기설기, 얼룩덜룩, 울퉁불퉁, 쩌렁쩌
렁, 치렁치렁' 등이나 상태를 나타내는 '가느스름, 가뜬, 가마득, 거슴츠레,
걸쩍지근, 가무잡잡, 거무데데, 구불텅, 기우듬' 등에 '-하다'가 붙은 경우
도 붙여 쓴다. 또한 부사 '가까이하다, 가득하다, 같이하다, 그만하다, 그만
그만하다, 자주하다, 함께하다' 등도 한 단어로 붙여 쓴다. 이들은 모두 사
전에 표제어로 등재되어 있다.

2. 동작성 한자어 명사에 '-하다'가 연결된 동사[248]

감동하다	거래하다	거부하다
결석하다	계약하다	고수하다
고집하다	공부하다	공연하다
공지하다	기만하다	기술하다
노력하다	농담하다	농락하다
누락하다	대체하다	대치하다
도주하다	두둔하다	발전하다
배려하다	배신하다	보복하다
복습하다	비유하다	상징하다
설득하다	설명하다	성공하다
소개하다	소집하다	수고하다
실패하다	여행하다	연기하다
연습하다	예보하다	예약하다
요리하다	운동하다	입금하다
입실하다	입학하다	자습하다
전화하다	조퇴하다	졸업하다
출근하다	출석하다	출입하다
통보하다	퇴근하다	퇴실하다

---

248) 상태성 의미를 갖는 한자어 명사에 '-하다'가 결합한 형용사의 경우에도 붙여 쓴다. 예를 들면 '건강하다, 고독하다, 교만하다, 근면하다, 기특하다, 난감하다, 노련하다, 민감하다, 성급하다, 성실하다, 순수하다, 오만하다, 용감하다, 정직하다, 지루하다, 진부하다, 태만하다, 행복하다' 등이 그러하다.

편지하다	포함하다	항복하다
헌신하다	회유하다	

3. 형용사 어간에 '-어/-아 하다'가 연결된 동사[249]

가려워하다	괴로워하다	귀여워하다
귀찮아하다	그리워하다	나른해하다
노여워하다	다급해하다	더러워하다
더워하다	두려워하다	마려워하다
매워하다	무서워하다	미안해하다
미워하다	부러워하다	서러워하다
서운해하다	성가셔하다	시려워하다
싫어하다	아까워하다	아파하다
어려워하다	재미있어하다	조급해하다
좋아하다	지겨워하다	지루해하다
징그러워하다	창피스러워하다	추워하다
피곤해하다	힘겨워하다	힘들어하다

---

249) 앞말인 '가려워, 귀찮아' 등이 자립하는 단어이므로 뒷말 '하다'와 띄어 쓸 것으로 여기는데, 형용사에 '하다'가 연결되어 동사가 되었으므로 하나로 붙여 쓴다. 예를 들어 '아기가 귀여워.'의 서술어는 형용사이고 '아기를 귀여워해.'의 서술어는 동사이므로 두 단어가 구별된다.

참고자료 ⑧ 앞말과 붙여 쓰는 '나다, 지다'250)

1. 명사에 '-나다'가 연결된 용언

감질나다	값나다	겁나다
겨울나다	결딴나다	결말나다
결판나다	광나다	구경나다
구역나다	귀나다	기갈나다
기억나다	길나다	끝나다
끝장나다	낯나다	냄새나다
네모나다	노망나다	녹나다
단물나다	땀나다	말나다
맛나다	모나다	몸서리나다
바닥나다	바람나다	병나다
부도나다	불나다	빛나다
살판나다	샘나다	생각나다
생색나다	성나다	성질나다
소문나다	신나다	신명나다
열나다	야단나다	욕심나다
욕지기나다	윤나다	의심나다
이름나다	재미나다	조각나다
중뿔나다	진력나다	탈나다

---

250) 명사에 직접 연결된 '-나다, -지다'는 접미사이므로 앞말과 붙여 쓴다.

탐나다 　　　　　　　 화나다

2. 명사에 '-지다'가 연결된 용언

값지다	강팔지다	거방지다
건방지다	경사지다	구석지다
구성지다	굽이지다	그늘지다
기름지다	네모지다	눈물지다
등지다	멋지다	모지다
밑지다	빛지다	세모지다
숨지다	원수지다	

3. 동사 어간에 '-어/-아 지다'가 연결된 동사[251]

겹쳐지다	구겨지다	기울어지다
깨지다	나누어지다	나아지다
넘어지다	느껴지다	늘어지다
떨어지다	벌어지다	벗겨지다
엎어지다	주어지다	쪼개지다

---

251) 동사 어간 뒤에 '-어/-아 지다'가 결합하면 '어떤 행위가 어떤 다른 힘에 의해 혹은 저절로 일어남'을 나타내는데, 품사는 바뀌지 않았지만 새로운 의미를 갖는 새 단어가 된 것이므로 하나로 붙여 쓴다. 예를 들어 '종이를 구겼다.'와 '종이가 구겨졌다.'에서 두 서술어의 의미가 다르므로 별개의 단어로 인정한다.

찾아지다   틀어지다   흩어지다

4. 형용사 어간에 '-어/-아 지다'가 연결된 동사[252)

가빠지다	같아지다	고파지다
구워지다	굳어지다	급해지다
길어지다	깊어지다	깨끗해지다
나아지다	날씬해지다	낮아지다
넓어지다	노래지다	늙어지다
달라지다	더워지다	따뜻해지다
뚱뚱해지다	말개지다	매워지다
멀어지다	무거워지다	미워지다
바빠지다	벌게지다	붉어지다
부지런해지다	비뚤어지다	시원해지다
쌀쌀해지다	옅어지다	예뻐지다
작아지다	적어지다	좁아지다
좋아지다	짙어지다	짧아지다
착해지다	추워지다	커지다
파래지다	피곤해지다	하얘지다

---

252) 형용사 어간 뒤에 '-어/-아 지다'가 연결되면 '점점 어떤 상태로 되어 감'을
    나타내면서 동사가 되는데, 새 단어가 만들어진 것이므로 하나로 붙여 쓴
    다. 예를 들어 '숨이 가쁘다.'의 서술어는 형용사이고 '숨이 가빠지다.'의 서
    술어는 동사이므로 두 단어가 구별된다.

참고자료 ⑨ 앞말과 붙여 쓰는 '되다, 당하다, 받다, 시키다, 드리다'

1. 피동이나 상태 변화의 뜻을 갖는 접미사 '-되다'

격앙되다	결합되다	고갈되다
고조되다	기대되다	납치되다
누락되다	단련되다	대체되다
마모되다	만기되다	매료되다
매수되다	미납되다	배치되다
보류되다	분리되다	분해되다
세련되다	숙련되다	연기되다
연락되다	오염되다	전염되다
정리되다	차용되다	체납되다
침체되다	탈락되다	파악되다
포섭되다	해체되다	현혹되다
호도되다	회부되다	회유되다

2. 피동의 뜻을 갖는 접미사 '-당하다'[253)]

감시당하다	거부당하다	도난당하다
도용당하다	모욕당하다	몰수당하다
배신당하다	사기당하다	습격당하다

---

253) 접미사 '-당하다'가 결합하면 피해적 피동의 뜻만 갖는다.

약탈당하다	이혼당하다	저격당하다
제압당하다	파면당하다	피격당하다
혹사당하다		

3. 피동의 뜻을 갖는 접미사 '-받다'

강요받다	교육받다	내림받다
다짐받다	버림받다	사랑받다
오해받다	인정받다	주목받다
축복받다		

4. 사동의 뜻을 갖는 접미사 '-시키다'

결혼시키다	고생시키다	몰락시키다
발전시키다	분리시키다	오염시키다
우회시키다	입원시키다	입학시키다
전학시키다	정지시키다	진정시키다
촉발시키다	타락시키다	파멸시키다
화해시키다	후퇴시키다	

5. 높임의 뜻을 갖는 접미사 '-드리다'

| 감사드리다 | 기도드리다 | 말씀드리다 |

불공드리다   연락드리다   인사드리다

전화드리다   축하드리다

참고자료 ⑩ 앞말과 붙여 쓰는 '없다'[254]

가뭇없다	가없다	간곳없다
간데없다	간데온데없다	갈데없다
값없다	거침없다	경황없다
관계없다	그지없다	기탄없다
까딱없다	꼼짝없다	꾸밈없다
끄떡없다	끊임없다	끝없다
난데없다	너나없다	느닷없다
다름없다	다시없다	대중없다
더없다	덧없다	두말없다
두서없다	뜬금없다	막힘없다

254) '없다'를 앞말과 붙여 쓰는 경우는 크게 네 가지이다. 첫째, 앞말이 자립성이 없고 조사와 결합할 수 없을 때 붙여 쓴다. '그지없다, 느닷없다' 등이 그러하다. 둘째, 앞말에 '없다'가 결합하여 새로운 의미를 얻을 때 붙여 쓴다. '끄떡없다, 물샐틈없다, 밥맛없다' 등이 그러하다. 두 경우는 대부분 '있다'와 결합한 대응 쌍을 갖지 않는다. 셋째, '없다'와 그 앞말이 갖는 단어 하나하나의 의미가 분명히 인식되는 경우에 띄어 쓰고 그렇지 않으면 붙여 쓴다. 예를 들어 '정말 문제가 없는지 살펴보자. 아무 문제가 없다고 판단되면.'에서는 띄어 쓰고 '문제없이 해낼 수 있어. 그 정도쯤은 문제없어.'에서는 붙여 쓰는 것이다. 넷째, '명사-이/가 없다'라는 표현보다 '명사-없다'라는 표현이 압도적으로 많이 사용될 때 붙여 쓰는 쪽을 인정한다. 이러한 조건은 '있다'가 연결된 단어의 띄어쓰기에도 적용되는데 '값있다, 관계있다, 뜻있다, 맛있다, 멋있다, 상관있다, 재미있다, 지멸있다' 등이 사전에 표제어로 등재되어 있다.

맛없다	맥없다	멋없다
문제없다	물색없다	물샐틈없다
밥맛없다	버릇없다	변함없다
보잘것없다	볼품없다	부질없다
분별없다	빈틈없다	빠짐없다
사정없다	상관없다	서슴없다
세상없다	소용없다	속없다
속절없다	손색없다	수없다
숨김없다	스스럼없다	시름없다
실없다	싹수없다	쓸데없다
쓸모없다	아낌없다	아랑곳없다
어김없다	어림없다	어이없다
어처구니없다	엉터리없다	여지없다
열없다	염치없다	영락없다
온데간데없다	올데갈데없다	유감없다
유례없다	의지가지없다	인정사정없다
일없다	재미없다	정신없다
주책없다	지각없다	진배없다
채신머리없다	채신없다	철없다
터무니없다	턱없다	틀림없다
피차없다	하릴없다	하염없다
하잘것없다	한량없다	한없다
허물없다	형편없다	힘없다

참고자료 ⑪ 붙여 쓰는 단어–명사, 관형사, 부사[255]

가격변동	가격파괴	가공식품
가끔가다(가)	가나다순	가는소금
가는허리	가두시위	가로무늬
가로세로	가루음식	가사노동
가상현실	가자미눈	가정방문
가정불화	가정주부	가정환경

---

255) 각기 자립하는 두 단어를 하나로 붙여 쓸 때 크게 두 가지 기준을 고려하는데, 이는 체언과 용언에 공통적으로 적용되는 것이다.

첫째, 두 단어가 결합하여 새로운 의미를 얻으면 하나로 인정하여 붙여 쓴다. '가자미눈, 바늘방석, 밥도둑, 우는소리, 큰소리, 토끼잠, 귀빠지다, 귀신같다, 못나다, 못되다, 못살다, 주름잡다' 등이 그러하다. 둘째, 두 단어가 결합된 채로 쓰이는 빈도가 매우 높아 하나의 단위로 굳어져 인식되면 붙여 쓴다. '갈대밭, 개털, 그림일기, 남새밭, 등장인물, 민속놀이, 새털, 솔밭, 시간문제, 앞뒤, 우리말, 전통문화, 채소밭, 튀김옷, 형제자매, 흰머리', '김매다, 끝나다, 낯설다, 밤늦다, 본받다, 색다르다, 앞장서다, 편들다' 등이 그러하다. 그런데 '하나의 단위로 굳어진 것'에 대한 판단이 자의적일 수 있으므로, 사전을 가까이하는 습관이 필요하다.

그리고 한자음으로 된 신문명, '강(江), 고원(高原), 곶, 도(島), 만(灣), 반도(半島), 산(山), 산맥(山脈), 선(線), 섬, 양(洋), 역(驛), 평야(平野), 항(港), 해(海)'가 붙은 말, 행정구역의 단위, 옛날 화폐의 이름, 옛날 관청·관직·품계의 이름, 동양 고전의 책이나 예술 작품의 이름, 역사상의 사건과 조약의 이름, 체육이나 군사 훈련 등의 구령어, 운동 전문어(동작 이름, 자세 이름), 생물의 분류학상 명칭, 동식물의 이름 혹은 품종명, 음식 이름, 놀이 이름, 화학 전문어, 고사 성어 등도 하나로 붙여 쓴다.

가족계획	가족회의	가지가지
각계각층	각양각색	간접경험
간접흡연	갈대밭	개똥철학
개미투자자	개미허리	개별지도
개인감정	개인행동	개점휴업
개털	거저먹기	걸개그림
검문검색	검색엔진	검은깨
검은돈	검은색	검은손
검은자위	검은콩	겨울방학
견본주택	견습사원	결산보고
결손가정	결승지점	결식아동
결혼기념일	결혼반지	경제관념
계절상품	고무장갑	고무줄놀이
고용조건	고정관념	곧이곧대로
공개투표	공공장소	공동주택
공중도덕	공통분모	과당경쟁
과실음료	관광버스	광고매체
교편생활	구두계약	구성요소
구술시험	구제불능	국립공원
국립묘지	국민감정	국어사전
굵은소금	궂은일	그곳
그날그날	그동안	그때
그때그때	그림일기	근로봉사

글공부	기말시험	기역니은순
깊은숨	까치설날	깜깜무소식
꿈속	끼니때	나무껍질
나무뿌리	나무젓가락	나무토막
나물바구니	남의눈	남의집살이
내일모레	냉수마찰	노동조합
노래자랑	누구누구	눈물바다
눈물범벅	눈언저리	눈주름
눈치코치	다단계판매	다세대주택
다저녁때	단골손님	단식기도
단역배우	달걀노른자	담배꽁초
대기오염	대중문화	대한민국
더욱더	더운물	더운밥
도깨비방망이	도둑고양이	도둑장가
도시락밥	독과점사업	독점기업
돋보기안경	돼지고기	등장인물
땅문서	또다시	뜻밖
마을버스	마음고생	마음속
모형비행기	목적의식	몽둥이찜질
무대예술	문제의식	물속
민속놀이	바가지요금	바깥나들이
바깥세상	바늘구멍	바늘방석
발음기호	밤손님	밤하늘

밥도둑	방문판매	배꼽시계
배낭여행	뱀눈	부대시설
부부싸움	불쾌지수	비상사태
빈말	사고방식	사랑싸움
사무총장	삼각관계	삼층밥
상관관계	산속	서로서로
서방국가	소강상태	수도꼭지
시간개념	시간문제	시민운동
시행착오	신규사업	신혼여행
심사숙고	십년감수	십년공부
아동복지	안전거리	안전사고
어린잎	어업자원	여기저기
예의범절	오늘내일	오리걸음
왜냐하면	요약정리	우는소리
우리나라	우리말	우주개발
우측통행	운동모자	울음바다
웃음보따리	원시사회	의사소통
이곳	이곳저곳	이때
이를테면	이해관계	인간관계
인공위성	인조인간	일상생활
자격심사	자동판매기	자연법칙
자연보호	자연재해	작은북
작은집	잠금장치	잠재의식

장거리전화	저곳	저녁때
전공과목	전자계산기	전통문화
점심나절	점심때	접수창구
조간신문	종교개혁	종이호랑이
주가조작	주식시장	주연배우
죽을죄	준법정신	준비위원
중간시험	중개상인	쥐꼬리
차렵이불	차별대우	찬물
찬바람	책걸상	책상다리
처마높이	천년만년	천연기념물
천연자원	철도운임	청량음료
청원경찰	초가지붕	추가시험
충동구매	침묵시위	큰북
큰소리	큰집	탁상시계
탄산음료	토끼잠	토박이말
통나무집	통행금지	투표관리자
튀김옷	특종기사	틈새시장
판매회사	팔걸이의자	팔다리뼈
팔월대보름	패전투수	필기도구
하강기류	하나하나	하늘나라
하다못해	하루빨리	하루아침
하루하루	하수처리장	학교교육
학교급식	학교생활	한날한시

한다하는	한동안	한때
한시바삐	한창때	함진아비
항공우편	해골바가지	해외시장
향토요리	허튼소리	허튼수작
현금거래	현상모집	현실도피
혈액은행	협동생활	형제자매
혼인신고	화물열차	화산활동
화상회의	황금연휴	황소바람
회색분자	회오리바람	회전의자
흑백사진	흰머리	

참고자료 ⑫ 붙여 쓰는 단어-동사, 형용사

1. 명사나 부사에 용언이 결합한 단어[256)]

가는귀먹다	가로놓다	가로눕다
가로막다	가로젓다	가로지르다
가로채다	가위눌리다	가만두다
가만있다	값나가다	값비싸다
값싸다	결론짓다	결정짓다
고함지르다	고함치다	곤두박질치다
곤두서다	곧추서다	곧추세우다
공갈치다	관련짓다	굴뚝같다
굽이돌다	굽이치다	궁상떨다
궁상맞다	귀먹다	귀빠지다
귀신같다	그만두다	그만이다
금낮다	금높다	기세부리다
기세피우다	기죽이다	길들다
길들이다	김매다	김빠지다
꾀부리다	꾀피우다	끝마치다
끝맺다	남다르다	남모르다

256) 앞서 언급했듯이, 두 단어가 결합하여 새로운 의미를 얻었거나 두 단어가 결합된 채로 쓰이는 빈도가 매우 높아 하나의 단위로 굳어져 인식되는 경우, 하나로 붙여 쓴다.

남부끄럽다	남부럽다	남부럽잖다
남의집살다	납덩이같다	낯가리다
낯간지럽다	낯모르다	낯부끄럽다
낯설다	낯익다	내리갈기다
내리꽂다	내리누르다	내리쪼이다
눈꼴사납다	눈물짓다	눈부시다
눈웃음치다	도둑맞다	도망가다
될성부르다	뒷걸음치다	마음먹다
마음잡다	말달리다	맛보다
맛있다	맞장구치다	맴돌다
멋모르다	멋있다	메아리치다
면보다	모양내다	목마르다
목매다	목메다	목석같다
목쉬다	몰골사납다	몸담다
몸부림치다	몸서리치다	못살다
못생기다	못쓰다	물결치다
물들다	물수제비뜨다	물오르다
물장구치다	밑돌다	바둑판같다
바람맞다	바람맞히다	바로잡다
박타다	발붙이다	발빠르다
밤늦다	밤새다	배고프다
배다르다	배부르다	벌서다
벌주다	병들다	본뜨다

본받다	본보다	볼메다
불같다	빛내다	빛바래다
뼈아프다	뼈저리다	사레들다
살찌다	샅바지르다	새살떨다
색다르다	샘솟다	생때같다
생배앓다	선보다	설레발치다
성질부리다	세놓다	세상모르다
소리치다	소박맞다	손꼽다
손들다	손보다	손부끄럽다
손잡다	수많다	수발들다
숨죽이다	숨차다	쉬슬다
시름겹다	시집가다	시집보내다
실낱같다	심술부리다	쌍심지서다
쏜살같다	앞당기다	앞두다
앞서다	앞장서다	앞지르다
애끓다	어림잡다	얼빠지다
올곧다	올바르다	욕먹다
욕보다	용솟음치다	잘나가다
잘못짚다	잘빠지다	잘살다
잘생기다	장가가다	장가들다
장가보내다	장난삼다	재롱떨다
조바심치다	좀먹다	종결짓다
주름잡다	주옥같다	주제넘다

편들다   회치다

2. 두 용언이 결합한 단어[257]

가려내다	가려먹다	가려듣다
가져가다[258]	갈아엎다	갈아입다
갈아타다	거두어들이다	건너가다
건너다보다	건너뛰다	건네받다
건네주다	걸어붙이다	걸어차다

---

257) 두 용언이 연결될 때 띄어 쓸 것인가 붙여 쓸 것인가를 결정하는 첫 번째 요인은 '의미'이다. 예를 들어 '보다'가 '시도하다, 시험 삼아서 하다'는 뜻을 더하는 보조용언으로 쓰일 때 '나도 한번 해 보자.'와 '나도 한번 해보자.'가 모두 가능하다. 제47항에 따르면 본용언과 보조용언을 띄어 쓰는 것이 원칙이지만 붙여 씀도 허용하기 때문이다. 그런데 동사 '해'와 '보다'가 결합하여 '맞겨루거나 싸우다'의 뜻으로 쓰이면 한 단어이므로 '누가 이기나 어디 한번 해보자.'와 같이 붙여 쓰는 것만 인정한다. 그리고 동사 '돌아'와 '가다'가 결합하여 '본디 자리로 다시 가다'는 뜻으로 쓰이면 한 단어이므로 '초심으로 돌아간다.'와 같이 붙여 쓰고, '돌아'와 '가다'의 어휘적 뜻이 둘 다 살아있으면 두 단어이므로 '괜히 길을 돌아(서) 간다.'와 같이 띄어 쓴다.

　　두 번째 요인은 형태론적인 것이다. 두 용언이 결합된 채로 쓰이는 빈도가 매우 높아져 합성어로 굳어진 경우 하나로 붙여 쓴다. 본용언과 보조용언 관계로 연결된 '게을러빠지다, 닳아빠지다, 약아빠지다'나 두 용언의 결합형인 '갈아입다, 갈아타다, 기대서다, 쫓아가다, 쫓아오다, 치고받다' 등이 그러하다. 이렇게 합성어로 인정된 단어들은 모두 사전에 표제어로 등재되어 있다.

258) '동사-가다'와 마찬가지로 이에 대응되는 '동사-오다'도 하나의 단어로 인정하여 붙여 쓴다.

걷어치우다	걸려들다	걸어가다
게을러빠지다	게을러터지다	고해바치다
골라내다	골라잡다	곯아떨어지다
구부러들다	구슬려내다	굴러가다
굴러다니다	굴러들다	굴러먹다
굽어보다	귀넘어듣다	귀담아듣다
긁어먹다	긁어모으다	기대서다
기대앉다	기어가다	기어들다
기어오르다	깎아내리다	깎아지르다
깨어나다	꾀어내다	꿰맞추다
끌려가다	끌어내다	끌어넣다
끌어당기다	끌어안다	끌어올리다
끼고돌다	끼어들다	나아가다
낚아채다	날고뛰다	날아가다
날아다니다	날아들다	날아오르다
내다보다	내려가다	내려놓다
내려치다	내버려두다	내버리다
널어놓다	닳아빠지다	넘겨받다
넘겨짚다	넘어가다	넘어서다
녹아내리다	놓아두다	놓아주다
눈여겨보다	눌러쓰다	눌러앉다
눌어붙다	늘어나다	닦아세우다
달려가다	달려들다	달아오르다

대보다	던져두다	덮어놓다
덮어쓰다	도와주다	돋아나다
돌려받다	돌려세우다	돌아가다
돌아눕다	돌아다니다	돌아보다
돌아앉다	둘러막다	둘러매다
둘러보다	둘러싸다	둘러앉다
둘러치다	들고뛰다	들어가다
들어맞다	들어붙다	들어차다
들여오다	들이받다	마지못하다
마지않다	막돼먹다	막아내다
막아서다	말라붙다	말라비틀어지다
말라빠지다	말아먹다	맡아보다
머지않다	먹고살다	먹혀들다
메다꽂다	모아들이다	모여들다
몰라보다	몰라주다	몰려가다
몰아가다	몰아쉬다	몸져눕다
못지않다	묵어가다	묻어가다
물러가다	물려받다	물어내다
물어뜯다	물어보다	미어터지다
밀려가다	밀어내다	밀쳐놓다
바라다보다	바래다주다	받아들이다
받아쓰다	발가벗기다	밝혀내다
배어나다	배어들다	번갈아들다

벌어들이다	벌어먹다	벗어나다
벗어젖히다	보내오다	부어오르다
부어터지다	불러내다	불어나다
붙어먹다	빌어먹다	빠져나가다
빼놓다	뻗쳐오르다	살아가다
살펴보다	새겨듣다	솟아나다
숨넘어가다	숨어들다	싸고돌다
쏴붙이다	쓸어내리다	알아내다
알아듣다	약아빠지다	얻어맞다
얻어터지다	얽어매다	엎드려뻗치다
열어젖히다	올라가다	올라붙다
올라타다	올려놓다	올려다보다
옭아매다	옮아가다	우겨넣다
우려내다	웃어넘기다	이어받다
잊어버리다	잃어버리다	잡아가다
잡아떼다	잡아타다	접어들다
졸라매다	죄어들다	주고받다
주저앉다	주워듣다	죽어나다
죽여주다	줄어들다	쥐어뜯다
쥐어박다	쥐여살다	지내보다
지어내다	집어내다	집어삼키다
쫓아가다	찾아가다	치고받다
튀어나오다	팔아먹다	해보다
해치우다		

표준어 규정

　'표준어 규정'은, 같은 의미를 가진 여러 형태의 말이 공존할 때 그중 어느 형태를 '표준'한 것으로 정할 것인가에 관한 규범이다. 표준어를 제정하는 이유는 크게 두 가지이다. 하나는, 언어생활의 통일을 기하여 원활한 의사소통을 할 수 있게 하기 위함이고, 다른 하나는, 언어 사용의 준거를 제공함으로써 끊임없이 변하는 언어에 일정 수준의 항구성과 규범성을 부여하기 위함이다.

　'표준어'의 개념에 대해서 1912년 '보통학교용 언문철자법'에서는 '경성어를 표준으로 함'이라고 명시했고, 1933년 '한글 마춤법 통일안'에서는 '대체로 현재 중류 사회에서 쓰는 서울말'로 규정했다. 현행 '표준어 규정'은 '교양 있는 사람들이 두루 쓰는 현대 서울말'을 표준어로 정한다. 특히 표준어를 사용하는 것이 '교양 있음'의 요건임을 명시적으로 밝혀, 공적 활동을 하는 모든 사람들이 표준어를 익혀 바르게 사용할 수 있는 소양을 갖추도록 강조하고 있다.

　이처럼 표준어를 정할 때 '서울'에서 쓰는 말인지, '교양 있는 사람'들이 일상생활에서 '보편적'으로 쓰는 말인지, '현대국어'인지를 고려해야 한다. 그리고 무엇보다 '현재 널리 쓰이는 말인가 하는 것이 중요한 선정 기준이 된다.

따라서 같은 뜻을 갖는 준말과 본말, 같은 뜻을 갖는 고유어와 한자어, 같은 뜻을 갖는 여러 다른 형태가 공존할 때, 이들 중 가장 널리 쓰이는 한 형태를 표준어로 삼는다. 만일 같은 뜻을 갖는 여러 형태가 비등한 세력으로 널리 쓰이면 '복수 표준어'라는 이름으로 모두 표준어로 인정하고, 기존의 표준어가 아예 쓰이지 않고 방언 형태가 널리 쓰이면 그 방언 형태만 표준어로 인정한다.

'표준어 규정'은 <그림 2>와 같은 내용으로 구성되어 있다. 제1부는 단어의 형태에 관한 규정이고 제2부는 단어의 발음에 관한 규정이다. 규범의 원문은 직접 인용 방식으로 전문을 제시하고 원문에 주석을 달 때는 규범의 각 항목에서 사용하는 술어를 그대로 쓰기로 한다.

이 장의 말미에는 두 개의 '참고자료'를 두었다. 2011년 8월에 새로이 표준어로 인정된 39개 단어를 제시하고, 일상에서 잘못 쓰는 일이 잦은 단어들을 예시하였다.

<그림 2> '표준어 규정'의 내용

문교부 교시 제88-2 호(1988. 1. 19.)

표준어 규정

제1부 표준어 사정 원칙
    제1장 총칙
    제2장 발음 변화에 따른 표준어 규정
        제1절 자음
        제2절 모음
        제3절 준말
        제4절 단수 표준어
        제5절 복수 표준어
    제3장 어휘 선택의 변화에 따른 표준어 규정
        제1절 고어
        제2절 한자어
        제3절 방언
        제4절 단수 표준어
        제5절 복수 표준어
제2부 표준 발음법
    제1장 총칙
    제2장 자음과 모음
    제3장 음의 길이
    제4장 받침의 발음
    제5장 음의 동화
    제6장 경음화
    제7장 음의 첨가

제1부 표준어 사정 원칙

제1장 총칙

제1항 표준어는 교양 있는 사람들이 두루 쓰는 현대 서울말로 정함을 원칙으로 한다.

제2항 외래어는 따로 사정한다.

제2장 발음 변화에 따른 표준어 규정[1]

제1절 자음

제3항 다음 단어들은 거센소리를 가진 형태를 표준어로 삼는다.(ㄱ을 표준어로 삼고, ㄴ을 버림.)

ㄱ	ㄴ	비고
끄나풀	끄나불	
나팔-꽃	나발-꽃	[2]
녘	녁	동~, 들~, 새벽~, 동틀 ~.
부엌	부억	

---

1) 발음의 변화가 현저하여 종래의 표준어 형태를 유지하기 어려운 경우 새 형태를 표준어로 삼는다.
2) '나발(옛 관악기의 하나)'과 '나팔(금속으로 만든 관악기의 하나)'은 구별하여

살-쾡이	삵-괭이	
칸	간	1. ~막이, 빈~, 방 한 ~.3)
		2. '초가삼간, 윗간'의 경우에는 '간'임.
털어-먹다	떨어-먹다	재물을 다 없애다.

제4항 다음 단어들은 거센소리로 나지 않는 형태를 표준어로 삼는다.(ㄱ을 표준어로 삼고, ㄴ을 버림.)

ㄱ	ㄴ	비고
가을-갈이	가을-카리	
거시기	거시키	
분침	푼침	4)

제5항 어원에서 멀어진 형태로 굳어져서 널리 쓰이는 것은, 그것을 표준어로 삼는다.(ㄱ을 표준어로 삼고, ㄴ을 버림.)

ㄱ	ㄴ	비고
강낭-콩	강남-콩	5)
고샅	고샅	겉~, 속~.6)
사글-세	삭월-세	'월세'는 표준어임.7)
울력-성당	위력-성당	떼를 지어서 으르고 협박하는 일.8)

쓴다.
3) '칸'은 '간(間)'에 어원을 두고 있으나 공간의 구획이나 넓이를 나타내는 말로 두루 쓰일 때 '칸'으로 바뀐 형태를 인정하고, '간'(間)은 2와 같은 관습적인 표현에만 쓴다.
4) 분침(分針)

다만, 어원적으로 원형에 더 가까운 형태가 아직 쓰이고 있는 경우에는, 그것을 표준어로 삼는다.(ㄱ을 표준어로 삼고, ㄴ을 버림.)

ㄱ	ㄴ	비고
갈비	가리	~구이, ~찜, 갈빗-대.
갓모	갈모	1. 사기 만드는 물레 밑고리.9) 2. '갈모'는 갓 위에 쓰는, 유지로 만든 우비.
굴-젓	구-젓	
말-곁	말-겻	10)
물-수란	물-수랄	11)
밀-뜨리다	미-뜨리다	
적-이	저으기	적이-나, 적이나-하면.
휴지	수지	12)

제6항 다음 단어들은 의미를 구별함이 없이, 한 가지 형태만을 표준어로 삼는다.(ㄱ을 표준어로 삼고, ㄴ을 버림.)

---

5) 강남콩(江南-)
6) '초가지붕을 이을 때 쓰는 새끼'를 뜻할 때는 '고삿' 형태만 인정한다. '고샅'은 '촌락의 좁은 골목길'을 뜻하는 말로만 쓴다.
7) '월세(月貰)'를 근거로 '삭월세'의 어원을 '朔月貰'로 인식한 적이 있으나 이것이 단지 한자를 취음(取音)했을 뿐이라고 보아 '사글세'만 표준어로 삼는다.
8) '위력성당(威力成黨)'의 '위력'이 '울력'으로 음이 변하여 굳어진 형태를 표준어로 삼는다.
9) 1의 뜻을 나타낼 때 '갓모'를 표준어로 삼는다.
10) '남이 말하는 곁에서 덩달아 참견하는 말'을 뜻한다.
11) '끓는 물에 달걀을 깨 넣어 반쯤 익힌 음식'을 뜻한다.
12) 휴지(休紙)

ㄱ	ㄴ	비고
돌	돐	생일, 주기.
둘-째	두-째	'제2, 두 개째'의 뜻.
셋-째	세-째	'제3, 세 개째'의 뜻.
넷-째	네-째	'제4, 네 개째'의 뜻.
빌리다	빌다	1. 빌려 주다, 빌려 오다. 2. '용서를 빌다'는 '빌다'임.

다만, '둘째'는 십 단위 이상의 서수사에 쓰일 때에 '두째'로 한다.

ㄱ	ㄴ	비고
열두-째		열두 개째의 뜻은 '열둘째'로.
스물두-째		스물두 개째의 뜻은 '스물둘째'로.

제7항 수컷을 이르는 접두사는 '수-'로 통일한다.(ㄱ을 표준어로 삼고, ㄴ을 버림.)13)

―――――――――

13) '수-'의 옛 형태는 '숳'이다. 따라서 '숳'에 'ㄱ, ㄷ, ㅂ'으로 시작하는 뒷말이 이어질 때, 받침 'ㅎ'과 뒷말의 초성이 결합하여 거센소리가 되는 현상이 일어났다. 이러한 발음이 형태 변화로 이어져 '숳-강아지, 숳-개'가 '수캉아지, 수캐'로 굳어지게 된 것이다. 그런데 뒷말의 첫소리가 'ㄱ, ㄷ, ㅂ'인 모든 단어의 거센소리 형태를 인정하는 것은 아니고, '다만 1'에 제시된 복합어들만 거센소리 형태를 표준어로 인정한다.

　뒷말이 거센소리가 아닌 경우에는 '수-'나 '숫-'을 쓰는데, 이를 결정하는 것은 발음이다. '수-꿩, 수-나사, 수-놈' 등과 달리 '수-양→[순냥], 수-염소→[순념소], 수-쥐→[수쮜]'는 앞말과 뒷말 사이에 [ㄴ]이 덧나거나 뒷말의 첫소리가 된소리로 발음 나므로 'ㅅ'을 받쳐 적어 '숫양, 숫염소, 숫쥐'로 적는다. 이는 '한글 맞춤법'에서 말한 사잇소리 표기 원리를 따른 것이다. 그런데 '수개미, 수거미, 수게, 수고양이, 수나비, 수놈, 수벌, 수비둘기, 수새,

ㄱ	ㄴ	비고
수-꿩	수-퀑/숫-꿩	'장끼'도 표준어임.
수-나사	숫-나사	
수-놈	숫-놈	
수-사돈	숫-사돈	
수-소	숫-소	'황소'도 표준어임.
수-은행나무	숫-은행나무	

다만 1. 다음 단어에서는 접두사 다음에서 나는 거센소리를 인정한다. 접두사 '암-'이 결합되는 경우에도 이에 준한다.(ㄱ을 표준어로 삼고, ㄴ을 버림.)

ㄱ	ㄴ	비고
수-캉아지	숫-강아지	
수-캐	숫-개	
수-컷	숫-것	
수-키와	숫-기와	
수-탉	숫-닭	
수-탕나귀	숫-당나귀	
수-톨쩌귀	숫-돌쩌귀	
수-퇘지	숫-돼지	
수-평아리	숫-병아리	

'수소, 수쇠, 수술' 등의 경우, 앞말과 뒷말 사이에 아무런 소리 변동이 없는가에 대해 논쟁이 있을 수 있다.

다만 2. 다음 단어의 접두사는 '숫-'으로 한다.(ㄱ을 표준어로 삼고, ㄴ을 버림.)

ㄱ	ㄴ	비고
숫-양	수-양	
숫-염소	수-염소	
숫-쥐	수-쥐	

제2절 모음

제8항 양성 모음이 음성 모음으로 바뀌어 굳어진 다음 단어는 음성 모음 형태를 표준어로 삼는다.(ㄱ을 표준어로 삼고, ㄴ을 버림.)

ㄱ	ㄴ	비고
깡충-깡충	깡총-깡총	큰말은 '껑충껑충'임.
-둥이	-동이	←童-이. 귀-, 막-, 선-, 쌍-, 검-, 바람-, 흰-.
발가-숭이	발가-송이	센말은 '빨가숭이', 큰말은 '벌거숭이, 뻘거숭이'임.
보퉁이	보통이	
봉죽	봉족	←奉足.14) ~꾼, ~ 들다.
뻗정-다리	뻗장-다리	
아서, 아서라	앗아, 앗아라	하지 말라고 금지하는 말.
오뚝-이	오똑-이	부사도 '오뚝-이'임.
주추	주초	←柱礎. 주춧-돌.

다만, 어원 의식이 강하게 작용하는 다음 단어에서는 양성 모음 형태를 그대로 표준어로 삼는다.(ㄱ을 표준어로 삼고, ㄴ을 버림.)

ㄱ	ㄴ	비고
부조(扶助)	부주	~금, 부좃-술.
사돈(査頓)	사둔	밭~, 안~.
삼촌(三寸)	삼춘	시~, 외~, 처~.

제9항 'ㅣ' 역행 동화 현상에 의한 발음은 원칙적으로 표준 발음으로 인정하지 아니하되,[15] 다만 다음 단어들은 그러한 동화가 적용된 형태를 표준어로 삼는다.(ㄱ을 표준어로 삼고, ㄴ을 버림.)

ㄱ	ㄴ	비고
-내기	-나기	서울-, 시골-, 신출-, 풋-.
냄비	남비	
동댕이-치다	동당이-치다	

[붙임 1] 다음 단어는 'ㅣ' 역행 동화가 일어나지 아니한 형태를 표준어로 삼는다.(ㄱ을 표준어로 삼고, ㄴ을 버림.)

ㄱ	ㄴ	비고
아지랑이	아지랭이	

---

14) '일을 주장하는 사람을 곁에서 도와줌'이란 뜻이다.
15) 이에 따라 '건더기, 구더기, 덤터기, 아기, 어미, 오이소박이, 창피하다' 등을 '건데기, 구데기, 덤테기, 애기, 에미, 오이소배기, 챙피하다'로 쓰는 것을 인정하지 않는다.

[붙임 2] 기술자에게는 '-장이', 그 외에는 '-쟁이'가 붙는 형태를 표준어로
삼는다.(ㄱ을 표준어로 삼고, ㄴ을 버림.)16)

ㄱ	ㄴ	비고
미장이	미쟁이	
유기장이	유기쟁이	
멋쟁이	멋장이	
소금쟁이	소금장이	17)
담쟁이-덩굴	담장이-덩굴	
골목쟁이	골목장이	18)
발목쟁이	발목장이	19)

제10항 다음 단어는 모음이 단순화한 형태를 표준어로 삼는다.(ㄱ을 표준어
로 삼고, ㄴ을 버림.)20)

ㄱ	ㄴ	비고
괴팍-하다	괴퍅-하다/괴팩-하다	
-구먼	-구면	
미루-나무	미류-나무	←美柳~.

---

16) '미장이, 유기장이'는 '미장[泥匠], 유기장(鍮器匠)'의 뜻이다. 어떤 일을 업으
   로 삼고 있고 그 분야에 '匠人'이란 뜻이 들어 있을 때 '-장이'를 쓰고, 그 외
   의 경우는 '-쟁이'를 쓴다.
17) 곤충의 이름이다.
18) '골목에서 좀 더 깊숙이 들어간 좁은 곳'을 뜻한다.
19) '발모가지'와 같은 말로 '발목'을 속되게 이른 것이다.
20) 이들은 표준어 지역을 포함한 모든 지역에서 모음이 단순화된 채로 굳어져
   쓰이므로 이를 인정한 것이다.

미륵	미력	←彌勒. ~보살, ~불, 돌~.
여느	여늬	
온-달	왼-달	만 한 달.
으레	으례	21)
케케-묵다	켸켸-묵다	
허우대	허위대	
허우적-허우적	허위적-허위적	허우적-거리다.

제11항 다음 단어에서는 모음의 발음 변화를 인정하여, 발음이 바뀌어 굳어 진 형태를 표준어로 삼는다.(ㄱ을 표준어로 삼고, ㄴ을 버림.)

ㄱ	ㄴ	비고
-구려	-구료	22)
깍쟁이	깍정이	1. 서울 ~, 알~, 찰~.23) 2. 도토리, 상수리 등의 받침은 '깍정이'임.
나무라다	나무래다	
미수	미시	미숫-가루.
바라다	바래다	'바램[所望]'은 비표준어임.
상추	상치	~쌈.
시러베-아들	실업의-아들	24)
주책	주착	←主着. ~망나니, ~없다.
지루-하다	지리-하다	←支離.
튀기	트기	

---

21) 으례[依例]

허드레	허드래	허드렛-물, 허드렛-일.
호루라기	호루루기	

제12항 '웃-' 및 '윗-'은 명사 '위'에 맞추어 '윗-'으로 통일한다.(ㄱ을 표준어로 삼고, ㄴ을 버림.)[25]

ㄱ	ㄴ	비고
윗-넓이	웃-넓이	
윗-눈썹	웃-눈썹	
윗-니	웃-니	
윗-당줄	웃-당줄	[26]
윗-덧줄	웃-덧줄	[27]
윗-도리	웃-도리	

---

22) '-구료'와 '-구려'는 둘 다 사용되는 형태이나 '-구려'가 훨씬 널리 사용된다고 보아 이것만 표준어로 인정한다.

23) '깍쟁이'는 '인색하고 이기적인 사람, 얄밉도록 약삭빠른 사람'을 뜻하여 '찰깍쟁이(지독한 깍쟁이), 알깍쟁이(어려서부터 깍쟁이인 사람, 성질이 다부진 아이)'와 같이 쓴다.

24) 실없는 사람을 낮잡아 일컫는 말이다.

25) 명사 '위'의 옛 형태는 '웋'인데 옛 형태를 지니고 있는 '웃돈(웋-ㅅ-돈), 웃비(웋-ㅅ-비)' 등과 '위'로 형태가 바뀐 '윗목(위-ㅅ-목), 위쪽, 위층' 등이 공존한다. '웃돈, 웃비' 등은 그것에 대응되는 '아랫돈, 아랫비'과 같은 말이 쓰이지 않고 '웃거름, 웃국, 웃기, 웃돈, 웃비, 웃어른, 웃옷' 등 일부 명사 앞에만 '웃-' 형태로 굳어져 나타나므로, 이를 접두사로 규정한다. 반면 '위'는 명사로서 '윗목, 위쪽, 위층'과 같은 합성어를 만들고 그것에 대응되는 '아랫목, 아래쪽, 아래층'과 같은 말이 가능하다. '윗목'의 'ㅅ'은 사이시옷이다. '위쪽, 위층'은 뒷말의 첫소리가 된소리나 거센소리이므로 'ㅅ'을 받쳐 적지 않는다. 이는 '한글 맞춤법'의 사이시옷 표기 원리를 따른 것이다.

윗-동아리	웃-동아리	준말은 '윗동'임.
윗-막이	웃-막이	28)
윗-머리	웃-머리	29)
윗-목	웃-목	
윗-몸	웃-몸	~ 운동.
윗-바람	웃-바람	
윗-배	웃-배	
윗-벌	웃-벌	30)
윗-변	웃-변	수학 용어.
윗-사랑	웃-사랑	
윗-세장	웃-세장	31)
윗-수염	웃-수염	
윗-입술	웃-입술	
윗-잇몸	웃-잇몸	
윗-자리	웃-자리	
윗-중방	웃-중방	32)

---

26) '당줄'은 망건에 달린 줄을 가리킨다.
27) '덧줄'은 악보에서 오선의 위나 아래에 필요에 따라 덧긋는 짧은 선을 가리킨다.
28) '막이'는 문짝의 아래나 위에 건너지른 뼈대의 총칭이다.
29) 물건의 꼭대기나 앞 부분, 한쪽 끝이나 가장자리를 '머리'라고 하는데 '윗머리'는 아래위가 같은 물건의 위쪽 끝 부분을 가리킨다.
30) 한 벌로 된 옷에서, 윗도리에 입는 옷을 '윗벌'이라고 한다.
31) '세장'은 지게를 세울 때 작대기 끝을 끼우는 부분을 가리키는데 작대기가 움직이지 않도록 가운데에 홈을 파 놓는다.

다만 1. 된소리나 거센소리 앞에서는 '위-'로 한다.(ㄱ을 표준어로 삼고, ㄴ을 버림.)

ㄱ	ㄴ	비고
위-짝	웃-짝	
위-쪽	웃-쪽	
위-채	웃-채	
위-층	웃-층	
위-치마	웃-치마	33)
위-턱	웃-턱	～ 구름[上層雲].
위-팔	웃-팔	34)

다만 2. '아래, 위'의 대립이 없는 단어는 '웃-'으로 발음되는 형태를 표준어로 삼는다.(ㄱ을 표준어로 삼고, ㄴ을 버림.)

ㄱ	ㄴ	비고
웃-국	윗-국	35)
웃-기	윗-기	36)
웃-돈	윗-돈	
웃-비	윗-비	～걷다.37)
웃-어른	윗-어른	

---

32) '중방(中枋의 준말)'은 톱틀의 톱양과 탕갯줄의 사이에 양쪽 마구리를 버티어 지른 막대기를 가리킨다.

33) '갈퀴의 앞초리 쪽으로 대나무를 가로 대고 철사나 끈 따위로 묶은 코'를 가리킨다.

34) '어깨에서 팔꿈치까지의 부분'을 가리킨다.

웃-옷	윗-옷	

제13항 한자 '구(句)'가 붙어서 이루어진 단어는 '귀'로 읽는 것을 인정하지 아니하고, '구'로 통일한다.(ㄱ을 표준어로 삼고, ㄴ을 버림.)

ㄱ	ㄴ	비고
구법(句法)	귀법	
구절(句節)	귀절	
구점(句點)	귀점	
결구(結句)	결귀	
경구(警句)	경귀	
경인구(警人句)	경인귀	
난구(難句)	난귀	
단구(短句)	단귀	
단명구(短命句)	단명귀	
대구(對句)	대귀	~법(對句法).
문구(文句)	문귀	
성구(成句)	성귀	~어(成句語).
시구(詩句)	시귀	
어구(語句)	어귀	
연구(聯句)	연귀	

---

35) '간장이나 술 따위를 담가서 익힌 뒤에 맨 처음에 떠낸 진한 국'을 뜻한다.
36) '웃기떡'의 준말로 떡·포·과일 따위를 괸 위에 모양을 내기 위하여 얹는 재료를 뜻한다.
37) '아직 우기(雨氣)는 있는데 내리다가 그친 비'를 뜻한다.

인용구(引用句)	인용귀	
절구(絶句)	절귀	

다만, 다음 단어는 '귀'로 발음되는 형태를 표준어로 삼는다.(ㄱ을 표준어로 삼고, ㄴ을 버림.)

ㄱ	ㄴ	비고
귀-글	구-글	
글-귀	글-구	

제3절 준말

제14항 준말이 널리 쓰이고 본말이 잘 쓰이지 않는 경우에는, 준말만을 표준어로 삼는다.(ㄱ을 표준어로 삼고, ㄴ을 버림.)[38]

ㄱ	ㄴ	비고
귀찮다	귀치 않다	
김	기음	~매다.
똬리	또아리	
무	무우	~강즙, ~말랭이, ~생채, 가랑~, 갓~, 왜~, 총각~.
미다	무이다	1. 털이 빠져 살이 드러나다.

---

38) 사전에서만 어원이 밝혀져 있을 뿐 현실에서 거의 쓰이지 않는 본말을 표준어에서 제거하고 준말만 표준어로 삼은 것이다.

		2. 찢어지다.
뱀	배암	
뱀-장어	배암-장어	
빔	비음	설~, 생일~.
샘	새암	~바르다, ~바리.39)
생-쥐	새앙-쥐	
솔개	소리개	
온-갖	온-가지	
장사-치	장사-아치	

제15항 준말이 쓰이고 있더라도, 본말이 널리 쓰이고 있으면 본말을 표준어로 삼는다.(ㄱ을 표준어로 삼고, ㄴ을 버림.)

ㄱ	ㄴ	비고
경황-없다	경-없다	
궁상-떨다	궁-떨다	
귀이-개	귀-개	
낌새	낌	
낙인-찍다	낙-하다/낙-치다	
내왕-꾼	냉-꾼	40)
돗-자리	돗	
뒤웅-박	뒝-박	41)

---

39) '샘바르다'는 '샘이 심하다'는 뜻이고 '샘바리'는 '샘이 심해 안달하는 사람'을 가리킨다.

ㄱ	ㄴ	비고
뒷물-대야	뒷-대야	
마구-잡이	막-잡이	
맵자-하다	맵자다	모양이 제격에 어울리다.
모이	모	
벽-돌	벽	
부스럼	부럼	정월 보름에 쓰는 '부럼'은 표준어임.
살얼음-판	살-판	
수두룩-하다	수둑-하다	
암-죽	암	42)
어음	엄	
일구다	일다	
죽-살이	죽-살	
퇴박-맞다	퇴-맞다	43)
한통-치다	통-치다	44)

[붙임] 다음과 같이 명사에 조사가 붙은 경우에도 이 원칙을 적용한다.(ㄱ을 표준어로 삼고, ㄴ을 버림.)

ㄱ	ㄴ	비고
아래-로	알-로	

---

40) '내왕꾼(來往-)'은 '절에서 심부름을 하는 속인'을 뜻한다.
41) '박을 쪼개지 않고 꼭지 근처에 구멍만 뚫고 속을 파낸 바가지'를 말한다.
42) '어린아이에게 먹이는 묽은 죽'을 말한다.
43) '퇴박(退-)맞다'는 '마음에 들지 않아 물리침을 받는다'는 뜻이다.
44) '나누지 않고 한데 합친다'는 뜻이다.

제16항 준말과 본말이 다 같이 널리 쓰이면서 준말의 효용이 뚜렷이 인정되는 것은, 두 가지를 다 표준어로 삼는다.(ㄱ은 본말이며, ㄴ은 준말임.)

ㄱ	ㄴ	비고
거짓-부리	거짓-불	작은말은 '가짓부리, 가짓불'임.
노을	놀	저녁~.
막대기	막대	
망태기	망태	
머무르다	머물다	모음 어미가 연결될 때에는 준말의 활용형을 인정하지 않음.
서두르다	서둘다	
서투르다	서툴다	
석새-삼베	석새-베	45)
시-누이	시-뉘/시-누	
오-누이	오-뉘/오-누	
외우다	외다	외우며, 외워 : 외며, 외어.
이기죽-거리다	이죽-거리다	
찌꺼기	찌끼	'찌꺽지'는 비표준어임.

제4절 단수 표준어

제17항 비슷한 발음의 몇 형태가 쓰일 경우, 그 의미에 아무런 차이가 없고, 그 중46) 하나가 더 널리 쓰이면, 그 한 형태만을 표준어로 삼는다.(ㄱ을

___

45) '올이 성글고 굵은 베'를 뜻한다.
46) '그중'은 붙여 쓰는 것이 규범에 맞는 표기이다.

표준어로 삼고, ㄴ을 버림.)

ㄱ	ㄴ	비고
거든-그리다	거둥-그리다	1. 거든하게 거두어 싸다. 2. 작은말은 '가든-그리다'임.
구어-박다	구워-박다	사람이 한 군데에서만 지내다.
귀-고리	귀엣-고리	
귀-띔	귀-틤	
귀-지	귀에-지	
까딱-하면	까땍-하면	
꼭두-각시	꼭둑-각시	
내색	나색	감정이 나타나는 얼굴빛.
내숭-스럽다	내흉-스럽다	
냠냠-거리다	얌냠-거리다	냠냠-하다.
냠냠-이	얌냠-이	
너[四]	네	~ 돈, ~ 말, ~ 발, ~ 푼.
넉[四]	너/네	~ 냥, ~ 되, ~ 섬, ~ 자.
다다르다	다닫다	
댑-싸리	대-싸리	
더부룩-하다	더뿌룩-하다/듬뿌룩-하다	
-던	-든	선택, 무관의 뜻을 나타내는 어미는 '-든'임. '가-든(지) 말-든(지), 보-든(가) 말-든(가)'.

-던가	-든가	
-던걸	-든걸	
-던고	-든고	
-던데	-든데	
-던지	-든지	
-(으)려고	-(으)ㄹ려고/-(으)ㄹ라고	
-(으)려야	-(으)ㄹ려야/-(으)ㄹ래야	
망가-뜨리다	망그-뜨리다	
멸치	며루치/메리치	
반빗-아치	반비-아치	'반빗' 노릇을 하는 사람. 찬비 (饌婢). '반비'는 밥짓는 일을 맡은 계집종.
보습	보십/보섭	47)
본새	뽄새	
봉숭아	봉숭화	'봉선화'도 표준어임.
뺨-따귀	뺨-따귀/뺨-따구니	'뺨'의 비속어임.
뻐개다[斫]	뻐기다	두 조각으로 가르다.
뻐기다[誇]	뻐개다	뽐내다.
사자-탈	사지-탈	
상-판대기	쌍-판대기	48)
서[三]	세/석	~ 돈, ~ 말, ~ 발, ~ 푼.
석[三]	세	~ 냥, ~ 되, ~ 섬, ~ 자.
설령(設令)	서령	

-습니다	-읍니다	먹습니다, 갔습니다, 없습니다, 있습니다, 좋습니다. 모음 뒤에는 '-ㅂ니다'임.
시름-시름	시늠-시늠	
씀벅-씀벅	썸벅-썸벅	
아궁이	아궁지	
아내	안해	
어-중간	어지-중간	
오금-팽이	오금-탱이	
오래-오래	도래-도래	돼지 부르는 소리.
-올시다	-올습니다	
옹골-차다	공골-차다	
우두커니	우두머니	작은말은 '오도카니'임.
잠-투정	잠-투세/잠-주정	
재봉-틀	자봉-틀	발~, 손~.
짓-무르다	짓-물다	
짚-북데기	짚-북세기	'짚북더기'도 비표준어임.
쪽	짝	편(便). 이~, 그~, 저~. 다만, '아무-짝'은 '짝'임.
천장(天障)	천정	'천정부지(天井不知)'는 '천정'임.
코-맹맹이	코-맹녕이	
흉-업다	흉-헙다	

---

47) '쟁기나 극쟁이의 술바닥에 맞추는 삽 모양의 쇳조각'을 가리킨다.
48) '상판대기(相---)'는 '얼굴'의 속어이다.

제5절 복수 표준어

제18항 다음 단어는 ㄱ을 원칙으로 하고, ㄴ도 허용한다.

ㄱ	ㄴ	비고
네	예	
쇠-	소-	-가죽, -고기, -기름, -머리, -뼈.
괴다	고이다	물이 ~, 밑을 ~.
꾀다	꼬이다	어린애를 ~, 벌레가 ~.
쐬다	쏘이다	바람을 ~.
죄다	조이다	나사를 ~.
쬐다	쪼이다	볕을 ~.

제19항 어감의 차이를 나타내는 단어 또는 발음이 비슷한 단어들이 다 같이 널리 쓰이는 경우에는, 그 모두를 표준어로 삼는다.(ㄱ, ㄴ을 모두 표준어로 삼음.)

ㄱ	ㄴ	비고
거슴츠레-하다	게슴츠레-하다	
고까	꼬까	~신, ~옷.
고린-내	코린-내	
교기(驕氣)	갸기	교만한 태도.
구린-내	쿠린-내	
꺼림-하다	께름-하다	
나부랭이	너부렁이	

제3장 어휘 선택의 변화에 따른 표준어 규정

제1절 고어

제20항 사어(死語)가 되어 쓰이지 않게 된 단어는 고어로 처리하고, 현재 널리 사용되는 단어를 표준어로 삼는다.(ㄱ을 표준어로 삼고, ㄴ을 버림.)

ㄱ	ㄴ	비고
난봉	봉	
낭떠러지	낭	
설거지-하다	설겆다	49)
애달프다	애닯다	
오동-나무	머귀-나무	
자두	오얏	

제2절 한자어

제21항 고유어 계열의 단어가 널리 쓰이고 그에 대응되는 한자어 계열의 단어가 용도를 잃게 된 것은, 고유어 계열의 단어만을 표준어로 삼는다. (ㄱ을 표준어로 삼고, ㄴ을 버림.)

ㄱ	ㄴ	비고
가루-약	말-약	

---

49) '설겆어라, 설겆으면, 설겆겠다'와 같은 활용형이 쓰이지 않아 어간이 '설겆-' 임을 밝힐 수 없기 때문에, 소리대로 적는다.

구들-장	방-돌	
길품-삯	보행-삯	
까막-눈	맹-눈	
꼭지-미역	총각-미역	
나뭇-갓	시장-갓	50)
늙-다리	노닥다리	51)
두껍-닫이	두껍-창	52)
떡-암죽	병-암죽	
마른-갈이	건-갈이	53)
마른-빨래	건-빨래	
메-찰떡	반-찰떡	54)
박달-나무	배달 나무	
밥-소라	식-소라	큰 놋그릇.
사래-논	사래-답	묘지기나 마름이 부쳐 먹는 땅.
사래-밭	사래-전	
삯-말	삯-마	
성냥	화곽	
솟을-무늬	솟을-문(~紋)	
외-지다	벽-지다	
움-파	동-파	55)
잎-담배	잎-초	
잔-돈	잔-전	
조-당수	조-당죽	

죽데기	피-죽	'죽더기'도 비표준어임.56)
지겟-다리	목-발	지게 동발의 양쪽 다리.
짐-꾼	부지-군(負持-)	
푼-돈	분-전/푼-전	
흰-말	백-말/부루-말	'백마'는 표준어임.
흰-죽	백-죽	

제22항 고유어 계열의 단어가 생명력을 잃고 그에 대응되는 한자어 계열의
　　　단어가 널리 쓰이면, 한자어 계열의 단어를 표준어로 삼는다.(ㄱ을 표준어
　　　로 삼고, ㄴ을 버림.)

ㄱ	ㄴ	비고
개다리-소반	개다리-밥상	
겸-상	맞-상	
고봉-밥	높은-밥	
단-벌	홑-벌	
마방-집	마바리-집	馬房~.

---

50) 산의 나무나 풀 따위를 함부로 베지 못하게 단속하는 땅이나 산을 '말림갓'
　　이라고 하는데 나무를 가꾸는 말림갓을 '나뭇갓'이라고 하고 풀을 가꾸는
　　것을 '풀갓'이라고 한다.
51) '늙은이'를 낮잡아 이르는 말이다.
52) '미닫이를 열 때 문짝이 들어가 가리어지게 된 빈 곳'을 가리킨다.
53) '마른논에 물을 넣지 않고 가는 일'을 뜻한다.
54) '찹쌀과 멥쌀을 섞어서 만든 떡'을 말한다.
55) '겨울에 움 속에서 자란, 빛이 누런 파'를 가리킨다.
56) 제재소에서 나무를 가공할 때 겉에 있는 껍질을 벗겨낸 것을 말하는데, 땔
　　나무로나 가능하다.

민망-스럽다/면구-스럽다	민주-스럽다	
방-고래	구들-고래	57)
부항-단지	뜸-단지	
산-누에	멧-누에	
산-줄기	멧-줄기/멧-발	
수-삼	무-삼	
심-돋우개	불-돋우개	
양-파	둥근-파	
어질-병	어질-머리	
윤-달	군-달	
장력-세다	장성-세다	
제석	젯-돗	
총각-무	알-무/알타리-무	
칫-솔	잇-솔	
포수	총-댕이	

제3절 방언

제23항 방언이던 단어가 표준어보다 더 널리 쓰이게 된 것은, 그것을 표준
어로 삼는다. 이 경우, 원래의 표준어는 그대로 표준어로 남겨 두는 것을

---

57) 제21항에서 '방돌(房-)'이 아닌 '구들장'을 표준어로 삼고 제22항에서 '구들
고래'가 아닌 '방고래(房--)'를 표준어로 삼은 것은, 한자어든 고유어든 일
상에서 생명력을 잃은 말은 버린다는 원칙이 적용된 것이다.

원칙으로 한다.(ㄱ을 표준어로 삼고, ㄴ도 표준어로 남겨 둠.)

ㄱ	ㄴ	비고
멍게	우렁쉥이	
물-방개	선두리	
애-순	어린-순	

제24항 방언이던 단어가 널리 쓰이게 됨에 따라 표준어이던 단어가 안 쓰이게 된 것은, 방언이던 단어를 표준어로 삼는다.(ㄱ을 표준어로 삼고, ㄴ을 버림.)

ㄱ	ㄴ	비고
귀밑-머리	귓-머리	
까-뭉개다	까-무느다	
막상	마기	
빈대-떡	빈자-떡	
생인-손	생안-손	준말은 '생-손'임.
역-겹다	역-스럽다	
코-주부	코-보	

제4절 단수 표준어

제25항 의미가 똑같은 형태가 몇 가지 있을 경우, 그 중 어느 하나가 압도적으로 널리 쓰이면, 그 단어만을 표준어로 삼는다.(ㄱ을 표준어로 삼고, ㄴ을 버림.)

ㄱ	ㄴ	비고
-게끔	-게시리	
겸사-겸사	겸지-겸지/겸두-겸두	
고구마	참-감자	
고치다	낫우다	병을 ~.
골목-쟁이	골목-자기	
광주리	광우리	
괴통	호구	자루를 박는 부분.
국-물	멀-국/말-국	
군-표	군용-어음	58)
길-잡이	길-앞잡이	'길라잡이'도 표준어임.
까다롭다	까닭-스럽다/까탈-스럽다	
까치-발	까치-다리	선반 따위를 받치는 물건.
꼬창-모	말뚝-모	꼬창이59)로 구멍을 뚫으면서 심는 모.
나룻-배	나루	'나루[津]'는 표준어임.
납-도리	민-도리	60)
농-지거리	기롱-지거리	다른 의미의 '기롱지거리'는 표준어임.
다사-스럽다	다사-하다	간섭을 잘 하다.
다오	다구	이리 ~.
담배-꽁초	담배-꼬투리/담배-꽁치/담배-꽁추	

담배-설대	대-설대	
대장-일	성냥-일	
뒤져-내다	뒤어-내다	
뒤통수-치다	뒤꼭지-치다	
등-나무	등-칡	
등-때기	등-떠리	'등'의 낮은 말.
등잔-걸이	등경-걸이	
떡-보	떡-충이	
똑딱-단추	딸꼭-단추	
매-만지다	우미다	
먼-발치	먼-발치기	
며느리-발톱	뒷-발톱	61)
명주-붙이	주-사니	62)
목-메다	목-맺히다	
밀짚-모자	보릿짚-모자	
바가지	열-바가지/열-박	
바람-꼭지	바람-고다리	튜브의 바람을 넣는 구멍에 붙은, 쇠로 만든 꼭지.
반-나절	나절-가웃	
반두	독대	그물의 한 가지.
버젓-이	뉘연-히	
본-받다	법-받다	
부각	다시마-자반	63)

부끄러워-하다	부끄리다	
부스러기	부스럭지	
부지깽이	부지팽이	
부항-단지	부항-항아리	부스럼에서 피고름을 빨아 내기 위하여 부항을 붙이는 데 쓰는, 자그마한 단지.
붉으락-푸르락	푸르락-붉으락	
비켜-덩이	옆-사리미	김맬 때에 흙덩이를 옆으로 빼내는 일, 또는 그 흙덩이.
빙충-이	빙충-맞이	작은말은 '뱅충이'.64)
빠-뜨리다	빠-치다	'빠트리다'도 표준어임.
뻣뻣-하다	왜긋다	
뽐-내다	느물다	
사로-잠그다	사로-채우다	자물쇠나 빗장 따위를 반 정도만 걸어 놓다.
살-풀이	살-막이	65)
상투-쟁이	상투-꼬부랑이	상투 튼 이를 놀리는 말.
새앙-손이	생강-손이	66)
샛-별	새벽-별	
선-머슴	풋-머슴	
섭섭-하다	애운-하다	
속-말	속-소리	국악 용어 '속소리'는 표준 어임.
손목-시계	팔목-시계/팔뚝-시계	
손-수레	손-구루마	'구루마'는 일본어임.

쇠-고랑	고랑-쇠	
수도-꼭지	수도-고동	
숙성-하다	숙-지다	
순대	골집	
술-고래	술-꾸러기/술-부대/ 술-보/술-푸대	
식은-땀	찬-땀	
신기-롭다	신기-스럽다	'신기하다'도 표준어임.
쌍동-밤	쪽-밤	
쏜살-같이	쏜살-로	
아주	영판	
안-걸이	안-낚시	씨름 용어.
안다미-씌우다	안다미-시키다	제가 담당할 책임을 남에게 넘기다.
안쓰럽다	안-슬프다	⁶⁷⁾
안절부절-못하다	안절부절-하다	
앉은뱅이-저울	앉은-저울	
알-사탕	구슬-사탕	
암-내	곁땀-내	
앞-지르다	따라-먹다	
애-벌레	어린-벌레	
얕은-꾀	물탄-꾀	
언뜻	펀뜻	

언제나	노다지	
얼룩-말	워라-말	
에는	엘랑	
열심-히	열심-으로	
입-담	말-담	
자배기	너벅지	68)
전봇-대	전선-대	
주책-없다	주책-이다	'주착 → 주책'은 제11항 참조.
쥐락-펴락	펴락-쥐락	
-지만	-지만서도	←-지마는.
짓고-땡	지어-땡/짓고-땡이	69)
짧은-작	짜른-작	70)
찹-쌀	이-찹쌀	
청대-콩	푸른-콩	
칡-범	갈-범	

---

58) '군표(軍票)'는 '전쟁 지역이나 점령지에서 쓰는 긴급 통화'를 뜻한다.

59) '꼬창이'는 '꼬챙이'로 쓰는 것이 규범에 맞는 표기이다.

60) '도리'는 서까래를 받치기 위하여 기둥과 기둥 위에 건너지르는 나무를 가리키는데 '납도리'는 '모나게 만든 도리'를 뜻한다.

61) '사람의 새끼발톱 바깥쪽에 붙은 작은 발톱이나, 새 또는 길짐승의 뒷발톱'을 가리킨다.

62) '명주실로 짠 여러 가지 피륙'을 일컫는다.

63) '다시마를 기름에 튀긴 반찬'을 뜻한다.

64) '똑똑하지 못하고 어리석게 수줍어하기만 하는 사람'을 가리킨다.

65) '타고난 살(煞)을 미리 막는 굿'을 뜻한다.

66) '손가락의 모양이 새앙(=생강)처럼 생긴 사람'을 가리킨다.

제5절 복수 표준어

제26항 한 가지 의미를 나타내는 형태 몇 가지가 널리 쓰이며 표준어 규정
　에 맞으면, 그 모두를 표준어로 삼는다.

복수표준어	비고
가는-허리/잔-허리	
가락-엿/가래-엿	
가뭄/가물	
가엾다/가엽다	가엾어/가여워, 가엾은/가여운.
감감-무소식/감감-소식	
개수-통/설거지-통	'설겆다'는 '설거지하다'로.
개숫-물/설거지-물	
갱-엿/검은-엿	
-거리다/-대다	가물-, 출렁-.
거위-배/횟-배	
것/해	내 ~, 네 ~, 뉘 ~.
게을러-빠지다/게을러-터지다	
고깃-간/푸줏-간	'고깃-관, 푸줏-관, 다림-방'은 비표준어임.
곰곰/곰곰-이	

---

67) '안쓰럽다'는 '안'의 어원을 밝힐 수 없어 '안-스럽다'로 쓰지 않고 소리 나는
　　대로 적는다.
68) '둥글넓적하고 아가리가 쩍 벌어진 질그릇'을 뜻한다.
69) 노름 방식의 하나이다.
70) '길이가 짧은 화살'을 뜻한다.

관계-없다/상관-없다	
교정-보다/준-보다	
구들-재/구재	
귀퉁-머리/귀퉁-배기	'귀퉁이'의 비어임.
극성-떨다/극성-부리다	
기세-부리다/기세-피우다	
기승-떨다/기승-부리다	
깃-저고리/배내-옷/배냇-저고리	
꼬까/때때/고까	~신, ~옷.
꼬리-별/살-별	
꽃-도미/붉-돔	
나귀/당-나귀	
날-걸/세-뿔	윷판의 쨀밭 다음의 셋째 밭.
내리-글씨/세로-글씨	
넝쿨/덩굴	'덩쿨'은 비표준어임.
녘/쪽	동~, 서~.
눈-대중/눈-어림/눈-짐작	
느리-광이/느림-보/늘-보	
늦-모/마냥-모	← 만이앙-모.71)
다기-지다/다기-차다	
다달-이/매-달	
-다마다/-고말고	
다박-나룻/다박-수염	

닭의-장/닭-장	
댓-돌/툇-돌	
덧-창/겉-창	
독장-치다/독판-치다	
동자-기둥/쪼구미	72)
돼지-감자/뚱딴지	
되우/된통/되게	
두동-무니/두동-사니	윷놀이에서, 두 동이 한데 어울려 가는 말.
뒷-갈망/뒷-감당	
뒷-말/뒷-소리	
들락-거리다/들랑-거리다	
들락-날락/들랑-날랑	
딴-전/딴-청	
땅-콩/호-콩	
땔-감/땔-거리	
-뜨리다/-트리다	깨-, 떨어-, 쏟-.
뜬-것/뜬-귀신	73)
마룻-줄/용총-줄	돛대에 매어 놓은 줄. '이어줄'은 비표준어임.
마-파람/앞-바람	
만장-판/만장-중(滿場中)	74)
만큼/만치	

말-동무/말-벗	
매-갈이/매-조미	75)
매-통/목-매	
먹-새/먹음-새	'먹음-먹이'는 비표준어임.
멀찌감치/멀찌가니/멀찍이	
멱통/산-멱/산-멱통	76)
면-치레/외면-치레	
모-내다/모-심다	모-내기, 모-심기.
모쪼록/아무쪼록	
목판-되/모-되	77)
목화-씨/면화-씨	
무심-결/무심-중	
물-봉숭아/물-봉선화	
물-부리/빨-부리	
물-심부름/물-시중	
물추리-나무/물추리-막대	
물-타작/진-타작	78)
민둥-산/벌거숭이-산	
밑-층/아래-층	
바깥-벽/밭-벽	
바른/오른[右]	~손, ~쪽, ~편.
발-모가지/발-목쟁이	'발목'의 비속어임.
버들-강아지/버들-개지	

벌레/버러지	'벌거지, 벌러지'는 비표준어임.
변덕-스럽다/변덕-맞다	
보-조개/볼-우물	
보통-내기/여간-내기/예사-내기	'행-내기'는 비표준어임.
볼-따구니/볼-통이/볼-때기	'볼'의 비속어임.
부침개-질/부침-질/지짐-질	'부치개-질'은 비표준어임.
불똥-앉다/등화-지다/등화-앉다	
불-사르다/사르다	
비발/비용(費用)	
뾰두라지/뾰루지	
살-쾡이/삵	삵-피.
삽살-개/삽사리	
상두-꾼/상여-꾼	'상도-꾼, 향도-꾼'은 비표준어임.
상-씨름/소-걸이	79)
생/새앙/생강	
생-뿔/새앙-뿔/생강-뿔	'쇠뿔'의 형용.
생-철/양-철	1. '서양철'은 비표준어임. 2. '生鐵'은 '무쇠'임.
서럽다/섧다	'설다'는 비표준어임.
서방-질/화냥-질	
성글다/성기다	
-(으)세요/-(으)셔요	
송이/송이-버섯	

수수-깡/수숫-대	
술-안주/안주	
-스레하다/-스름하다	거무-, 발그-.
시늉-말/흉내-말	
시새/세사(細沙)	
신/신발	
신주-보/독보(櫝褓)	80)
심술-꾸러기/심술-쟁이	
쑵쓰레-하다/쑵쓰름-하다	
아귀-세다/아귀-차다	
아래-위/위-아래	
아무튼/어떻든/어쨌든/하여튼/여하튼	
앉음-새/앉음-앉음	
알은-척/알은-체	81)
애-갈이/애벌-갈이	
애꾸눈-이/외눈-박이	'외대-박이, 외눈-퉁이'는 비표준어임.
양념-감/양념-거리	
어금버금-하다/어금지금-하다	
어기여차/어여차	
어림-잡다/어림-치다	
어이-없다/어처구니-없다	
어저께/어제	
언덕-바지/언덕-배기	

얼렁-뚱땅/엄벙-뗑	
여왕-벌/장수-벌	
여쭈다/여쭙다	
여태/입때	'여직'은 비표준어임.
여태-껏/이제-껏/입때-껏	'여직-껏'은 비표준어임.
역성-들다/역성-하다	'편역-들다'는 비표준어임.
연-달다/잇-달다	
엿-가락/엿-가래	
엿-기름/엿-길금	
엿-반대기/엿-자박	
오사리-잡놈/오색-잡놈	'오합-잡놈'은 비표준어임.
옥수수/강냉이	~떡, ~묵, ~밥, ~튀김.
왕골-기직/왕골-자리	
외겹-실/외올-실/홑-실	'홑겹-실, 올-실'은 비표준어임.
외손-잡이/한손-잡이	
욕심-꾸러기/욕심-쟁이	
우레/천둥	우렛-소리, 천둥-소리.[82]
우지/울-보	
을러-대다/을러-메다	
의심-스럽다/의심-쩍다	
-이에요/-이어요	
이틀-거리/당-고금	학질의 일종임.
일일-이/하나-하나	

일찌감치/일찌거니	
입찬-말/입찬-소리	83)
자리-옷/잠-옷	
자물-쇠/자물-통	
장가-가다/장가-들다	'서방-가다'는 비표준어임.
재롱-떨다/재롱-부리다	
제-가끔/제-각기	
좀-처럼/좀-체	'좀-체로, 좀-해선, 좀-해'는 비표준 어임.
줄-꾼/줄-잡이	
중신/중매	
짚-단/짚-뭇	
쪽/편	오른~, 왼~.
차차/차츰	
책-씻이/책-거리	
척/체	모르는 ~, 잘난 ~.
천연덕-스럽다/천연-스럽다	
철-따구니/철-딱서니/철-딱지	'철-때기'는 비표준어임.
추어-올리다/추어-주다	'추켜-올리다'는 비표준어임.
축-가다/축-나다	
침-놓다/침-주다	
통-꼭지/통-젖	통에 붙은 손잡이.
파자-쟁이/해자-쟁이	점치는 이.

편지-투/편지-틀	84)
한턱-내다/한턱-하다	
해웃-값/해웃-돈	'해우-차'는 비표준어임.85)
혼자-되다/홀로-되다	
흠-가다/흠-나다/흠-지다	

71) '철 늦게 내는 모'를 가리킨다.
72) '들보 위에 세우는 짧은 기둥'으로 다른 들보를 받쳐 주는 기능을 한다.
73) '떠돌아다니는 못된 귀신'을 뜻한다.
74) '많은 사람들이 모인 곳'을 뜻한다.
75) '벼를 매통에 갈아서 현미를 만드는 일, 또는 그렇게 한 쌀'을 뜻한다.
76) '살아 있는 동물의 목구멍'을 '멱, 멱통'이라고 한다.
77) '네 모가 반듯하게 된 되'를 뜻한다.
78) '벼를 베어 채 마르기 전에 떠는 일'을 말한다.
79) '씨름판에서 결승을 다투는 씨름'을 뜻한다.
80) '주독(主櫝) 즉, 신주(神主)를 모셔 두는 궤를 덮는 보'를 뜻한다.
81) '알다'의 관형사형은 '한글 맞춤법' 제18항에 따라 '안'으로 써야 하나, '알은-척, 알은-체'에서 '알은'으로 굳어 버린 관용을 존중해서 이를 표준형으로 인정한다.
82) '우레'를 한자어식으로 표기하여 '우뢰(雨雷)'로 사용해 왔으나, 동사 어간 '울-'에 접미사 '-에'가 붙어서 된 말이므로 원형을 고수한다.
83) '분수를 헤아리지 아니하고 희떱게 장담하는 소리'를 뜻한다.
84) '편지를 쓸 때에 참고하도록 모범적인 편지를 모은 책'을 말한다.
85) '술좌석에서 치르는 화대(花代)'를 뜻한다.

제2부 표준 발음법

제1장 총칙

제1항 표준 발음법은 표준어의 실제 발음을 따르되, 국어의 전통성과 합리성을 고려하여 정함을 원칙으로 한다.

제2장 자음과 모음

제2항 표준어의 자음은 다음 19개로 한다.[86]

ㄱ ㄲ ㄴ ㄷ ㄸ ㄹ ㅁ ㅂ ㅃ ㅅ ㅆ ㅇ ㅈ ㅉ ㅊ ㅋ ㅌ ㅍ ㅎ

제3항 표준어의 모음은 다음 21개로 한다.

ㅏ ㅐ ㅑ ㅒ ㅓ ㅔ ㅕ ㅖ ㅗ ㅘ ㅙ ㅚ ㅛ ㅜ ㅝ ㅞ ㅟ ㅠ ㅡ ㅢ ㅣ

제4항 'ㅏ ㅐ ㅓ ㅔ ㅗ ㅚ ㅜ ㅟ ㅡ ㅣ'는 단모음(單母音)으로 발음한다.[87]

---

86) 19개의 자음 중 'ㅇ'은 음절의 첫소리가 될 때 아무런 소릿값을 갖지 않고 음절의 끝소리에서만 [ŋ]으로 발음 난다. 즉 '왕'은 [waŋ]으로 발음한다. 이러한 사실은 '로마자 표기법'에 그대로 반영되어 '여의도[ㅕ ㅢ도]'는 'Yeouido'로 '강남'은 'Gangnam'으로 표기한다.

87) '단모음'은 소리가 하나이므로 발음할 때 혀의 위치나 입술의 모양에 변동이 없고, 이중모음은 두 소리의 결합이어서 발음할 때 혀의 위치나 입술의 모양에 변동이 생긴다. 예를 들어 'ㅑ'는 'ㅣ'를 발음할 때와 같은 혀의 위치

[붙임] '괴, ㅟ'는 이중 모음으로 발음할 수 있다.[88]

제5항 'ㅑ ㅐ ㅕ ㅖ ㅘ ㅙ ㅛ ㅝ ㅞ ㅠ ㅢ'는 이중 모음으로 발음한다.

다만 1. 용언의 활용형에 나타나는 '져, 쪄, 쳐'는 [저, 쩌, 처]로 발음한다.

가지어→가져[가저]　　　찌어→쪄[쩌]　　　다치어→다쳐[다처]

다만 2. '예, 례' 이외의 'ㅖ'는 [ㅔ]로도 발음한다.[89]

계집[계 : 집/게 : 집]　　　　　계시다[계 : 시다/게 : 시다]

시계[시계/시게](時計)　　　　　연계[연계/연게](連繫)

몌별[몌별/메별](袂別)　　　　　개폐[개폐/개페](開閉)

혜택[혜 : 택/헤 : 택](惠澤)　　　지혜[지혜/지헤](智慧)

에서 시작하여 'ㅏ'를 발음하는 혀의 위치로 빠르게 이동하는 소리이다. 그리고 'ㅝ'는 'ㅜ'를 발음할 때와 같은 입술 모양에서 시작하여 'ㅓ'를 발음하는 혀의 위치와 입술 모양으로 빠르게 이동하는 소리이다.

　'ㅐ'는 'ㅔ'보다 아래턱을 더 내려 입을 더 벌리면서 발음하는 소리인데, 오늘날 'ㅔ'와 'ㅐ'를 같은 소리로 발음하여 '게'와 '개', '예'와 '애'가 구별되지 않는 경향이 매우 강하다. 그러나 규범에서는 여전히 두 소리를 구별하는 것이 표준 발음이다.

88) 국립국어원은 인터넷 홈페이지에서 한글 자모의 음가를 제시할 때 '괴, ㅟ'를 이중모음의 소릿값으로 나타낸다. 이는 '괴, ㅟ'를 이중모음으로 발음하는 것이 표준 발음으로 굳어져 가고 있음을 말하는 것이다. '괴'를 이중모음으로 발음할 때는 '게'와 같은 소리가 된다.

89) 음절의 오른쪽에 ' : ' 표시가 있는 것은 그 음절을 길게 발음한다는 뜻이다. '한글 맞춤법' 제8항에서 "'계, 례, 몌, 폐, 혜'의 'ㅖ'는 'ㅔ'로 소리 나는 경우가 있더라도 'ㅖ'로 적는다."라고 규정하고 있듯이, '례'도 [레]로 발음할 수 있다.

다만 3. 자음을 첫소리로 가지고 있는 음절의 '의'는 [ㅣ]로 발음한다.

늴리리	닁큼	무늬	띄어쓰기	씌어
틔어	희어	희떱다	희망	유희

다만 4. 단어의 첫음절[90] 이외의 '의'는 [ㅣ]로, 조사 '의'는 [ㅔ]로 발음함도 허용한다.

주의[주의/주이]　　　　　　협의[혀븨/혀비]

우리의[우리의/우리에]　　　　강의의[강 : 의의/강 : 이에]

제3장 음의 길이

제6항 모음의 장단을 구별하여 발음하되, 단어의 첫음절에서만 긴소리가 나
타나는 것을 원칙으로 한다.[91]

(1)	눈보라[눈 : 보라]	말씨[말 : 씨]	밤나무[밤 : 나무]
	많다[만 : 타]	멀리[멀 : 리]	벌리다[벌 : 리다]
(2)	첫눈[천눈]	참말[참말]	쌍동밤[쌍동밤]
	수많이[수 : 마니]	눈멀다[눈멀다]	떠벌리다[떠벌리다]

---

90) '첫 음절'은 띄어 쓰는 것이 맞는 표기법이다.
91) 현대국어와 달리 중세국어 시기의 우리말은 성조를 지닌 언어였는데, '짧고
　　높은 소리, 짧고 낮은 소리, 낮다가 높아지는 소리'가 구별되었었다. 현대국
　　어로 오면서 성조는 사라졌으나 '낮다가 높아지는 소리'를 지녔던 음절들이
　　다른 음절에 비해 긴소리로 발음되고 있다.

다만, 합성어의 경우에는 둘째 음절 이하에서도 분명한 긴소리를 인정한다.[92]

반신반의[반 : 신 바 : 늬/반 : 신 바 : 니]
재삼재사[재 : 삼 재 : 사]

[붙임] 용언의 단음절 어간에 어미 '-아/-어'가 결합되어 한 음절로 축약되는 경우에도 긴소리로 발음한다.[93]

보아 → 봐[봐 :]   기어 → 겨[겨 :]   되어 → 돼[돼 :]
두어 → 둬[둬 :]   하여 → 해[해 :]

다만, '오아 → 와, 지어 → 져, 찌어 → 쪄, 치어 → 쳐' 등은 긴소리로 발음하지 않는다.

제7항 긴소리를 가진 음절이라도, 다음과 같은 경우에는 짧게 발음한다.
1. 단음절인 용언 어간에 모음으로 시작된 어미가 결합되는 경우

감다[감 : 따] ― 감으니[가므니]   밟다[밥 : 따] ― 밟으면[발브면]
신다[신 : 따] ― 신어[시너]   알다[알 : 다] ― 알아[아라]

---

92) 같은 음절이 반복되는 경우에는 둘째 음절을 긴소리로 발음하지 않는다. 따라서 '반반(半半)[반 : 반], 간간(間間)이[간 : 간-], 영영(永永)[영 : 영], 서서(徐徐)이[서 : 서-], 시시비비(是是非非)[시 : 시비비]'와 같이 발음한다.
93) 피동사나 사동사의 어간과 접미사가 축약된 경우에도 긴소리로 발음한다. 예를 들어 '싸이다→쌔다[쌔 : 다], 누이다→뉘다[뉘 : 다], 펴이다→폐다[폐 : 다], 트이다→틔다[티 : 다], 쏘이다→쐬다[쐬 : 다]'와 같다.

다만, 다음과 같은 경우에는 예외적이다.

끌다[끌 : 다] ― 끌어[끄 : 러]   떫다[떨 : 따] ― 떫은[떨 : 븐]

벌다[벌 : 다] ― 벌어[버 : 러]   썰다[썰 : 다] ― 썰어[써 : 러]

없다[업 : 따] ― 없으니[업 : 쓰니]

2. 용언 어간에 피동, 사동의 접미사가 결합되는 경우

감다[감 : 따] ― 감기다[감기다]   꼬다[꼬 : 다] ― 꼬이다[꼬이다]

밟다[밥 : 따] ― 밟히다[발피다]

다만, 다음과 같은 경우에는 예외적이다.

끌리다[끌 : 리다]   벌리다[벌 : 리다]   없애다[업 : 쌔다]

[붙임] 다음과 같은 복합어에서는 본디의 길이에 관계없이 짧게 발음한다.

밀-물   썰-물   쏜-살-같이   작은-아버지

제4장 받침의 발음

제8항 받침소리로는 'ㄱ, ㄴ, ㄷ, ㄹ, ㅁ, ㅂ, ㅇ'의 7개 자음만 발음한다.[94]

---

94) 받침은 '홑받침, 쌍받침, 겹받침'으로 나뉘는데, 'ㄱ, ㄷ, ㅂ' 등은 홑받침이
고 'ㄲ, ㅆ'은 쌍받침이며 'ㄳ, ㄵ, ㄺ' 등은 겹받침이다.

제9항 받침 'ㄲ, ㅋ', 'ㅅ, ㅆ, ㅈ, ㅊ, ㅌ', 'ㅍ'은 어말 또는 자음 앞에서 각각 대표음 [ㄱ, ㄷ, ㅂ]으로 발음한다.95)

닦다[닥따]	키읔[키윽]	키읔과[키윽꽈]
옷[옫]	웃다[욷 : 따]	있다[읻따]
젖[젇]	빚다[빋따]	꽃[꼳]
쫓다[쫃따]	솥[솓]	뱉다[밷 : 따])
앞[압]	덮다[덥따]	

제10항 겹받침 'ㄳ', 'ㄵ', 'ㄼ, ㄽ, ㄾ', 'ㅄ'은 어말 또는 자음 앞에서 각각 [ㄱ, ㄴ, ㄹ, ㅂ]으로 발음한다.

넋[넉]	넋과[넉꽈]	앉다[안따]	여덟[여덜]
넓다[널따]	외곬[외골]	핥다[할따]	값[갑]
없다[업 : 따]			

다만, '밟-'은 자음 앞에서 [밥]으로 발음하고, '넓-'은 다음과 같은 경우에 [넙]으로 발음한다.

(1)	밟다[밥 : 따]	밟소[밥 : 쏘]
	밟지[밥 : 찌]	밟는[밥 : 는→밤 : 는]
	밟게[밥 : 께]	밟고[밥 : 꼬]
(2)	넓-죽하다[넙쭈카다]	넓-둥글다[넙뚱글다]

제11항 겹받침 'ㄺ, ㄻ, ㄿ'은 어말 또는 자음 앞에서 각각 [ㄱ, ㅁ, ㅂ]으로

---

95) 'ㄸ, ㅃ, ㅉ'이 받침에 나타나는 단어는 없으므로 언급하지 않는다.

발음한다.

닭[닥]	흙과[흑꽈]	맑다[막따]	늙지[늑찌]
삶[삼 :]	젊다[점 : 따]	읊고[읍꼬]	읊다[읍따]

다만, 용언의 어간 말음 'ㄺ'은 'ㄱ' 앞에서 [ㄹ]로 발음한다.

맑게[말께]	묽고[물꼬]	얽거나[얼꺼나]

제12항 받침 'ㅎ'의 발음은 다음과 같다.

1. 'ㅎ(ㄶ, ㅀ)' 뒤에 'ㄱ, ㄷ, ㅈ'이 결합되는 경우에는, 뒤 음절 첫소리와 합쳐서 [ㅋ, ㅌ, ㅊ]으로 발음한다.96)

놓고[노코]	좋던[조 : 턴]	쌓지[싸치]
많고[만 : 코]	않던[안턴]	닳지[달치]

[붙임 1] 받침 'ㄱ(ㄺ), ㄷ, ㅂ(ㄼ), ㅈ(ㄵ)'이 뒤 음절 첫소리 'ㅎ'과 결합되는 경우에도, 역시 두 음을 합쳐서 [ㅋ, ㅌ, ㅍ, ㅊ]으로 발음한다.97)

---

96) 다만, '싫증(-症)'은 [실쯩]으로 발음하는데 복합어의 뒷말에 놓인 '증(症)'을 항상 [쯩]으로 발음하기 때문이다. '어지럼증[-쯩], 염증[-쯩], 현기증[-쯩], 통증[-쯩]'과 같다.

97) 제12항의 [붙임 1]에 제시된 받침 'ㅈ'에 대한 언급은 제9항의 규정에 어긋나 혼란을 줄 수 있으므로, 이해를 돕기 위한 붙임말을 항목에 제시할 필요가 있다. 제9항에 의하면, '꽂히다'의 '꽂'과 '낮 한때'의 '낮'에서 받침 'ㅈ'이 자음 앞에 놓였으므로 이들은 '[꼳], [낟]'으로 발음 나야 한다. 그런데 '꽂히다[꼬치다]'의 받침 'ㅈ'은 뒷자음 'ㅎ'과 합쳐져 [ㅊ]으로 발음 나고, '낮 한때[나탄때]'의 받침 'ㅈ'은 [ㄷ]으로 바뀐 뒤 'ㅎ'과 합쳐져 [ㅌ]으로 발음 난다.

각하[가카]　　　　먹히다[머키다]　　　　밝히다[발키다]

맏형[마텽]　　　　좁히다[조피다]　　　　넓히다[널피다]

꽂히다[꼬치다]　　앉히다[안치다]

[붙임 2] 규정에 따라 'ㄷ'으로 발음되는 'ㅅ, ㅈ, ㅊ, ㅌ'의 경우에도 이에 준한다.

옷 한 벌[오탄벌]　　　　　　낮 한때[나탄때]

꽃 한 송이[꼬탄송이]　　　　숱하다[수타다]

2. 'ㅎ(ㄶ, ㅀ)' 뒤에 'ㅅ'이 결합되는 경우에는, 'ㅅ'을 [ㅆ]으로 발음한다.

닿소[다쏘]　　　　많소[만 : 쏘]　　　　싫소[실쏘]

3. 'ㅎ' 뒤에 'ㄴ'이 결합되는 경우에는, [ㄴ]으로 발음한다.[98]

놓는[논는]　　　　　　　　쌓네[싼네]

[붙임] 'ㄶ, ㅀ' 뒤에 'ㄴ'이 결합되는 경우에는, 'ㅎ'을 발음하지 않는다.

　　이처럼 받침 'ㅈ'이 자음 'ㅎ'과 연결될 때 [ㅊ]으로 합쳐져 발음 나는 것은 용언에서만 나타나는 현상인데, 이는 중세국어 시기의 문헌에서부터 확인된다. 예를 들어 '꽂다, 맞다, 잊다, 앉다, 엱다'의 옛 형태는 '곶다, 맛다/맞다, 닞다, 앉다/앉다, 엱다'이다. 이들의 피동·사동형을 보면, '앉다'는 '안초다/안치다'로, '엱다'는 '연치다'로, '맞다'는 '맛초다/맛최다'로 나타나, 어간의 끝소리 'ㅈ'이 뒤따르는 접미사 '-히-'의 첫소리와 결합하여 [ㅊ]으로 발음났음을 알 수 있다.

98) 이것은 '놓[논]'의 받침 [ㄷ]이 뒤따르는 어미의 첫소리 'ㄴ'에 동화되어 '놓는[논는]→[논는]'이 된 것인데, 이에 대해서는 제18항에서 언급하고 있다.

않네[안네]   않는[안는]
뚫네[뚤네→뚤레]   뚫는[뚤는→뚤른]

* '뚫네[뚤네→뚤레], 뚫는[뚤는→뚤른]'에 대해서는 제20항 참조.

4. 'ㅎ(ㄶ, ㅀ)' 뒤에 모음으로 시작된 어미나 접미사가 결합되는 경우에는,
   'ㅎ'을 발음하지 않는다.[99]

   낳은[나은]   놓아[노아]   쌓이다[싸이다]   많아[마 : 나]
   않은[아는]   닳아[다라]   싫어도[시러도]

제13항 홑받침이나 쌍받침이 모음으로 시작된 조사나 어미, 접미사와 결합
되는 경우에는, 제 음가대로 뒤 음절 첫소리로 옮겨 발음한다.

   깎아[까까]   옷이[오시]   있어[이써]   낮이[나지]
   꽂아[꼬자]   꽃을[꼬츨]   쫓아[쪼차]   밭에[바테]
   앞으로[아프로]   덮이다[더피다]

제14항 겹받침이 모음으로 시작된 조사나 어미, 접미사와 결합되는 경우에
는, 뒤엣것만을 뒤 음절 첫소리로 옮겨 발음한다.(이 경우, 'ㅅ'은 된소리

---

99) 'ㅎ' 뒤에 모음으로 시작된 '어미'나 '접미사'가 연결된 경우만 'ㅎ'을 발음하
지 않는 것이므로, 이러한 현상은 용언에서만 일어난다. '어미'는 용언에만
나타나는 것이고 끝소리가 'ㅎ'인 체언은 없기 때문이다. 그런데 '낳은, 닳
아'의 'ㅎ'을 발음하지 않듯이 '개학, 다행, 담화, 마흔, 방학, 범행, 여행, 전
화, 철학, 피곤해' 등의 'ㅎ'을 발음하지 않는 경우를 자주 보게 된다. 그러
나 이들의 경우 공명음(비음, 유음, 모음) 사이에 놓인 'ㅎ'의 소리가 매우
약화되어 들릴 뿐 'ㅎ'을 발음하지 않는 것이 아니므로 주의해야 한다.

로 발음함.)

넋이[넉씨]	앉아[안자]	닭을[달글]	젊어[절머]
곬이[골씨]	핥아[할타]	읊어[을퍼]	값을[갑쓸]
없어[업ː써]			

제15항 받침 뒤에 모음 'ㅏ, ㅓ, ㅗ, ㅜ, ㅟ'들로 시작되는 실질 형태소가 연결되는 경우에는, 대표음으로 바꾸어서 뒤 음절 첫소리로 옮겨 발음한다.[100]

밭 아래[바다래]	늪 앞[느밥]	젖어미[저더미]
맛없다[마덥따]	겉옷[거돋]	헛웃음[허두슴]
꽃 위[꼬뒤]		

다만, '맛있다, 멋있다'는 [마싣따], [머싣따]로도 발음할 수 있다.

[붙임] 겹받침의 경우에는, 그 중 하나만을 옮겨 발음한다.[101]

넋 없다[너겁따]	닭 앞에[다가페]
값어치[가버치]	값있는[가빈는]

---

100) '실질 형태소'는 어휘적 뜻을 가진 형태소를 일컫는데, 제13항과 제14항에서 말한 '조사나 어미, 접미사'가 아닌 것을 가리킨다. '조사나 어미, 접미사'는 '형식 형태소' 혹은 '문법 형태소'라고 부른다. 실질 형태소의 첫소리를 'ㅏ, ㅓ, ㅗ, ㅜ, ㅟ'로 한정하였으나, '첫 애[처대], 첫 음[처듬], 첫인상[처딘상]'과 같이 'ㅐ, ㅡ, ㅣ'가 연결될 때도 그러하다.
101) 겹받침 중 어떤 자음을 옮겨 발음할 것인지는 제10항과 제11항의 규정에 따른다.

제16항 한글 자모의 이름은 그 받침소리를 연음하되, 'ㄷ, ㅈ, ㅊ, ㅋ, ㅌ, ㅍ, ㅎ'의 경우에는 특별히 다음과 같이 발음한다.

디귿이[디그시]	디귿을[디그슬]	디귿에[디그세]
지읒이[지으시]	지읒을[지으슬]	지읒에[지으세]
치읓이[치으시]	치읓을[치으슬]	치읓에[치으세]
키읔이[키으기]	키읔을[키으글]	키읔에[키으게]
티읕이[티으시]	티읕을[티으슬]	티읕에[티으세]
피읖이[피으비]	피읖을[피으블]	피읖에[피으베]
히읗이[히으시]	히읗을[히으슬]	히읗에[히으세]

제5장 음의 동화

제17항 받침 'ㄷ, ㅌ(ㄾ)'이 조사나 접미사의 모음 'ㅣ'와 결합되는 경우에는, [ㅈ, ㅊ]으로 바꾸어서 뒤 음절 첫소리로 옮겨 발음한다.[102]

곧이듣다[고지듣따]	굳이[구지]	미닫이[미다지]
땀받이[땀바지]	밭이[바치]	벼훑이[벼훌치]

[붙임] 'ㄷ' 뒤에 접미사 '히'가 결합되어 '티'를 이루는 것은 [치]로 발음한다.

---

102) 이것은 이른바 '구개음화' 현상인데, 'ㄷ, ㅌ'이 뒤따르는 'ㅣ'의 조음위치에 이끌려 'ㅈ, ㅊ'으로 바뀌는 것이므로 동화 현상이다. 'ㅣ'와 'ㅈ, ㅊ'은 경구개 위치에서 조음되는 소리이기 때문이다. '구개음화'에 대해서는 '한글 맞춤법' 제2절 제6항 각주 9)를 통해 자세히 설명된 바 있다.

굳히다[구치다]　　　닫히다[다치다]　　　묻히다[무치다]

제18항 받침 'ㄱ(ㄲ, ㅋ, ㄳ, ㄺ), ㄷ(ㅅ, ㅆ, ㅈ, ㅊ, ㅌ, ㅎ), ㅂ(ㅍ, ㄼ, ㄿ, ㅄ)'은 'ㄴ, ㅁ' 앞에서 [ㅇ, ㄴ, ㅁ]으로 발음한다.103)

먹는[멍는]　　　　국물[궁물]　　　　깎는[깡는]
키읔만[키응만]　　몫몫이[몽목씨]　　긁는[긍는]
흙만[흥만]　　　　닫는[단는]　　　　짓는[진 : 는]
옷맵시[온맵씨]　　있는[인는]　　　　맞는[만는]
젖멍울[전멍울]　　쫓는[쫀는]　　　　꽃망울[꼰망울]
붙는[분는]　　　　놓는[논는]　　　　잡는[잠는]
밥물[밤물]　　　　앞마당[암마당]　　밟는[밤 : 는]
읊는[음는]　　　　없는[엄 : 는]　　　값매다104)[감매다]

[붙임] 두 단어를 이어서 한 마디로 발음하는 경우에도 이와 같다.

책 넣는다[챙넌는다]　　　흙 말리다[흥말리다]
옷 맞추다[온맏추다]　　　밥 먹는다[밤멍는다]
값 매기다[감매기다]

제19항 받침 'ㅁ, ㅇ' 뒤에 연결되는 'ㄹ'은 [ㄴ]으로 발음한다.105)

---

103) 이것은 구강음 뒤에 비음이 이어질 때 구강음이 비음에 동화되어 비음으로 발음 나는 현상이다. 이때 'ㄱ'은 [ㅇ]으로, 'ㄷ'은 [ㄴ]으로, 'ㅂ'은 [ㅁ]으로 발음한다.
104) '값 매다'는 '일정한 기준에 따라 사물의 값을 정하다'는 뜻인데, 띄어 쓰는 것이 규범에 맞는 표기이다.
105) 받침 뒤에 'ㄹ'이 이어지는 단어는 한자어밖에 없다. 'ㄹ'은 'ㄹ'이 아닌 자

담력[담 : 녁]　　　　침략[침냑]　　　　강릉[강능]

항로[항 : 노]　　　　대통령[대 : 통녕]

[붙임] 받침 'ㄱ, ㅂ' 뒤에 연결되는 'ㄹ'도 [ㄴ]으로 발음한다.106)

막론[막논→망논]　　　　백리[백니→뱅니]

협력[협녁→혐녁]　　　　십리[십니→심니]

제20항 'ㄴ'은 'ㄹ'의 앞이나 뒤에서 [ㄹ]로 발음한다.107)

(1)　　　난로[날 : 로]　　　신라[실라]　　　천리[철리]

음 뒤에 놓일 때 [ㄴ]으로 발음하는데, 'ㄴ' 뒤에 'ㄹ'이 이어질 때는 'ㄴㄹ [ㄹㄹ]'로 발음하는 것도 있고 'ㄴㄹ[ㄴㄴ]'으로 발음하는 것도 있다. 이에 대해서는 제20항에서 다룬다.

106) '백 리, 십 리'는 띄어 쓰는 것이 규범에 맞는 표기이다.

107) 한자어 안의 'ㄴㄹ'은 [ㄹㄹ]로 발음하는 것('난로' 등)과 [ㄴㄴ]으로 발음하는 것('의견란' 등)으로 나뉜다. '의견-란, 생산-량, 결단-력, 동원-령, 상견-례, 횡단-로, 이원-론, 입원-료, 구근-류' 등은 복합어인데, 여기에 쓰인 '란, 량, 력, 령, 례, 로, 론, 료, 류'는 자립성을 가진 한자어 뒤에 연결되어 새 단어를 만드는 생산성이 매우 크다. 그것이 '난로, 천리(天理)'와 다른 점이고 '신라, 광한루, 대관령'은 고유명사이다. 이처럼 복합어의 뒷말로 쓰인 단음절 한자어의 첫소리 'ㄹ'은 [ㄴ]으로 발음하는 큰 경향이 있다.
　　제20항에서 'ㄴㄹ[ㄹㄹ]'과 'ㄴㄹ[ㄴㄴ]'의 발음 차이에 대해 어떤 조건도 규정하지 않았고 어떤 한자어가 단일어인가 복합어인가에 대한 판단이 자의적일 수 있으므로, 개별 어휘의 발음을 사전에서 확인하는 일이 필요하다. 그런데 사전에는 고유명사가 등재되지 않고 '다운-로드(download), 온-라인(online), 원-룸(one room), 인-라인(inline), 핫-라인(hotline)'와 같은 외래어는 사전에 등재돼 있으나 발음이 명시돼 있지 않다. 이 때문에 적지 않은 발음의 혼란을 겪고 있으므로 이에 대한 조치가 필요하다.

광한루[광 : 할루]   대관령[대 : 괄령]

(2)   칼날[칼랄]   물난리[물랄리]   줄넘기[줄럼끼]

        할는지[할른지]

[붙임] 첫소리 'ㄴ'이 'ㅀ', 'ㄾ' 뒤에 연결되는 경우에도 이에 준한다.

닳는[달른]   뚫는[뚤른]   핥네[할레]

다만, 다음과 같은 단어들은 'ㄹ'을 [ㄴ]으로 발음한다.

의견란[의 : 견난]   임진란[임 : 진난]   생산량[생산냥]
결단력[결딴녁]   공권력[공꿘녁]   동원령[동 : 원녕]
상견례[상견녜]   횡단로[횡단노]   이원론[이 : 원논]
입원료[이붠뇨]   구근류[구근뉴]

제21항 위에서 지적한 이외의 자음동화는 인정하지 않는다.

감기[감 : 기](×[강 : 기])   옷감[온깜](×[옥깜])
있고[읻꼬](×[익꼬])   꽃길[꼳낄](×[꼭낄])
젖먹이[전머기](×[점머기])   문법[문뻡](×[뭄뻡])
꽃밭[꼳빧](×[꼽빧])

제22항 다음과 같은 용언의 어미는 [어]로 발음함을 원칙으로 하되, [여]로 발음함도 허용한다.

되어[되어/되여]   피어[피어/피여]

[붙임] '이오, 아니오'도 이에 준하여 [이요, 아니요]로 발음함을 허용한다.

제6장 경음화

제23항 받침 'ㄱ(ㄲ, ㅋ, ㄳ, ㄺ), ㄷ(ㅅ, ㅆ, ㅈ, ㅊ, ㅌ), ㅂ(ㅍ, ㄼ, ㄿ, ㅄ)' 뒤
  에 연결되는 'ㄱ, ㄷ, ㅂ, ㅅ, ㅈ'은 된소리로 발음한다.

국밥[국빱]	깎다[깍따]	넋받이[넉빠지]
삯돈[삭똔]	닭장[닥짱]	칡범[칙뻠]
뻗대다[뻗때다]	옷고름[옫꼬름]	있던[읻떤]
꽂고[꼳꼬]	꽃다발[꼳따발]	낯설다[낟썰다]
밭갈이[받까리]	솥전[솓쩐]	곱돌[곱똘]
덮개[덥깨]	옆집[엽찝]	넓죽하다[넙쭈카다]
읊조리다[읍쪼리다]		값지다[갑찌다]

제24항 어간 받침 'ㄴ(ㄵ), ㅁ(ㄻ)' 뒤에 결합되는 어미의 첫소리 'ㄱ, ㄷ, ㅅ,
  ㅈ'은 된소리로 발음한다.

신고[신 : 꼬]	껴안다[껴안따]	앉고[안꼬]
닮고[담 : 꼬]	삼고[삼 : 꼬]	더듬지[더듬찌]
얹다[언따]	젊지[점 : 찌]	

다만, 피동, 사동의 접미사 '-기-'는 된소리로 발음하지 않는다.

안기다	감기다	굶기다	옮기다

제25항 어간 받침 'ᆱ, ᆴ' 뒤에 결합되는 어미의 첫소리 'ㄱ, ㄷ, ㅅ, ㅈ'은 된소리로 발음한다.

넓게[널께]　　할다[할따]　　홅소[홀쏘]　　떫지[떨 : 찌]

제26항 한자어에서, 'ㄹ' 받침 뒤에 연결되는 'ㄷ, ㅅ, ㅈ'은 된소리로 발음한다.[108]

---

[108] 한자어의 경음화는 매우 복잡한 양상을 보이는데, 제26항은 그중 일부에 대해서만 언급하고 있다. 'ㄹ' 뒤의 'ㄷ, ㅅ, ㅈ'을 경음으로 발음하지 않는 '몰-지각, 미술-전, 별-도리, 수술-실, 열-전도, 쟁탈-전, 철물-점, 특별-석'과 같은 단어들이 있고, 'ㄹ' 뒤의 'ㄱ, ㅂ'도 된소리로 발음하는 '물건[-껀](법률 용어), 율격[-껵], 설법[-뻡]'과 같은 단어들이 있다. 그리고 '계절-상품, 교통-법규, 물물-교환, 분실-신고, 전공-과목, 초현실-주의'와 같이 앞말과 뒷말이 각각 2음절 이상일 때도 뒷말에 경음화가 일어나지 않는다. 이렇게 볼 때 제26항은, 일부 한자어의 경우 경음화가 잘못 적용될 우려가 있으므로 이에 대한 붙임말이 필요하다.

　　다른 한자어 뒤에 놓여 새 단어를 만들 때 '가(價), 권(圈), 권(權), 권(券)'은 항상 경음으로 발음하고 '건(件), 격(格), 법(法), 자(字), 장(狀), 장(帳), 점(點), 증(症)'은 정도에 차이는 있지만 경음으로 발음하는 예가 압도적으로 많으며, '과(果), 과(科), 과(課), 구(句), 급(級), 기(氣), 대(臺), 방(房), 병(病), 성(性), 세(稅), 수(數), 죄(罪), 증(證)'은 단어에 따라 경음으로 발음하기도 하고 그렇지 않기도 한다. 경음화가 일어나는 한자어들에서 한 가지 큰 경향성을 발견할 수는 있다. 예컨대 '가(價)'가 경음으로 발음되는 '감정가, 거래가, 고가, 대가, 물가, 시가, 액면가, 염가, 정가, 판매가, 할인가' 등은 모두 '어떤 값'의 유형을 뜻하는 단어들이다. '장(狀)'이 경음으로 발음되는 '감사장, 고발장, 상장, 소환장, 임명장, 초대장, 표창장' 등은 '어떤 증서'의 유형을 뜻하는 단어들이다. 반면 경음화하지 않는 '행장(行狀)'은 '누군가의 평생을 기록한 글'이라는 뜻을 가져 성격이 다르다고 할 수 있다. 즉, 어떤 단음절 한자어가 동일한 의미구조를 갖는 여러 단어의 끝에 공통적으로 나타나 그것이 복합어의 뒷말이라는 인식을 갖게 될

갈등[갈뜽]	발동[발똥]	절도[절또]
말살[말쌀]	불소[불쏘](弗素)	일시[일씨]
갈증[갈쯩]	물질[물찔]	발전[발쩐]
몰상식[몰쌍식]	불세출[불쎄출]	

다만, 같은 한자가 겹쳐진 단어의 경우에는 된소리로 발음하지 않는다.

허허실실[허허실실](虛虛實實)   절절-하다[절절하다](切切-)

제27항 관형사형 '-(으)ㄹ' 뒤에 연결되는 'ㄱ, ㄷ, ㅂ, ㅅ, ㅈ'은 된소리로 발음한다.[109]

할 것을[할꺼슬]	갈 데가[갈떼가]	할 바를[할빠를]
할 수는[할쑤는]	할 적에[할쩌게]	갈 곳[갈꼳]

때 경음으로 발음하는 경향이 있다.

그러나 '가(家), 계(界), 실(室), 장(場), 전(展), 점(店)' 등은 동일한 환경에 있으면서도 경음으로 발음하지 않고, '단(團), 상(商), 자(者)'는 'ㄹ' 뒤에서만 경음으로 발음한다. '적(的)'은 항상 경음으로 발음하지만 앞말이 2음절일 때 경음으로 발음하지 않는다. 그런가 하면 의미구조가 같으면서도 발음이 다른 '광기[-끼], 산기[-끼], 윤기[-끼], 냉기, 노기, 살기, 열기, 온기', '재산세[-쎄], 토지세[-쎄], 주세', '수료증[-쯩], 신분증[-쯩], 영수증'과 같은 예들이 상당수 있다. 이처럼 한자어의 경음화는 음운론적으로나 형태론적으로 조건화하여 규정할 수 없는 상태에 있으므로, 개별 어휘의 발음을 사전에서 확인하는 것이 최선이다.

109) 관형사형 어미의 옛 형태가 '-(으)ㅭ'이었기 때문에 뒤따르는 'ㄱ, ㄷ, ㅂ, ㅅ, ㅈ'을 된소리로 발음하게 되었다는 점은 '한글 맞춤법' 제53항 각주 134)에서 설명되었다. 용언의 관형사형과 명사가 결합하여 만들어진 합성어 '길-짐승, 날-짐승, 디딜-방아, 땔-감, 뺄-셈, 열-쇠, 자물-쇠, 죽을-죄' 등에서 뒷말의 첫소리를 된소리로 발음하는 것도 이 때문이다.

할 도리[할또리]   만날 사람[만날싸람]

다만, 끊어서 말할 적에는 예사소리로 발음한다.

[붙임] '-(으)ㄹ'로 시작되는 어미의 경우에도 이에 준한다.

할걸[할껄]   할밖에[할빠께]
할세라[할쎄라]   할수록[할쑤록]
할지라도[할찌라도]   할지언정[할찌언정]
할진대[할찐대]

제28항 표기상으로는 사이시옷이 없더라도, 관형격 기능을 지니는 사이시옷
이 있어야 할(휴지가 성립되는) 합성어의 경우에는, 뒤 단어의 첫소리 'ㄱ,
ㄷ, ㅂ, ㅅ, ㅈ'을 된소리로 발음한다.110)

---

110) 두 명사가 연결될 때 앞말이 뒷말의 의미를 한정하는 관형사적 기능을 하
    면, 앞말과 뒷말 사이에 사잇소리가 개재되는 현상이 있다. 이때 앞말이
    모음으로 끝나면 사이시옷을 받쳐 적고 그렇지 않으면 사이시옷을 받쳐
    적지 않는다. 합성어의 사잇소리 현상과 사이시옷 표기에 대해서는 '한글
    맞춤법' 제30항 각주 89)에서 설명되었다.
        그런데 '관형격 기능을 지니는 사이시옷이 있어야 할 합성어'의 경우에
    도 뒷말의 첫소리를 된소리로 발음하지 않는 단어들이 상당히 많으므로,
    제28항에는 이에 대한 붙임말이 필요하다. 예를 들어 관형격 조사로 이어
    질 수 있는 단어 중에 '강-가, 눈-동자, 문-고리, 발-바닥, 창-살'은 경음화
    하고 '말-굽, 바늘-귀, 버들-가지, 범-가죽'은 그렇지 않다. '~로 만든 ~'
    와 같은 관계를 갖는 단어 중에 '눈-사람, 된장-국, 토란-국'은 경음화하고
    '돌-다리, 쌀-밥, 콩-기름, 털-장갑'은 그렇지 않다. '비빔-밥[빱], 볶음-밥',
    '강-바람[빠람], 솔-바람', '문간-방[빵], 사랑-방' 등도 의미 관계는 서로
    같은데 단어에 따라 경음화하기도 하고 그렇지 않기도 한다. 그러므로 사

문-고리[문꼬리]	눈-동자[눈똥자]	신-바람[신빠람]
산-새[산쌔]	손-재주[손째주]	길-가[길까]
물-동이[물똥이]	발-바닥[발빠닥]	굴-속[굴 : 쏙]
술-잔[술짠]	바람-결[바람껼]	그믐-달[그믐딸]
아침-밥[아침빱]	잠-자리[잠짜리]	강-가[강까]
초승-달[초승딸]	등-불[등뿔]	창-살[창쌀]
강-줄기[강쭐기]		

제7장 음의 첨가

제29항 합성어 및 파생어에서, 앞 단어나 접두사의 끝이 자음이고 뒤 단어
나 접미사의 첫음절이 '이, 야, 여, 요, 유'인 경우에는, 'ㄴ' 음을 첨가하여
[니, 냐, 녀, 뇨, 뉴]로 발음한다.111)

전에서 발음을 확인하는 일이 중요하다.

111) '한글 맞춤법' 제30항 각주 95)에서 언급하였듯이, 기원적으로 어두에 'ㄴ'
을 가졌던 단어들은 복합어의 뒷말이 된 경우 [ㄴ] 발음이 드러난다. 그런
데 복합어의 뒷말에 [ㄴ]이 덧나는 현상은, 역사적으로 이전 시기에 어두
'ㄴ'을 가졌었는가에 상관없이 광범위하게 일어나고 있다. 특히 '렬(列), 륜
(倫), 륙(六)'처럼 첫소리로 'ㄹ'을 가진 한자어가 뒷말이 될 때 두음 법칙
이 적용된 자리에 [ㄴ]이 첨가되는 양상을 보인다. '직행-열차[널-], 국민-
윤리[뉼-], 16,[-뉵] 106[-뉵]' 등이 그러하다. 제29항은 이에 대한 규정이다.
이 규정에 따를 때, [ㄴ] 첨가는 고유어든 한자어든 복합어의 뒷말에만
일어나고 뒷말의 자립성 여부와는 무관하다. 따라서 한자어의 경우 [ㄴ]
첨가가 일어나는 '내복-약, 반신-욕, 산림-욕, 색-연필, 서울-역, 시험-용,
식용-유, 영업-용, 응급-약, 장-염, 직행-열차, 편도선-염, 휘발-유' 등과
[ㄴ]이 첨가되지 않는 '감염, 경유, 공용, 금연, 독약, 등용, 목욕, 발육, 복
용, 석유, 식용, 신약, 안약, 연인, 인연, 절약, 족욕, 증인, 촬영, 한약, 활약,

솜-이불[솜 : 니불]   홑-이불[혼니불]

막-일[망닐]   샛-일[상닐]

맨-입[맨닙]   꽃-잎[꼰닙]

내복-약[내 : 봉냑]   한-여름[한녀름]

남존-여비[남존녀비]   신-여성[신녀성]

색-연필[생년필]   직행-열차[지캥녈차]

늑막-염[능망념]   콩-엿[콩녇]

담-요[담 : 뇨]   눈-요기[눈뇨기]

영업-용[영엄뇽]   식용-유[시굥뉴]

국민-윤리[궁민뉼리]   밤-윳[밤 : 눋]

다만, 다음과 같은 말들은 'ㄴ' 음을 첨가하여 발음하되, 표기대로 발음할
수 있다.

이죽-이죽[이중니죽/이주기죽]   야금-야금[야금냐금/야그먀금]

검열[검 : 녈/거 : 멸]   욜랑-욜랑[욜랑뇰랑/욜랑욜랑]

금융[금늉/그뮹]

[붙임 1] 'ㄹ' 받침 뒤에 첨가되는 'ㄴ' 음은 [ㄹ]로 발음한다.112)

혼인, 훈육, 흡연' 등의 차이는, 복합어라는 인식이 얼마나 뚜렷한가에 있
다고 하겠다. '쉬는 요일[뇨일]'과 '월요일, 목요일, 금요일'의 차이도 그렇
게 볼 수 있다. 성과 이름도 두 개의 의미 단위이므로 성과 이름 사이에는
[ㄴ]을 첨가하고 이름 안에는 [ㄴ]을 첨가하지 않는 것이 바른 발음이다.
예를 들어 '신-영희[신녕히], 김-신영[김시녕]'과 같다.

112) 이것은 제20항의 '칼날[칼랄], 물난리[물랄리]'와 같은 것으로, '들-일→[들
닐]→[들릴]'과 같은 과정으로 발음된다.

들-일[들 : 릴]	솔-잎[솔립]	설-익다[설릭따]
물-약[물략]	불-여우[불려우]	서울-역[서울력]
물-엿[물렫]	휘발-유[휘발류]	유들-유들[유들류들]

[붙임 2] 두 단어를 이어서 한 마디로 발음하는 경우에도 이에 준한다.113)

한 일[한닐]	옷 입다[온닙따]
서른여섯[서른녀섣]	3 연대[삼년대]
먹은 엿[머근녇]	할 일[할릴]
잘 입다[잘립따]	스물여섯[스물려섣]
1 연대[일련대]	먹을 엿[머글렫]

다만, 다음과 같은 단어에서는 'ㄴ(ㄹ)' 음을 첨가하여 발음하지 않는다.114)

6 · 25[유기오]	3 · 1절[사밀쩔]
송별-연[송 : 벼련]	등-용문[등용문]

제30항 사이시옷이 붙은 단어는 다음과 같이 발음한다.115)

---

113) 두 단어를 이어서 발음하는 예를 보면 '공간 예술[공간녜술], 먼 옛날[먼녠
날], 그런 얘기[그런내기], 옛 얘기[옌내기]'와 같이 뒷말이 'ㅖ, ㅐ'인 경우
에도 [ㄴ] 첨가가 일어난다.
114) 수사의 경우 '16[-뉵], 106[-뉵], 1006[-뉵]'에는 [ㄴ]이 첨가되나 '12[시비],
102[배기], 1002[처니]'는 그렇지 않다. 그리고 '늙은-이, 어린-이, 젊은-이',
'건국-이념, 몰-인정, 불-연속, 3-연패, 순-이익, 역-이용, 영업-이익', '고
발-인, 고용-인, 유명-인, 추천-인', '눈-인사, 첫-인사, 첫-인상', '마감-일,
국경-일', '회갑-연' 등에는 [ㄴ]이 첨가되지 않는다. 그러므로 규범만으로
단어의 발음을 예측할 수 없고, 사전을 통해 이를 확인하는 일이 필요하다.
115) 사이시옷이 붙은 단어의 발음에 대해 굳이 별도의 항목을 두어 규정하는

1. 'ㄱ, ㄷ, ㅂ, ㅅ, ㅈ'으로 시작하는 단어 앞에 사이시옷이 올 때는 이들 자음만을 된소리로 발음하는 것을 원칙으로 하되, 사이시옷을 [ㄷ]으로 발음하는 것도 허용한다.

냇가[내 : 까/낻 : 까] 샛길[새 : 낄/샏 : 낄]
빨랫돌[빨래똘/빨랟똘] 콧등[코뜽/콛뜽]
깃발[기빨/긷빨] 대팻밥[대 : 패빱/대 : 팯빱]
햇살[해쌀/핻쌀] 뱃속[배쏙/밷쏙]
뱃전[배쩐/밷쩐] 고갯짓[고개찓/고갣찓]

2. 사이시옷 뒤에 'ㄴ, ㅁ'이 결합되는 경우에는 [ㄴ]으로 발음한다.

콧날[콛날→콘날] 아랫니[아랟니→아랜니]
툇마루[퇻 : 마루→퇸 : 마루] 뱃머리[밷머리→밴머리]

3. 사이시옷 뒤에 '이' 음이 결합되는 경우에는 [ㄴㄴ]으로 발음한다.[116]

베갯잇[베갣닏→베갠닏] 깻잎[깯닙→깬닙]
나뭇잎[나묻닙→나문닙] 도리깻열[도리깯녈→도리깬녈]
뒷윷[뒫 : 뉻→뒨 : 뉻]

것은, 제23항과 제30항 1의 발음이 같지 않기 때문이다. 앞말의 받침이 'ㅅ'인 단어를 예로 들어 보자. 제23항에 예시된 '옷고름'은 '옷'과 '고름'이 연결된 단어이므로 당연히 [옫꼬름]으로 발음한다. 그런데 제30항의 '냇가'는 '내'와 '가'가 연결될 때 뒷말이 된소리로 발음되기 때문에 'ㅅ'을 받쳐 적은 단어이다. 즉 '내-가'의 발음은 [내까]인데 여기에 사이시옷을 적어 '냇가'로 표기하게 되면서 그 형태를 통해 '냇가[낻까]'로도 발음하게 된다.

[116] '"이' 음이 결합되는 경우"란 뒷말이 '이, 야, 여, 요, 유, 얘, 예'로 시작한다는 뜻이다.

1. 기존 표준어와 뜻이 같으면서 더 널리 쓰이는 형태

〈기존 표준어〉	〈추가된 표준어〉
고운대	토란대(土卵-)
만날	맨날
목물	등물
묏자리	묫자리(墓자리)
복사뼈	복숭아뼈
세간	세간살이
자장면	짜장면
태견	택견
토담	흙담
품세	품새
허섭스레기	허접쓰레기
횡허케	횡하니
간질이다	간지럽히다
남우세스럽다	남사스럽다

---

117) 2011년 8월 31일에 국립국어원은 그동안 비표준어로 간주하던 39개의 단어를 표준어로 인정했다. 사전에서는 비표준어로 처리되었지만 기존의 표준어보다 일반에 더 널리 알려져 있기 때문이다. 다만, 새 형태를 인정하는 데서 올 수 있는 사회적 혼란을 최소화하기 위하여 기존 형태는 쓰임이 거의 없더라도 여전히 표준어로 두었다.

쌉싸래하다	쌉싸름하다

2. 기존 표준어와 어감이 다르면서 더 널리 쓰이는 형태

〈기존 표준어〉	〈추가된 표준어〉
연방	연신
맨송맨송	맨숭맨숭/맹숭맹숭
바동바동	바둥바둥
아옹다옹	아웅다웅
오순도순	오손도손
거치적거리다	걸리적거리다
끼적거리다	끄적거리다
두루뭉술하다	두리뭉실하다
새치름하다	새초롬하다
야멸치다	야멸차다
찌뿌듯하다	찌뿌둥하다
치근거리다	추근거리다

3. 기존 표준어와 뜻이 달라 새로운 단어로 인정된 형태

〈기존 표준어〉	〈추가된 표준어〉
날개(일상적)	나래(문학적)
냄새(일상적)	내음(문학적)

눈초리(눈의 표정)   눈꼬리(눈의 가장자리)

뜰(일상적)   뜨락(문학적)

먹을거리   먹거리

손자   손주(손자와 손녀를 통칭)

괴발개발   개발새발

떨어뜨리다(물건을 ～)   떨구다(고개/눈물/시선을 ～)

메우다(빈 곳을 ～)   메꾸다(부족한 것을 ～)

어수룩하다(순박함)   어리숙하다(어리석음)

-기에(문어적)   -길래(구어적)

참고자료 ⑭ 잘못 쓰기 쉬운 말

<u>가열차게</u> 밀어붙입시다.	가열(苛烈)하게
담배 한 <u>가치</u> 피울 시간이 없다.	개비
비가 오더니 금세 날이 <u>개였다.</u>	개었다/갰다
안방과 <u>건넛방</u> 사이에 대청이 있다.	건넌방
<u>건데기</u>는 없고 국물만 멀겋다.	건더기
넘어지면서 팔목을 <u>겹질렀다.</u>	-이 겹질렀다.
<u>개나리봇짐</u>을 멘 나그네.	괴나리봇짐
떨어지면서 땅바닥에 <u>곤두박혔다.</u>	곤두박였다
이대로 두면 상처가 <u>곪기겠어요.</u>	곰기겠어요
얼굴이 희고 <u>곱상스럽다.</u>	곱살스럽다118)
<u>괜시리</u> 눈물이 나더라.	괜스레119)
잘 <u>구슬러서</u> 같이 가도록 해봐.	구슬려서
미리 <u>귀뜸</u>이라도 해 줘야지.	귀띔
아이에게 <u>귀후비개</u>를 주지 마세요.	귀이개
한바탕 <u>그리고</u> 나서 휙 나가버렸어.	그러고
햇볕에 <u>그슬어서</u> 새카만 얼굴.	그을어서120)

---

118) '곱상하다, 곱살하다'는 둘 다 인정한다.
119) '공연스레'와 같은 뜻이다.
120) '그을다'는 자동사로 '햇볕이나 연기, 불 따위를 오래 쬐어 검게 되다'는 뜻
   으로 '연기에 천장이 그을었다.'와 같이 쓴다. 이것의 피동·사동형은 '그
   을리다'로 '햇볕에 피부가 그을렸다. 햇볕에 살짝 그을리면 얼굴이 건강해

털을 불에 살짝 <u>그을어서</u> 비빈다.	그슬어서121)
<u>그제서야</u> 내 말을 알아듣고 웃었다.	그제야
소문이 <u>금새</u> 온 동네로 퍼졌다.	금세(今時에)
위대한 장인정신이 <u>깃들여</u> 있다.	깃들어
성격이 너무 <u>까탈스러워</u>.	까다로워
빈 속에 <u>깡술</u>을 마셔 댔다.	강술
토끼가 <u>깡총깡총</u> 뛰어 간다.	깡충깡충
그림이 <u>꺼꾸로</u> 걸려 있다.	거꾸로
친구를 <u>꼬셔서</u> 같이 갔다.	꼬여서/꾀어서
농악대는 꽃을 단 <u>꼬깔</u>을 썼다.	고깔
친구들의 <u>꾀임</u>에 빠졌다.	꾐에
순식간에 가방을 <u>나꿔챘다</u>.	낚아챘다
너무 <u>나무래지</u> 마세요.	나무라지
<u>내노라하는</u> 전문가들이 모두 모였다.	내로라하는122)
회원을 좀 더 <u>늘여야</u> 한다.	늘려야
반 박 정도 박자를 <u>늘였다</u>.	늘렸다
식구가 <u>단출</u>해서 김장도 조금만 해요.	단출
깍두기 <u>담구느라고</u> 바빴어요.	담그느라고
파김치를 좀 <u>담궈</u> 보려고요.	담가

보인다.'와 같이 쓴다.

121) '그슬다'는 '불에 쬐어 겉만 약간 타게 하다'는 뜻을 가진 타동사로 '오징어 를 불에 그슬다.'와 같이 쓴다. 이것의 피동·사동형은 '그슬리다'로 '담뱃 불에 옷자락이 그슬리다. 촛불에 머리카락이 그슬리다.'와 같이 쓴다.

122) '내로라하다'는 '어떤 분야를 대표할 만하다.'는 뜻으로 1인칭 대명사 '나'가 쓰인 단어인데 '나-이로라-하다'로 구성된 복합어이다.

담배에 불을 <u>당겨</u> 물었다.	댕겨123)
담쟁이 <u>덩쿨</u>이 운치가 있다.	덩굴/넝쿨
곁에서 오히려 화를 <u>돋군다</u>.	돋운다124)
제주도에서 보는 <u>돌하루방</u>.	돌하르방125)
오는 길에 서점에 <u>들렀어</u>.	들렀어
그 댁에 너무 자주 <u>들리지</u> 마.	들르지
일단 <u>들쳐업고/둘쳐업고</u> 뛰었다.	둘러업고
구렁이가 <u>또아리</u>를 틀고 있다.	똬리
포플러를 <u>미류나무</u>라고 해요.	미루(美柳)나무
정류장까지 <u>바라다</u> 줘.	바래다
빛 <u>바란</u> 사진 한 장.	바랜
꼭 성공하길 <u>바래요</u>.	바라요
어머니의 <u>바램대로</u> 될 거예요.	바람대로
나이가 들수록 머리가 <u>벗겨진다</u>.	벗어진다
<u>봉숭화</u> 꽃물이 예쁘게 들었다.	봉선화/봉숭아
서로 <u>부주금</u>을 주고 받는다.	부조금(扶助金)
거울에 <u>비쳐</u> 본다.	비춰

---

123) '댕기다'는 '불이 옮아 붙다. 불이 옮아 붙게 하다'는 뜻으로 '담배에 불을 댕기다. 호기심에 불을 댕겼다.'와 같이 쓴다. 반면 '당기다'는 '건조해서 피부가 당긴다. 입맛이 당긴다. 줄을/방아쇠를 당긴다. 날짜를 앞으로 당긴다. 의자를 당겨 앉는다.'와 같이 쓰고 '땅기다'는 '옆구리가 땅기면서 아프다.'와 같이 쓴다.

124) '돋구다'는 '높게 하다'는 뜻으로 '안경의 도수를 돋구다.'와 같은 경우에 쓰인다. '돋우다'는 '돋다(도드라지다, 높아지다. 생겨나다)'의 사동사로 '심지를 돋우다. 바닥을 돋우다. 목청을 돋우다. 식욕을 돋우다'와 같이 쓰인다.

125) '하르방'은 '할아버지'의 제주 방언이다.

위원장이 사의를 <u>비췄다</u>.	비쳤다
속살이 <u>비춰</u>는 옷.	비치는
공공장소에서 흡연을 <u>삼가합시다</u>.	삼갑시다
너무 <u>서둘었다가</u> 낭패를 봤다.	서둘렀다가
날이 <u>개이면</u> 출발하자.	개면
<u>목메이게</u> 불러 봅니다.	목메게
<u>설레이는</u> 마음으로 기다렸다.	설레는
작은 <u>삭월세</u> 방을 찾는다.	사글세
귓속말로 <u>소근거렸다</u>.	소곤거렸다
어린 시절의 <u>소꼽놀이</u> 친구.	소꿉
서둘면 실수하기 <u>쉽상</u>이지.	십상(十常)
타고난 재주를 <u>썩이고</u> 있다.	썩히고
아들 녀석이 얼마나 속을 <u>썩히는지</u> 몰라.	썩이는지
<u>아지랭이</u>가 피어오르는 봄.	아지랑이
<u>알타리무</u>로 김치를 담근다.	총각(總角)무
<u>애닲은</u> 사연들이 많다.	애달픈
왜 <u>엄한</u> 사람한테 소리를 지르니?	애먼
살을 <u>에이는</u> 추위가 기승을 부린다.	에는
그 고을에는 <u>옛부터</u> 충신이 많았다.	예부터
어떤 것이 <u>옳바른</u> 길인지 생각해봐.	올바른
<u>우뢰</u>와 같은 박수 소리	우레
어린 아이들의 돈을 <u>울궈낸다</u>.	우려낸다
<u>으례</u> 있을 수 있는 일이다.	으레

잔전이 필요해서 가게에 들렀다.   잔돈

현관문 잘 잠구고 와.   잠그고

내가 잘 잠궜어.   잠갔어

흡연실에는 재털이가 있습니다.   재떨이

왜 이렇게 주책이니?   주책없니?

대충 짜집기를 한 수준이다.   짜깁기

음식 찌그러기에 주의합시다.   찌꺼기/찌끼

성당의 천정이 참 높다.   천장(天障)

얼마나 맞았는지 초죽음이 됐다.   초주검

마음을 잘 추스려야 합니다.   추슬러야

몸과 마음을 추스릴 시간이 필요해.   추스를

제대로 값을 치루고 와야지.   치르고

실수한 대가를 톡톡히 치뤘습니다.   치렀습니다

고구마를 통채로 구웠다.   통째

우리 강아지는 수놈인데 트기야.   튀기

하마트면 큰일 날 뻔했다.   하마터면

남을 해꼬지해서는 안 된다.   해코지

허위대만 멀쩡하다.   허우대

이런 호로자식 같으니라고!   호래자식

그가 사람을 홀리는 재주에 모두 홀렸다.   호리는

초점 없이 흐리멍텅한 눈으로 앉아 있다.   흐리멍덩한

외래어 표기법

　'외래어'는 '외국어에서 들어와 우리말처럼 쓰이는 말'을 가리킨다. 외국어에서 들어온 말 가운데 그것이 외국어에서 온 말이라는 의식 없이 고유어처럼 여겨지는 말들은 '귀화어(歸化語)'라고 부른다. '고무, 고추, 담배, 먹, 부처, 붓' 등이 여기에 속한다. 한편 외국어에서 온 말임을 인식하지만 완전히 우리말의 일부가 되어 쓰이는 것은 '차용어(借用語)'라고 하여 구별하는데, '뉴스, 라디오, 볼펜, 샌들, 컴퓨터' 등이 여기에 속한다.

　귀화어와 차용어는 모두 국어사전에 표제어로 등재돼 있다. 그러므로 이 단어들을 한글로 쓸 때는 새삼스럽게 어떤 표기 규칙을 적용할 필요가 없다. 표기의 규칙이 필요한 것은, 외국어에서 새로이 들어와 우리말에 널리 쓰이기 시작한 것으로, 아직 완전하게 우리말이 된 것은 아니지만 우리의 일상 언어생활에서 널리 쓰이고 있는 말들이다. 여러 언어권의 인명과 지명, 특정 자연물이나 자연 현상, 동식물명, 광물명, 질병 이름, 특산물명, 사회·역사적 사건이나 현상, 각종 공산품명 등이 여기에 속한다.

　외래어 표기법의 시초는 1940년 조선어학회가 제정한 '외래어 표기법 통일안'이다. 1958년에 국가 차원에서 '로마자의 한글화 표기법'이 마련됐고 현행 '외래어 표기법'은 1986년에 제정된 것이다. 1986년의 법에서는 '영어, 독일어, 프랑스어, 에스파냐어, 이탈리아어, 일본어, 중국어'에 대한 표기 일람표와 표기 세칙이 규정되었다. 그 후 1992년에 '폴란드어, 체코어, 세르보크로아트어, 루마니아어, 헝가리어'에 대한 표기 세칙을 실은 '외래어 표기 용례집(동구권 지명·인명)'이 나왔고, 1995년에 '스웨덴어, 노르웨이어, 덴마크어'에 대한 표기 세칙을 실은 '외래어 표기 용례집(북구권 지명·인명)'이 나왔다. 2004년에는 '말레이인도네시아어, 타이어, 베트남어'에 대한 표기 세칙을 실은 '동남아시아 3개 언어 외래어 표기 용례집'이, 2005년에는 '포르투갈어, 네덜란드어, 러시아어'에 대한 표기 세칙을 실은 '외래어 표기 용례집'이 나왔다. 그래서 현재 '외래어 표기법'은 18개 언어에 대한 표기 일람표와 21개 언어에 대한 표기 세칙을 담고 있다.

'외래어 표기법'은 <그림 3>과 같은 내용으로 구성되어 있다. 제1장에서 모든 외래어에 적용되는 표기의 기본 원칙을 밝히고, 제2장에서 언어권별 외래어의 한글 표기 지침을 18개의 표기 일람표로 제시한다. 제3장은 언어권별 표기 지침이 구체적으로 어떻게 적용되는지 보이기 위해, 자모의 음성학적 특질과 음운 환경에 따른 표기 세칙을 제시한다. 제4장은 인명과 지명, 바다·섬·강·산 등의 자연 지물에 대한 표기 원칙을 제시한다.

이 책에서는 독자들이 좀 더 효율적으로 규범의 내용을 이해할 수 있도록 하기 위해, 제2장과 제3장을 분리하지 않고 제2장의 표기 일람표와 그것에 대응되는 제3장의 표기 세칙을 언어권별로 묶어 제시하였다. 그리고 이 장의 말미에는 '참고자료'를 두어, 일상에서 보편적으로 사용되는 단어를 중심으로 330여 개의 외래어 표기를 예시하였다.

문교부 교시 제85-11 호(1986. 1. 7.)

문화부 고시 제1992-31 호(1992. 11. 27.)

문화체육부 고시 제1995-8 호(1995. 3. 16.)

문화관광부 고시 제2004-11 호(2004. 12. 20.)

문화관광부 고시 제2005-32 호(2005. 12. 28.)

외래어 표기법

제1장 표기의 기본 원칙

제2장 표기 일람표

　　[표 1] 국제음성기호와 한글 대조표

　　[표 2] 에스파냐어 자모와 한글 대조표

　　[표 3] 이탈리아어 자모와 한글 대조표

　　[표 4] 일본어의 가나와 한글 대조표

　　[표 5] 중국어의 주음부호와 한글 대조표

　　[표 6] 폴란드어 자모와 한글 대조표

　　[표 7] 체코어 자모와 한글 대조표

　　[표 8] 세르보크로아트어 자모와 한글 대조표

　　[표 9] 루마니아어 자모와 한글 대조표

　　[표10] 헝가리어 자모와 한글 대조표

　　[표11] 스웨덴어 자모와 한글 대조표

　　[표12] 노르웨이어 자모와 한글 대조표

　　[표13] 덴마크어 자모와 한글 대조표

　　[표14] 말레이인도네시아어 자모와 한글 대조표

　　[표15] 타이어 자모와 한글 대조표

　　[표16] 베트남어 자모와 한글 대조표

　　[표17] 포르투갈어 자모와 한글 대조표

　　[표18] 네덜란드어 자모와 한글 대조표

제1장 표기의 기본 원칙

제1항 외래어는 국어의 현용 24자모만으로 적는다.[1]

제2항 외래어의 1음운은 원칙적으로 1기호로 적는다.[2]

제3항 받침에는 'ㄱ, ㄴ, ㄹ, ㅁ, ㅂ, ㅅ, ㅇ'만을 쓴다.[3]

---

1) 현용 24자모는 '한글 맞춤법' 제4항에서 밝힌 것으로, 자음 14자(ㄱ, ㄴ, ㄷ, ㄹ, ㅁ, ㅂ, ㅅ, ㅇ, ㅈ, ㅊ, ㅋ, ㅌ, ㅍ, ㅎ)와 모음 10자(ㅏ, ㅑ, ㅓ, ㅕ, ㅗ, ㅛ, ㅜ, ㅠ, ㅡ, ㅣ)를 뜻한다. 외래어는 우리나라에서 우리가 쓰는 말이므로, 현재 우리말을 표기하는 데 사용하는 한글 문자만으로 적는다는 원칙이다.
2) 지구상의 수많은 언어들 가운데 동일한 자음·모음 체계를 지닌 언어는 없다. 우리말에 쓰이는 음운이 외국어들에 쓰이지 않거나 여러 외국어에 쓰이는 음운이 우리말에 쓰이지 않는 일이 있다. 그러므로 외래어를 한글로 표기할 때 그 원지음에 가장 가깝다고 판단되는 한글 문자를 쓰지만, 한 한글 문자로 서로 다른 두 원지음을 표기하는 일이 생긴다. 예를 들어, 자음 'b'와 'v'를 둘 다 'ㅂ'으로 표기하고 모음 'ɔ'와 'o'를 둘 다 'ㅗ'로 표기하는 일이 그러하다.

  중요한 것은, 외래어의 '음운(즉 소리)'을 한글 문자로 표기한다는 점이다. 로마자로 표기된 단어들은 같은 글자라고 해도 언어권에 따라 소리가 다르고 한 언어 안에서도 단어에 따라 소리가 다르다. 예를 들어 영어 'van[væn](밴), John[dʒɑn/dʒɔn](존), web[web](웹)'과 독일어 'van[fan](판), Johann[johan](요한), wald[valt](발트)'에 사용된 로마자 'v, j, w'의 발음이 같지 않고, 영문자 'a'는 단어에 따라 'ball[bɔ : l](볼), cat[kæt](캣), central[séntrəl](센트럴), father[fá : ðər](파더), table[teibəl](테이블)'과 같이 발음이 다르다. 그러므로 글자에 현혹되어 발음을 잘못 인식함으로써 잘못된 표기를 하게 되는 일이 없도록 주의해야 한다.
3) 외래어는 차용된 언어의 음운 체계와 음절 구조에 맞게 변화된다. 우리말은 7개의 자음 'ㄱ, ㄴ, ㄷ, ㄹ, ㅁ, ㅂ, ㅇ'만 받침소리로 발음되므로, 외래어도 7개의 받침소리만 가능하다. 그런데 외래어를 표기할 때는 받침소리로 'ㄷ'

제4항 파열음 표기에는 된소리를 쓰지 않는 것을 원칙으로 한다.4)

제5항 이미 굳어진 외래어는 관용을 존중하되, 그 범위와 용례는 따로 정한
　다.5)

이 아닌 'ㅅ'을 쓴다. 예를 들어, 영어 'Hamlet[hæmlit]'은 '햄릳'으로 표기할
때 원지음에 가장 가깝게 여겨진다. 그런데 이 단어는 모음으로 시작하는 조
사 '이, 은, 을' 등과 결합할 때 '[햄리시], [햄리슨], [햄리슬]'과 같이 [ㄷ] 받
침이 아닌 [ㅅ] 받침으로 발음 난다. 따라서 '햄릳'이 아닌 '햄릿'으로 표기한
다. 이는 모음 앞에 드러난 소리를 단어의 기본형으로 삼는 일반적인 원리를
따른 것이다. '디스켓(diskette), 로켓(rocket), 로봇(robot), 인터넷(internet), 캐
럿(carat), 트럼펫(trumpet), 파일럿(pilot), 포켓(pocket)' 등이 모두 그러하다.

4) 원칙적으로 파열음 된소리 'ㄲ, ㄸ, ㅃ'을 외래어 표기에 쓰지 않는다. 유
성·무성의 대립이 있는 언어를 한글로 표기할 때 유성음은 평음 'ㄱ, ㄷ,
ㅂ'으로 적고 무성음은 격음 'ㅋ, ㅌ, ㅍ'으로 적는다. 언어에 따라 무성음이
우리말의 경음에 가깝게 들리기도 하고 격음에 가깝게 들리기도 하는데 어
느 쪽도 원지음과 정확하게 일치하는 것은 아니기 때문에, 표기의 간결성과
체계성을 위해 모두 격음으로 통일하여 적기로 한다. 파열음 된소리를 표기
에 사용하는 것은 베트남어와 타이어에 국한되는데, 베트남어는 'ㅋ-ㄲ, ㄷ-
ㅌ-ㄸ, ㅂ-ㅍ-ㅃ' 소리를 구별하고 타이어는 'ㄱ-ㅋ-ㄲ, ㄷ-ㅌ-ㄸ, ㅂ-ㅍ
-ㅃ'을 구별하기 때문이다. 마찰음 된소리 'ㅆ'과 파찰음 된소리 'ㅉ'을 표기
에 사용하는 것도 중국어, 베트남어, 타이어에 한정된다. 중국어는 'ㅅ-ㅆ,
ㅈ-ㅊ-ㅉ' 소리를 구별하고 베트남어는 'ㅅ-ㅆ, ㅈ-ㅉ'을 구별하며 타이어
는 'ㅊ-ㅉ'을 구별하기 때문이다.
　영어 '가스(gas), 가운(gown), 게임(game), 골인(goal-in), 댐(dam), 더블
(double), 배지(badge), 백(bag), 버스(bus), 사우나(sauna), 사이트(site), 서비
스(service), 쇼(show), 시즌(season), 재즈(jazz)' 등의 첫소리를 된소리로 발음
하는 경향이 압도적이지만 된소리로 적지 않는 것은 이 때문이다. 다만, 오래
된 관용적 표기를 그대로 인정한 '껌(gum), 바께쓰(byaketsu일←bucket), 빤
쓰(pansu일←pants), 빨치산(partisan露), 빵(pão포), 삐라(pira일←bill), 샤
쓰(shirts), 조끼(chokki일←jacket), 짬뽕(champon일), 히로뽕(hiropon일←
Philopon)' 등은 예외이다.

제2장 표기 일람표·제3장 표기 세칙

외래어는 [표 1~19]에 따라 표기한다.

표기 일람표 [1] 국제음성기호와 한글 대조표

자음			반모음		모음	
국제 음성기호	한글		국제 음성기호	한글	국제 음성기호	한글
	모음 앞	자음 앞, 어말				
p	ㅍ	ㅂ, 프	j	이*	i	이
b	ㅂ	브	ɥ	위	y	위
t	ㅌ	ㅅ, 트	w	오, 우*	e	에
d	ㄷ	드			ø	외
k	ㅋ	ㄱ, 크			ɛ	에
g	ㄱ	그			ɛ̃	앵
f	ㅍ	프			œ	외
v	ㅂ	브			œ̃	욍

---

5) 예를 들어 'bag[bæg], bat[bæt], check[tʃek], club[klʌb], hip[hip], job[dʒɑb], nut[nʌt], radio[réidiòu], set[set], web[web]'을 현행 '영어 표기 세칙'에 따라 적으면 '배그, 뱃, 첵, 클러브, 힙, 자브, 넛, 레이디오, 셋, 웨브'가 된다. 그러나 이들은 기존의 관용적 발음과 표기를 존중하여 '백, 배트, 체크, 클럽, 히프, 잡, 너트, 라디오, 세트, 웹'으로 적도록 하고 있다. 이처럼 현행 표기 원칙을 적용하지 않고 기존의 관용적 표기를 인정하는 외래어들이 상당수 있다. 국어연구소가 '외래어 표기 용례집(지명·인명)(1986년)'과 '외래어 표기 용례집(일반 용어)(1988년)'을 펴낸 바 있으나, 관용적 표기를 인정하는 외래어의 범위와 용례에 대한 규정이 아직 고시되지 않아 일반인들의 표기 혼란이 지속되고 있으므로 이에 대한 조치가 하루빨리 이루어져야 하겠다.

θ	ㅅ	스			æ	애
ð	ㄷ	드			a	아
s	ㅅ	스			ɑ	아
z	ㅈ	즈			ã	앙
ʃ	시	슈, 시			ʌ	어
ʒ	ㅈ	지			ɔ	오
ts	ㅊ	츠			ɔ̃	옹
dz	ㅈ	즈			o	오
tʃ	ㅊ	치			u	우
ʤ	ㅈ	지			ə**	어
m	ㅁ	ㅁ			ɚ	어
n	ㄴ	ㄴ				
ɲ	니*	뉴				
ŋ	ㅇ	ㅇ				
l	ㄹ, ㄹㄹ	ㄹ				
r	ㄹ	르				
h	ㅎ	흐				
ç	ㅎ	히				
x	ㅎ	흐				

* [j], [w]의 '이'와 '오, 우', 그리고 [ɲ]의 '니'는 모음과 결합할 때 제3장 표기
세칙에 따른다.
** 독일어의 경우에는 '에', 프랑스어의 경우에는 '으'로 적는다.

[표 1]에 따라 적되, 다음 사항에 유의하여 적는다.[6]

제1항 무성 파열음([p], [t], [k])

1. 짧은 모음 다음의 어말 무성 파열음([p], [t], [k])은 받침으로 적는다.

    gap[gæp] 갭   cat[kæt] 캣   book[buk] 북

2. 짧은 모음과 유음·비음([l], [r], [m], [n]) 이외의 자음 사이에 오는 무성 파열음([p], [t], [k])은 받침으로 적는다.

    apt[æpt] 앱트   setback[setbæk] 셋백   act[ækt] 액트

3. 위 경우 이외의 어말과 자음 앞의 [p], [t], [k]는 '으'를 붙여 적는다.

---

6) 1986년 1월에 고시된 '외래어 표기법'에서 다루지 않은 '기타 언어권'의 지명과 인명에 대한 표기를 위해, 같은 해 5월에 '외래어 표기 용례집(지명·인명)'이 발간되었다. 이 용례집에서 주목할 것은, 이미 굳어진 말의 관용을 존중하기 위한 취지에서 영어 표기에 대해 다음과 같은 몇 가지 예규를 제시했다는 점이다. (ⅰ)어말의 -a[ə]는 '아'로 적는다. (ⅱ)어말의 -s[z]는 '스'로 적는다. (ⅲ)[ə]의 음가를 가지는 i와 y는 '이'로 적는다. (ⅳ)-ton은 모두 '턴'으로 적는다. (ⅴ)접두사 Mac-, Mc-은 자음 앞에서는 '맥'으로 모음 앞에서는 '매크'로 적되, c나 k, q 앞에서는 '매'로 l 앞에서는 '매클'로 적는다. (ⅵ)and로 연결된 말은 and를 빼고 표기하되, 언제나 띄어 쓴다. '참고자료 ⑮'를 통해 이 원칙들이 적용된 관용적 표기 예들을 구체적으로 확인할 수 있다.

stamp[stæmp] 스탬프

cape[keip] 케이프

nest[nest] 네스트

part[pɑːt] 파트

desk[desk] 데스크

make[meik] 메이크

apple[æpl] 애플

mattress[mætris] 매트리스

chipmunk[tʃipmʌŋk] 치프멍크

sickness[siknis] 시크니스

제2항 유성 파열음([b], [d], [g])

어말과 모든 자음 앞에 오는 유성 파열음은 '으'를 붙여 적는다.

bulb[bʌlb] 벌브

land[lænd] 랜드

zigzag[zigzæg] 지그재그

lobster[lɔbstə] 로브스터

kidnap[kidnæp] 키드냅

signal[signəl] 시그널

제3항 마찰음([s], [z], [f], [v], [Θ], [ð], [ʃ], [ʒ])

1. 어말 또는 자음 앞의 [s], [z], [f], [v], [Θ], [ð]는 '으'를 붙여 적는다.

mask[mɑːsk] 마스크

jazz[dʒæz] 재즈

graph[græf] 그래프

olive[ɔliv] 올리브

thrill[Θril] 스릴

bathe[beið] 베이드

2. 어말의 [ʃ]는 '시'로 적고, 자음 앞의 [ʃ]는 '슈'로, 모음 앞의 [ʃ]는 뒤따르는 모음에 따라 '샤', '섀', '셔', '셰', '쇼', '슈', '시'로 적는다.

flash[flæʃ] 플래시

shrub[ʃrʌb] 슈러브

shark[ʃɑːk] 샤크   shank[ʃæŋk] 섕크

fashion[fæʃən] 패션   sheriff[ʃerif] 셰리프

shopping[ʃɔpiŋ] 쇼핑   shoe[ʃuː] 슈

shim[ʃim] 심

3. 어말 또는 자음 앞의 [ʒ]는 '지'로 적고, 모음 앞의 [ʒ]는 'ㅈ'으로 적는다.

mirage[mirɑːʒ] 미라지   vision[viʒən] 비전

제4항 파찰음([ts], [dz], [tʃ], [dʒ])

1. 어말 또는 자음 앞의 [ts], [dz]는 '츠', '즈'로 적고, [tʃ], [dʒ]는 '치', '지'로
   적는다.

Keats[kiːts] 키츠   odds[ɔdz] 오즈

switch[switʃ] 스위치   bridge[bridʒ] 브리지

Pittsburgh[pitsbəːg] 피츠버그   hitchhike[hitʃhaik] 히치하이크

2. 모음 앞의 [tʃ], [dʒ]는 'ㅊ', 'ㅈ'으로 적는다.

chart[tʃɑːt] 차트   virgin[vəːdʒin] 버진

제5항 비음([m], [n], [ŋ])

1. 어말 또는 자음 앞의 비음은 모두 받침으로 적는다.

steam[stiːm] 스팀   corn[kɔːn] 콘

ring[riŋ] 링   lamp[læmp] 램프

hint[hint] 힌트   ink[iŋk] 잉크

2. 모음과 모음 사이의 [ŋ]은 앞 음절의 받침 'ㅇ'으로 적는다.

hanging[hæŋiŋ] 행잉   longing[lɔŋiŋ] 롱잉

제6항 유음([l])

1. 어말 또는 자음 앞의 [l]은 받침으로 적는다.

hotel[houtel] 호텔   pulp[pʌlp] 펄프

2. 어중의 [l]이 모음 앞에 오거나, 모음이 따르지 않는 비음([m], [n]) 앞에 올 때에는 'ㄹㄹ'로 적는다. 다만, 비음([m], [n]) 뒤의 [l]은 모음 앞에 오더라도 'ㄹ'로 적는다.

slide[slaid] 슬라이드   film[film] 필름

helm[helm] 헬름   swoln[swouln] 스월른

Hamlet[hæmlit] 햄릿   Henley[henli] 헨리

제7항 장모음

장모음의 장음은 따로 표기하지 않는다.

team[ti : m] 팀   route[ru : t] 루트

제8항 중모음7) ([ai], [au], [ei], [ɔi], [ou], [auə])

중모음은 각 단모음의 음가를 살려서 적되, [ou]는 '오'로, [auə]는 '아워'로
적는다.

time[taim] 타임   house[haus] 하우스
skate[skeit] 스케이트   oil[ɔil] 오일
boat[bout] 보트   tower[tauə] 타워

제9항 반모음([w], [j])

1. [w]는 뒤따르는 모음에 따라 [wə], [wɔ], [wou]는 '워', [wɑ]는 '와', [wæ]는
   '왜', [we]는 '웨', [wi]는 '위', [wu]는 '우'로 적는다

word[wə : d] 워드   want[wɔnt] 원트
woe[wou] 워   wander[wɑndə] 완더
wag[wæg] 왜그   west[west] 웨스트
witch[witʃ] 위치   wool[wul] 울

2. 자음 뒤에 [w]가 올 때에는 두 음절로 갈라 적되, [gw], [hw], [kw]는 한
   음절로 붙여 적는다.

swing[swiŋ] 스윙   twist[twist] 트위스트
penguin[peŋgwin] 펭귄   whistle[hwisl] 휘슬
quarter[kwɔ : tə] 쿼터

---

7) '중모음'은 '이중 모음(二重母音)'을 뜻하는 말이다.

3. 반모음 [j]는 뒤따르는 모음과 합쳐 '야', '얘', '여', '예', '요', '유', '이'로 적는다. 다만, [d], [l], [n] 다음에 [jə]가 올 때에는 각각 '디어', '리어', '니어'로 적는다.

yard[jɑ : d] 야드   yank[jæŋk] 얭크

yearn[jə : n] 연   yellow[jelou] 옐로

yawn[jɔ : n] 욘   you[ju :] 유

year[jiə] 이어   Indian[indjən] 인디언

battalion[bətæljən] 버탤리언 union[ju : njən] 유니언

제10항 복합어8)

1. 따로 설 수 있는 말의 합성으로 이루어진 복합어는 그것을 구성하고 있는 말이 단독으로 쓰일 때의 표기대로 적는다.

cuplike[kʌplaik] 컵라이크 bookend[bukend] 북엔드

headlight[hedlait] 헤드라이트 touchwood[tʌtʃwud] 터치우드

sit-in[sitin] 싯인   bookmaker[bukmeikə] 북메이커

flashgun[flæʃgʌn] 플래시건 topknot[tɔpnot] 톱놋

2. 원어에서 띄어 쓴 말은 띄어 쓴 대로 한글 표기를 하되, 붙여 쓸 수도 있다.

Los Alamos[lɔs æləmous] 로스 앨러모스/로스앨러모스

top class[tɔpklæs] 톱 클래스/톱클래스

---

8) '외래어표기법'에서 말하는 '복합어'는 학교문법의 '합성어'에 해당하는 개념이다.

　[표 1]을 따르고 제1절(영어의 표기 세칙)을 준용한다. 다만, 독일어의 독특한 것은 그 특징을 살려서 다음과 같이 적는다.9)

제1항 [r]

　1. 자음 앞의 [r]는 '으'를 붙여 적는다.

　　　Hormon[hɔrmo : n] 호르몬　　　Hermes[hɛrmɛs] 헤르메스

　2. 어말의 [r]와 '-er[∂r]'는 '어'로 적는다.

　　　Herr[hɛr] 헤어　　　　　　　Razur[razu : r] 라주어
　　　Tür[ty : r] 튀어　　　　　　 Ohr[o : r] 오어
　　　Vater[fa : t∂r] 파터　　　　　Schiller[ʃil∂r] 실러

　3. 복합어 및 파생어의 선행 요소가 [r]로 끝나는 경우는 2의 규정을 준용한다.

　　　verarbeiten[fɛrarbait∂n] 페어아르바이텐
　　　zerknirschen[tsɛrknirʃ∂n] 체어크니르셴
　　　Fürsorge[fy : rzorgə] 퓌어조르게

---

9) 1986년 5월에 발간된 '외래어 표기 용례집(지명·인명)'에서는 독일어의 관용적 표기를 위해 다음과 같은 예규를 추가로 제시했다. 즉 '모음 또는 l 앞의 ng[ŋ]에는 'ㄱ'을 첨가하여 표기한다.'인데, 이에 따라 Tübingen[tý:biŋən]은 '튀빙겐'으로 Spengler[ʃpéŋlər]는 '슈펭글러'로 적는다.

Vorbild[foːrbilt] 포어빌트

außerhalb[ausərhalp] 아우서할프

Urkunde[uːrkundə] 우어쿤데

Vaterland[faːtərlant] 파터란트

제2항 어말의 파열음은 '으'를 붙여 적는 것을 원칙으로 한다.

Rostock[rɔstɔk] 로스토크　　　　Stadt[ʃtat] 슈타트

제3항 철자 'berg', 'burg'는 '베르크', '부르크'로 통일해서 적는다.

Heidelberg[haidəlbɛrk, -bɛrç] 하이델베르크

Hamburg[hamburk, -burç] 함부르크

제4항 [ʃ]

1. 어말 또는 자음 앞에서는 '슈'로 적는다.

Mensch[menʃ] 멘슈　　　　Mischling[miʃliŋ] 미슐링

2. [y], [ø] 앞에서는 'ㅅ'으로 적는다.

Schüler[ʃyːlər] 쉴러　　　　schön[ʃøːn] 쇤

3. 그 밖의 모음 앞에서는 뒤따르는 모음에 따라 '샤, 쇼, 슈' 등으로 적는다.

Schatz[ʃats] 샤츠　　　　schon[ʃoːn] 숀

Schule[ʃuːlə] 슐레　　　　Schelle[ʃɛlə] 셸레

제5항 [ɔy]로 발음되는 äu, eu는 '오이'로 적는다.

　　läuten[lɔyt∂n] 로이텐　　　　　Fräulein[frɔylain] 프로일라인
　　Europa[ɔyro : pa] 오이로파　　　Freundin[frɔyndin] 프로인딘

표 기　세 칙　제3절 **프랑스어의 표기**

　[표 1]에 따르고, 제1절(영어의 표기 세칙)을 준용한다. 다만, 프랑스어의 독특한 것은 그 특징을 살려서 다음과 같이 적는다.

제1항 파열음([p], [t], [k]; [b], [d], [g])

　1. 어말에서는 '으'를 붙여서 적는다.

　　soupe[sup] 수프　　　　　　　tête[tɛt] 테트
　　avec[avɛk] 아베크　　　　　　baobab[baɔbab] 바오바브
　　ronde[rɔ̃ : d] 롱드　　　　　　bague[bag] 바그

　2. 구강 모음과 무성 자음 사이에 오는 무성 파열음('구강 모음+무성 파열음 +무성 파열음 또는 무성 마찰음'의 경우)은 받침으로 적는다.

　　septembre[sɛptɑ̃ : br] 셉탕브르　　apte[apt] 압트
　　octobre[ɔktɔbr] 옥토브르　　　　action[aksjɔ̃] 악시옹

제2항 마찰음([ʃ], [ʒ])

1. 어말과 자음 앞의 [ʃ], [ʒ]는 '슈', '주'로 적는다.

manche[mã : ʃ] 망슈   piège[pjɛ : ʒ] 피에주
acheter[aʃte] 아슈테   dégeler[deʒle] 데줄레

2. [ʃ]가 [ə], [w] 앞에 올 때에는 뒤따르는 모음과 합쳐 '슈'로 적는다.

chemise[ʃəmi : z] 슈미즈   chevalier[ʃəvalje] 슈발리에
choix[ʃwa] 슈아   chouette[ʃwɛt] 슈에트

3. [ʃ]가 [y], [œ], [ø] 및 [j], [ɥ]앞에 올 때에는 'ㅅ'으로 적는다.

chute[ʃyt] 쉬트   chuchoter[ʃyʃɔte] 쉬쇼테
pêcheur[pɛʃœ : r] 페쇠르   shunt[ʃœ̃ : t] 쉥트
fâcheux[fɑʃø] 파쇠   chien[ʃjɛ̃] 시앵
chuinter[ʃɥɛ̃te] 쉬앵테

제3항 비자음([ɲ])

1. 어말과 자음 앞의 [ɲ]는 '뉴'로 적는다.

campagne[kɑ̃paɲ] 캉파뉴   dignement[diɲmɑ̃] 디뉴망

2. [ɲ]가 '아, 에, 오, 우' 앞에 올 때에는 뒤따르는 모음과 합쳐 각각 '냐, 네,

뇨, 뉴'로 적는다.

saignant[sɛɲɑ̃] 세냥   peigner[peɲe] 페녜

agneau[aɲo] 아뇨   mignon[miɲɔ̃] 미뇽

3. [ɲ]가 [ə], [w] 앞에 올 때에는 뒤따르는 소리와 합쳐 '뉴'로 적는다.

lorgnement[lɔrɲəmɑ̃] 로르뉴망   baignoire[bɛɲwa : r] 베뉴아르

4. 그 밖의 [ɲ]는 'ㄴ'으로 적는다.

magnifique[maɲifik] 마니피크   guignier[giɲje] 기니에

gagneur[gaɲœ : r] 가뇌르   montagneux[mɔtaɲø] 몽타뇌

peignures[pɛɲy : r] 페뉘르

제4항 반모음([j])

1. 어말에 올 때에는 '유'로 적는다.

Marseille[marsɛj] 마르세유   taille[tɑ : j] 타유

2. 모음 사이의 [j]는 뒤따르는 모음과 합쳐 '예, 얘, 야, 양, 요, 용, 유, 이' 등
으로 적는다. 다만, 뒷모음이 [ø], [œ]일 때에는 '이'로 적는다.

payer[peje] 페예   billet[bijɛ] 비예

moyen[mwajɛ̃] 무아앵   pleiade[plejad] 플레야드

ayant[ɛjɑ̃] 에양　　　　　　　　noyau[nwajo] 누아요

crayon[krɛjɔ̃] 크레용　　　　　voyou[vwaju] 부아유

cueillir[kœji : r] 쾨이르　　　aïeul[ajœl] 아이욀

aïeux[ajø] 아이외

3. 그 밖의 [j]는 '이'로 적는다.

hier[jɛ : r] 이에르　　　　　　Montesquieu[mɔ̃tɛskjø] 몽테스키외

champion[ʃɑ̃pjɔ̃] 샹피옹　　　diable[djɑ : bl] 디아블

제5항 반모음([w])

[w]는 '우'로 적는다.

alouette[alwɛt] 알루에트　　　douane[dwan] 두안

quoi[kwa] 쿠아　　　　　　　toi[twa] 투아

<table>
<thead>
<tr><td rowspan="2"></td><td rowspan="2">자모</td><td colspan="2">한글</td><td rowspan="2">보기</td></tr>
<tr><td>모음 앞</td><td>자음 앞 어말</td></tr>
</thead>
<tbody>
<tr><td rowspan="2">자
음</td><td>b</td><td>ㅂ</td><td>브</td><td>biz 비스, blandon 블란돈, braceo 브라세오</td></tr>
<tr><td>c</td><td>ㅋ, ㅅ</td><td>ㄱ, ㅋ</td><td>colcren 콜크렌, Cecilia 세실리아,
coccion 콕시온, bistec 비스텍,
dictado 딕타도.</td></tr>
</tbody>
</table>

표기 일람표 [2]　　에스파냐어 자모와 한글 대조표

자음	ch	ㅊ	—	chicharra 치차라.
	d	ㄷ	드	felicidad 펠리시다드.
	f	ㅍ	프	fuga 푸가, fran 프란.
	g	ㄱ, ㅎ	그	ganga 강가, geologia 헤올로히아, yungla 융글라.
	h	—	—	hipo 이포, quehacer 케아세르.
	j	ㅎ	—	jueves 후에베스, reloj 렐로.
	k	ㅋ	크	kapok 카포크.
	l	ㄹ, ㄹㄹ	ㄹ	lacrar 라크라르, Lulio 룰리오, ocal 오칼.
	ll	이*	—	llama 야마, lluvia 유비아.
	m	ㅁ	ㅁ	membrete 멤브레테.
	n	ㄴ	ㄴ	noche 노체, flan 플란.
	ñ	니*	—	ñoñez 뇨녜스, mañana 마냐나.
	p	ㅍ	ㅂ, 프	pepsina 펩시나, plantón 플란톤.
	q	ㅋ	—	quisquilla 키스키야.
	r	ㄹ	르	rascador 라스카도르.
	s	ㅅ	스	sastreria 사스트레리아.
	t	ㅌ	트	tetraetro 테트라에트로.
	v	ㅂ	—	viudedad 비우데다드.
	x	ㅅ, ㄲ	ㄱㅅ	xenón 세논, laxante 락산테, yuxta 육스타.
	z	ㅅ	스	zagal 사갈, liquidez 리키데스.
반모음	w	오, 우*	—	walkirias 왈키리아스.
	y	이*	—	yungla 융글라.
모음	a	아		braceo 브라세오.
	e	에		reloj 렐로.
	i	이		Lulio 룰리오.

모	o	오	ocal 오칼.
음	u	우	viudedad 비우데다드.

* ll, y, ñ, w의 '이, 니, 오, 우'는 다른 모음과 결합할 때 합쳐서 한 음절로 적는다.

표기 세칙 제4절	에스파냐어의 표기

[표 2]에 따라 적되, 다음과 같은 특징을 살려서 적는다.

제1항 gu, qu

gu, qu는 i, e 앞에서는 각각 'ㄱ, ㅋ'으로 적고, o 앞에서는 '구, 쿠'로 적는다. 다만, a 앞에서는 그 a와 합쳐 '과, 콰'로 적는다.

guerra 게라	queso 케소
Guipuzcoa 기푸스코아	quisquilla 키스키야
antiguo 안티구오	Quorem 쿠오렘
Nicaragua 니카라과	Quarai 콰라이

제2항 같은 자음이 겹치는 경우에는 겹치지 않은 경우와 같이 적는다. 다만, -cc-는 'ㄱㅅ'으로 적는다.

carrera 카레라　　　carreterra 카레테라　　　accion 악시온

제3항 c, g

c와 g 다음에 모음 e와 i가 올 때에는 c는 'ㅅ'으로, g는 'ㅎ'으로 적고, 그 외는 'ㅋ'과 'ㄱ'으로 적는다.

Cecilia 세실리아   cifra 시프라
georgico 헤오르히코   giganta 히간타
coquito 코키토   gato 가토

제4항 x

x가 모음 앞에 오되 어두일 때에는 'ㅅ'으로 적고, 어중일 때에는 'ㄱㅅ'으로 적는다.

xilofono 실로포노   laxante 락산테

제5항 l

어말 또는 자음 앞의 l은 받침 'ㄹ'로 적고, 어중의 l이 모음 앞에 올 때에는 'ㄹㄹ'로 적는다.

ocal 오칼   colcren 콜크렌
blandon 블란돈   Cecilia 세실리아

제6항 nc, ng

c와 g 앞에 오는 n은 받침 'ㅇ'으로 적는다.

blanco 블랑코　　　　　　　yungla 융글라

표기 일람표 [3]　이탈리아어 자모와 한글 대조표

자모	한글 모음 앞	한글 자음 앞 어말	보기
b	ㅂ	브	Bologna 볼로냐, bravo 브라보.
c	ㅋ, ㅊ	크	Como 코모, Sicilia 시칠리아, credo 크레도.
ch	ㅋ	—	Pinocchio 피노키오, cherubino 케루비노.
d	ㄷ	드	Dante 단테, drizza 드리차.
f	ㅍ	프	Firenze 피렌체, freddo 프레도.
g	ㄱ, ㅈ	그	Galileo 갈릴레오, Genova 제노바, gloria 글로리아.
h	—	—	hanno 안노, oh 오.
l	ㄹ, ㄹㄹ	ㄹ	Milano 밀라노, largo 라르고, palco 팔코.
m	ㅁ	ㅁ	Macchiavelli 마키아벨리, mamma 맘마, Campanella 캄파넬라.
n	ㄴ	ㄴ	Nero 네로, Anna 안나, divertimento 디베르티멘토.
p	ㅍ	프	Pisa 피사, prima 프리마.
q	ㅋ	—	quando 콴도, queto 퀘토.
r	ㄹ	르	Roma 로마, Marconi 마르코니.
s	ㅅ	스	Sorrento 소렌토, asma 아스마, sasso 사소.
t	ㅌ	트	Torino 토리노, tranne 트란네.
v	ㅂ	브	Vivace 비바체, manovra 마노브라.
z	ㅊ	—	nozze 노체, mancanza 만칸차.

모음	a	아	abituro 아비투로, capra 카프라.
	e	에	erta 에르타, padrone 파드로네.
	i	이	infamia 인파미아, manica 마니카.
	o	오	oblio 오블리오, poetica 포에티카.
	u	우	uva 우바, spuma 스푸마.

표기 세칙 제5절　**이탈리아어의 표기**

[표 3]에 따르고, 다음과 같은 특징을 살려서 적는다.

제1항 gl

i 앞에서는 '근근'로 적고, 그 밖의 경우에는 '글근'로 적는다.

paglia 팔리아　　　　　　egli 엘리
gloria 글로리아　　　　　glossa 글로사

제2항 gn

뒤따르는 모음과 합쳐 '냐', '녜', '뇨', '뉴', '니'로 적는다.

montagna 몬타냐　　　　　gneiss 녜이스
gnocco 뇨코　　　　　　　gnu 뉴
ogni 오니

제3항 sc

sce는 '셰'로, sci는 '시'로 적고, 그 밖의 경우에는 '스ㅋ'으로 적는다.

crescendo 크레셴도   scivolo 시볼로
Tosca 토스카   scudo 스쿠도

제4항 같은 자음이 겹쳤을 때에는 겹치지 않은 경우와 같이 적는다. 다만, -mm-, -nn-의 경우는 'ㅁㅁ', 'ㄴㄴ'으로 적는다.

Puccini 푸치니   buffa 부파
allegretto 알레그레토   carro 카로
rosso 로소   mezzo 메초
gomma 곰마   bisnonno 비스논노

제5항 c, g

1. c와 g는 e, i 앞에서 각각 'ㅊ', 'ㅈ'으로 적는다.

cenere 체네레   genere 제네레
cima 치마   gita 지타

2. c와 g 다음에 ia, io, iu가 올 때에는 각각 '차, 초, 추', '자, 조, 주'로 적는다.

caccia 카차   micio 미초

| | ciuffo 추로 | | giardino 자르디노 |
| | giorno 조르노 | | giubba 주바 |

제6항 qu

qu는 뒤따르는 모음과 합쳐 '콰, 퀘, 퀴' 등으로 적는다. 다만, o 앞에서는 '쿠'로 적는다.

| | soqquadro 소콰드로 | | quello 퀠로 |
| | quieto 퀴에토 | | quota 쿠오타 |

제7항 l, ll

어말 또는 자음 앞의 l, ll은 받침으로 적고, 어중의 l, ll이 모음 앞에 올 때에는 '르르'로 적는다.

sol 솔   polca 폴카   Carlo 카를로   quello 퀠로

표기 일람표 [4]   일본어 가나와 한글 대조표

가나	한글	
	어두	어중·어말
ア イ ウ エ オ	아 이 우 에 오	아 이 우 에 오
カ キ ク ケ コ	가 기 구 게 고	카 키 쿠 케 코
サ シ ス セ ソ	사 시 스 세 소	사 시 스 세 소

タ チ ツ テ ト	다 지 쓰 데 도	타 치 쓰 테 토
ナ ニ ヌ ネ ノ	나 니 누 네 노	나 니 누 네 노
ハ ヒ フ ヘ ホ	하 히 후 헤 호	하 히 후 헤 호
マ ミ ム メ モ	마 미 무 메 모	마 미 무 메 모
ヤ イ ユ エ ヨ	야 이 유 에 요	야 이 유 에 요
ラ リ ル レ ロ	라 리 루 레 로	라 리 루 레 로
ワ (ヰ) ウ (ヱ) ヲ	와 (이) 우 (에) 오	와 (이) 우 (에) 오
ン		ㄴ
ガ ギ グ ゲ ゴ	가 기 구 게 고	가 기 구 게 고
ザ ジ ズ ゼ ゾ	자 지 즈 제 조	자 지 즈 제 조
ダ ヂ ヅ デ ド	다 지 즈 데 도	다 지 즈 데 도
バ ビ ブ ベ ボ	바 비 부 베 보	바 비 부 베 보
パ ピ プ ペ ポ	파 피 푸 페 포	파 피 푸 페 포
キャ キュ キョ	갸 규 교	캬 큐 쿄
ギャ ギュ ギョ	갸 규 교	갸 규 교
シャ シュ ショ	샤 슈 쇼	샤 슈 쇼
ジャ ジュ ジョ	자 주 조	자 주 조
チャ チュ チョ	자 주 조	차 추 초
ヒャ ヒュ ヒョ	햐 휴 효	햐 휴 효
ビャ ビュ ビョ	뱌 뷰 뵤	뱌 뷰 뵤
ピャ ピュ ピョ	퍄 퓨 표	퍄 퓨 표
ミャ ミュ ミョ	먀 뮤 묘	먀 뮤 묘
リャ リュ リョ	랴 류 료	랴 류 료

[표 4]에 따르고, 다음 사항에 유의하여 적는다.

제1항 촉음(促音) [ッ(っ)]는 'ㅅ'으로 통일해서 적는다.

　　サッポロ 삿포로　　　　　　トットリ 돗토리ㅋ
　　ッカイチ 욧카이치

제2항 장모음

장모음은 따로 표기하지 않는다.

　　キュウシュウ(九州) 규슈　　ニイガタ(新潟) 니가타
　　トウキョウ(東京) 도쿄　　　オオサカ(大阪) 오사카

표기 일람표 [5]　　중국어 주음부호(注音符號)와 한글 대조표

성 모 (聲母)									
음의 분류	주음 부호	한어 병음 자모	웨이드 식 로마자	한글	음의 분류	주음 부호	한어 병음 자모	웨이드 식 로마자	한글
중순성 (重 盾 性)	ㄅ	b	p	ㅂ	설면성 (舌 面 聲)	ㄐ	j	ch	ㅈ
	ㄆ	p	p'	ㅍ		ㄑ	q	ch	ㅊ
	ㄇ	m	m	ㅁ		ㄒ	x	hs	ㅅ

	주음부호	한어병음자모	웨이드식 로마자	한글		주음부호	한어병음자모	웨이드식 로마자	한글
순치성*	ㄷ	f	f	ㅍ	교설첨성 (翹舌尖聲)	ㄓ	zh [zhi]	ch [chih]	ㅈ [ㅈ]
설첨성 (舌尖聲)	ㄉ	d	t	ㄷ		ㄔ	ch [chi]	ch' [ch'ih]	ㅊ [ㅊ]
	ㄊ	t	t'	ㅌ		ㄕ	sh [shi]	sh [shih]	ㅅ [ㅅ]
	ㄋ	n	n	ㄴ		ㄖ	r [ri]	j [jih]	ㄹ [ㄹ]
	ㄌ	l	l	ㄹ	설치성 (舌齒聲)	ㄗ	z [zi]	ts [tzŭ]	ㅉ [ㅉ]
설근성 (舌根聲)	ㄍ	g	k	ㄱ		ㄘ	c [ci]	ts' [tz'ŭ]	ㅊ [ㅊ]
	ㄎ	k	k'	ㅋ		ㄙ	s [si]	s [ssŭ]	ㅆ [ㅆ]
	ㄏ	h	h	ㅎ					

운 모(韻母)									
음의 분류	주음 부호	한어 병음 자모	웨이드 식 로마자	한글	음의 분류	주음 부호	한어 병음 자모	웨이드 식 로마자	한글
단운 (單韻)	ㄚ	a	a	아	결합운모 (結合韻母)	ㄧㄞ	yai	yai	야이
	ㄛ	o	o	오		ㄧㄠ	yao (iao)	yao (iao)	야오
	ㄜ	e	ê	어		ㄧㄡ	you (ou, iu)	yu (iu)	유
	ㄝ	ê	e	에	(齊齒類)	ㄧㄢ	yan (ian)	yen (ien)	옌
	ㄧ	yi (i)	i	이		ㄧㄣ	yin (in)	yin (in)	인
	ㄨ	wu (u)	wu (u)	우		ㄧㄤ	yang (iang)	yang (iang)	양
	ㄩ	yu (u)	yü (ü)	위		ㄧㄥ	ying (ing)	ying (ing)	잉

복운(複韻)	ㄞ	ai	ai	아이	결합운모(結合韻母)	합구류(合口類)	ㄨㄚ	wa (ua)	wa (ua)	와
	ㄟ	ei	ei	에이			ㄨㄛ	wo (uo)	wo (uo)	워
	ㄠ	ao	ao	아오			ㄨㄞ	wai (uai)	wai (uai)	와이
	ㄡ	ou	ou	어우			ㄨㄟ	wei (ui)	wei (uei, ui)	웨이 (우이)
부성운(附聲韻)	ㄢ	an	an	안			ㄨㄢ	wan (uan)	wan (uan)	완
	ㄣ	en	ên	언			ㄨㄣ	wen (un)	wên (un)	원 (운)
	ㄤ	ang	ang	앙			ㄨㄤ	wang (uang)	wang (uang)	왕
	ㄥ	eng	êng	엉			ㄨㄥ	weng (ong)	wêng (ung)	웡 (웅)
권설운*	ㄦ	er (r)	êrh	얼		촬구류(撮口類)	ㄩㄝ	yue (ue)	yüeh (üeh)	웨
제치류	ㄧㄚ	ya (ia)	ya (ia)	야			ㄩㄞ	yuan (uan)	yüan (üan)	위안
	ㄧㄛ	yo	yo	요			ㄩㄣ	yun (un)	yün (ün)	윈
	ㄧㄝ	ye (ie)	yeh (ieh)	예			ㄩㄥ	yong (iong)	yung (iung)	융

[ ]는 단독 발음될 경우의 표기임.
( )는 자음이 선행할 경우의 표기임.
*순치성(脣齒聲), 권설운(捲舌韻).

[표 5]에 따르고, 다음 사항에 유의하여 적는다.

제1항 성조는 구별하여 적지 아니한다.

제2항 ㅈ, ㅉ, ㅊ

'ㅈ, ㅉ, ㅊ'으로 표기되는 자음(ㄐ, ㄓ, ㄗ, ㄑ, ㄔ, ㄘ) 뒤의 'ㅑ, ㅖ, ㅛ, ㅠ' 음은 'ㅏ, ㅔ, ㅗ, ㅜ'로 적는다.

ㄐㅣㄚ 쟈→자   ㄐㅣㄝ 졔→제

표기 일람표 [6]   폴란드어 자모와 한글 대조표

| 자모 | 한글 | | 보기 |
	모음 앞	자음 앞 어말	
자음			
b	ㅂ	ㅂ, 브, 프	burak 부라크, szybko 십코, dobrze 도브제, chleb 흘레프.
c	ㅊ	츠	cel 첼, Balicki 발리츠키, noc 노츠.
ć	─	치	dać 다치.
d	ㄷ	드, 트	dach 다흐, zdrowy 즈드로비, słodki 스워트키, pod 포트.
f	ㅍ	프	fasola 파솔라, befsztyk 베프슈티크.

	g	ㄱ	ㄱ, 그, 크	góra 구라, grad 그라트, targ 타르크.
	h	ㅎ	흐	herbata 헤르바타, Hrubieszów 흐루비에슈프.
	k	ㅋ	ㄱ, 크	kino 키노, daktyl 닥틸, król 크룰, bank 반크.
	l	ㄹ, ㄹㄹ	ㄹ	lis 리스, kolano 콜라노, motyl 모틸.
	m	ㅁ	ㅁ, 므	most 모스트, zimno 짐노, sam 삼.
	n	ㄴ	ㄴ	nerka 네르카, dokument 도쿠멘트, dywan 디반.
	ń	—	ㄴ	Gdańsk 그단스크, Poznań 포즈난.
	p	ㅍ	ㅂ, 프	para 파라, Słupsk 스움스크, chłop 흐워프.
	r	ㄹ	르	rower 로베르, garnek 가르네크, sznur 슈누르.
	s	ㅅ	스	serce 세르체, srebro 스레브로, pas 파스.
자	ś	—	시	ślepy 실레피, dziś 지시.
음	t	ㅌ	트	tam 탐, matka 마트카, but 부트.
	w	ㅂ	브, 프	Warszawa 바르샤바, piwnica 피브니차, krew 크레프.
	z	ㅈ	즈, 스	zamek 자메크, zbrodnia 즈브로드니아, wywóz 비부스.
	ź	—	지, 시	gwoździk 그보지지크, więź 비엥시.
	ż	ㅈ, 시*	주, 슈, 시	żyto 지토, różny 루주니, łyżka 위슈카, straż 스트라시.
	ch	ㅎ	흐	chory 호리, kuchnia 쿠흐니아, dach 다흐.
	dz	ㅈ	즈, 츠	dziura 지우라, dzwon 즈본, mosiądz 모시옹츠.
	dź	—	치	niedźwiedź 니에치비에치.
	dż, drz	ㅈ	치	drzewo 제보, łódź 워치.

자음	cz	ㅊ	치	czysty 치스티, beczka 베치카, klucz 클루치.
	sz	시*	슈, 시	szary 샤리, musztarda 무슈타르다, kapelusz 카펠루시.
	rz	ㅈ, 시*	주, 슈, 시	rzeka 제카, Przemyśl 프셰미실, kołnierz 코우니에시.
반모음	j	이*		jasny 야스니, kraj 크라이.
	ł	우*		łono 워노, głowa 그워바, bułka 부우카, kanał 카나우.
모음	a	아		trawa 트라바.
	ą	옹		trąba 트롱바, mąka 몽카, kąt 콩트, tą 통.
	e	에		zero 제로.
	ę	엥, 에		kępa 켕파, węgorz 벵고시, Częstochowa 쳉스토호바, proszę 프로셰.
	i	이		zima 지마.
	o	오		udo 우도.
	ó	우		próba 프루바.
	u	우		kula 쿨라.
	y	이		daktyl 닥틸.

* ż, sz, rz의 '시'와 j의 '이'는 뒤따르는 모음과 결합할 때 합쳐서 한 음절로 적는다.

폴란드어의 표기

[표 6]에 따르고, 다음과 같은 특징을 살려서 적는다.

제1항 k, p

어말과 유성 자음 앞에서는 '으'를 붙여 적고, 무성 자음 앞에서는 받침으로 적는다.

zamek 자메크   mokry 모크리
Słupsk 스움스크

제2항 b, d, g

1. 어말에 올 때에는 '프', '트', '크'로 적는다.

    od 오트

2. 유성 자음 앞에서는 '브', '드', '그'로 적는다.

    zbrodnia 즈브로드니아

3. 무성 자음 앞에서 b, g는 받침으로 적고, d는 '트'로 적는다.

    Grabski 그랍스키   odpis 오트피스

제3항 w, z, ź, dz, ż, rz, sz

1. w, z, ź, dz가 무성 자음 앞이나 어말에 올 때에는 '프, 스, 시, 츠'로 적는다.

zabawka 자바프카   obraz 오브라스

2. ż와 rz는 모음 앞에 올 때에는 'ㅈ'으로 적되, 앞의 자음이 무성 자음일 때에는 '시'로 적는다. 유성 자음 앞에 올 때에는 '주', 무성 자음 앞에 올 때에는 '슈', 어말에 올 때에는 '시'로 적는다.

Rzeszów 제슈프   Przemyśl 프셰미실
grzmot 그주모트   łóżko 우슈코
pęcherz 펭헤시

3. sz는 자음 앞에서는 '슈', 어말에서는 '시'로 적는다.

koszt 코슈트   kosz 코시

제4항 ł

1. ł는 뒤따르는 모음과 결합할 때 합쳐서 적는다. (ło는 '워'로 적는다.) 다만, 자음 뒤에 올 때에는 두 음절로 갈라 적는다.

łono 워노   głowa 그워바

2. ół는 '우'로 적는다.

przjyaciół 프시야치우

제5항 l

어중의 l이 모음 앞에 올 때에는 'ㄹㄹ'로 적는다.

olej 올레이

제6항 m

어두의 m이 l, r 앞에 올 때에는 '으'를 붙여 적는다.

mleko 믈레코   mrówka 므루프카

제7항 ę

ę은 '엥'으로 적는다. 다만, 어말의 ę는 '에'로 적는다.

ręka 렝카   proszę 프로셰

제8항 'ㅈ', 'ㅊ'으로 표기되는 자음(c, z) 뒤의 이중 모음은 단모음으로 적는다.

stacja 스타차   fryzjer 프리제르

체코어 자모와 한글 대조표

	자모	한글		보기
		모음 앞	자음 앞 어말	
자음	b	ㅂ	ㅂ, 브, 프	barva 바르바, obchod 옵호트, dobrý 도브리, jeřab 예르자프.

자음	c	ㅊ	츠	cigareta 치가레타, nemocnice 네모츠니체, nemoc 네모츠.
	č	ㅊ	치	čapek 차페크, kulečnik 쿨레치니크, míč 미치.
	d	ㄷ	드, 트	dech 데흐, divadlo 디바들로, led 레트.
	ď	디*	디, 티	ďábel 댜벨, loďka 로티카, hruď 흐루티.
	f	ㅍ	프	fík 피크, knoflík 크노플리크.
	g	ㄱ	ㄱ, 그, 크	gramofon 그라모폰.
	h	ㅎ	흐	hadr 하드르, hmyz 흐미스, bůh 부흐.
	ch	ㅎ	흐	choditi 호디티, chlapec 흘라페츠, prach 프라흐.
	k	ㅋ	ㄱ, 크	kachna 카흐나, nikdy 니크디, padák 파다크.
	l	ㄹ, ㄹㄹ	ㄹ	lev 레프, šplhati 슈플하티, postel 포스텔.
	m	ㅁ	ㅁ, 므	most 모스트, mrak 므라크, podzim 포드짐.
	n	ㄴ	ㄴ	noha 노하, podmínka 포드민카.
	ň	니*	ㄴ	němý 네미, sáňky 산키, Plzeň 플젠.
	p	ㅍ	ㅂ, 프	Praha 프라하, koroptev 코롭테프, strop 스트로프.
	qu	크ㅂ	—	quasi 크바시.
	r	ㄹ	르	ruka 루카, harmonika 하르모니카, mír 미르.

자음	ř	ㄹㅈ	르주, 르슈, 르시	řeka 르제카, *námořník* 나모르주니크, hořký 호르슈키, kouř 코우르시.
	s	ㅅ	스	sedlo 세들로, máslo 마슬로, nos 노스.
	š	시*	슈, 시	šaty 샤티, šternberk 슈테른베르크, koš 코시.
	t	ㅌ	트	tam 탐, matka 마트카, bolest 볼레스트.
	ť	티*	티	tělo 텔로, štěstí 슈테스티, oběť 오베티.
	v	ㅂ	브, 프	vysoký 비소키, knihovna 크니호브나, kov 코프.
	w	ㅂ	브, 프	
	x**	ㄳ, ㅈ	ㄱ스	xerox 제록스, saxofón 삭소폰.
	z	ㅈ	즈, 스	zámek 자메크, pozdní 포즈드니, bez 베스.
	ž	ㅈ	주, 슈, 시	žižka 지슈카, žvěřina 주베르지나, Brož 브로시.
반모음	j		이*	jaro 야로, pokoj 포코이.
모음	a, á		아	balík 발리크, komár 코마르.
	e, é		에	dech 데흐, léto 레토.
	ě		예	šest 셰스트, věk 베크.
	i, í		이	kino 키노, míra 미라.
	o, ó		오	obec 오베츠, nervózni 네르보즈니.
	u, ú, ů		우	buben 부벤, úrok 우로크, dům 둠
	y, ý		이	jazýk 야지크, líný 리니.

* ď, ň, š, ť, j의 ‘디, 니, 시, 티, 이’는 뒤따르는 모음과 결합할 때 합쳐서 한 음절로 적는다.

* x는 개별 용례에 따라 한글 표기를 정한다.

[표 7]에 따르고, 다음과 같은 특징을 살려서 적는다

제1항 k, p

어말과 유성 자음 앞에서는 '으'를 붙여 적고, 무성 자음 앞에서는 받침으로 적는다.

　　mozek 모제크　　　　　　　koroptev 코롭테프

제2항 b, d, d', g

1. 어말에 올 때에는 '프', '트', '티', '크'로 적는다.

　　led 레트

2. 유성 자음 앞에서는 '브', '드', '디', '그'로 적는다.

　　ledvina 레드비나

3. 무성 자음 앞에서 b, g는 받침으로 적고, d, d'는 '트', '티'로 적는다.

　　obchod 옵호트　　　　　　odpadky 오트파트키

제3항 v, w, z, ř, ž, š

1. v, w, z가 무성 자음 앞이나 어말에 올 때에는 '프, 프, 스'로 적는다.

    hmyz 흐미스

2. ř, ž가 유성 자음 앞에 올 때에는 '르주', '주', 무성 자음 앞에 올 때에는
   '르슈', '슈', 어말에 올 때에는 '르시', '시'로 적는다.

    námořník 나모르주니크   hořký 호르슈키
    kouř 코우르시

3. š는 자음 앞에서는 '슈', 어말에서는 '시'로 적는다.

    puška 푸슈카   myš 미시

제4항 l, lj

어중의 l, lj가 모음 앞에 올 때에는 '르르', '르리'로 적는다.

    kolo 콜로

제5항 m

m이 r 앞에 올 때에는 '으'를 붙여 적는다.

    humr 후므르

제6항 자음에 '예'가 결합되는 경우에는 '예' 대신에 '에'로 적는다. 다만, 자음이 'ㅅ'인 경우에는 '셰'로 적는다.

vĕk 베크   šest 셰스트

세르보크로아트어 자모와 한글 대조표

자모	한글		보기
	모음 앞	자음 앞 어말	
b	ㅂ	브	bog 보그, drobnjak 드로브냐크, pogreb 포그레브.
c	ㅊ	츠	cigara 치가라, novac 노바츠.
č	ㅊ	치	čelik 첼리크, točka 토치카, kolač 콜라치.
ć, tj	ㅊ	치	naći 나치, sestrić 세스트리치.
d	ㄷ	드	desno 데스노, drvo 드르보, medved 메드베드.
dž	ㅈ	지	džep 제프, narudžba 나루지바.
đ, dj	ㅈ	지	Đurađ 주라지.
f	ㅍ	프	fasada 파사다, kifla 키플라, šaraf 샤라프.
g	ㄱ	그	gost 고스트, dugme 두그메, krug 크루그.
h	ㅎ	흐	hitan 히탄, šah 샤흐.

자음

	k	ㅋ	ㄱ, ㅋ	korist 코리스트, krug 크루그, jastuk 야스투크.
자음	l	ㄹ, ㄹㄹ	ㄹ	levo 레보, balkon 발콘, šal 샬.
	lj	리*, ㄹ리*	ㄹ	ljeto 레토, pasulj 파술.
	m	ㅁ	ㅁ, 므	malo 말로, mnogo 므노고, osam 오삼.
	n	ㄴ	ㄴ	nos 노스, banka 반카, loman 로만.
	nj	니*	ㄴ	Njegoš 네고시, svibanj 스비반.
	p	ㅍ	ㅂ, 프	peta 페타, opština 옵슈티나, lep 레프.
	r	ㄹ	르	riba 리바, torba 토르바, mir 미르.
	s	ㅅ	스	sedam 세담, posle 포슬레, glas 글라스.
	š	시*	슈, 시	šal 샬, vlasništvo 블라스니슈트보, broš 브로시.
	t	ㅌ	트	telo 텔로, ostrvo 오스트르보, put 푸트.
	v	ㅂ	브	vatra 바트라, olovka 올로브카, proliv 프롤리브.
	z	ㅈ	즈	zavoj 자보이, pozno 포즈노, obraz 오브라즈.
	ž	ㅈ	주	žena 제나, izložba 이즐로주바, muž 무주.
반모음	j	이*		pojas 포야스, zavoj 자보이, odjelo 오델로.
모음	a	아		bakar 바카르.
	e	에		cev 체브.

모음	i	이	dim 딤.
	o	오	molim 몰림.
	u	우	zubar 주바르.

* lj, nj, š, j의 '리, 니, 시, 이'는 뒤따르는 모음과 결합할 때 합쳐서 한 음절로 적는다.

표기 세칙 제10절 세르보크로아트어의 표기

[표 8]에 따르고, 다음과 같은 특징을 살려서 적는다.

제1항 k, p

k, p는 어말과 유성 자음 앞에서는 '으'를 붙여 적고, 무성 자음 앞에서는 받침으로 적는다.

    jastuk 야스투크   opština 옵슈티나

제2항 l

어중의 l이 모음 앞에 올 때에는 'ㄹㄹ'로 적는다.

    kula 쿨라

제3항 m

어두의 m이 l, r, n 앞에 오거나 어중의 m이 r 앞에 올 때에는 '으'를 붙여

적는다.

mlad 믈라드   mnogo 므노고   smrt 스므르트

제4항 š

š는 자음 앞에서는 '슈', 어말에서는 '시'로 적는다.

šljivovica 슐리보비차   Niš 니시

제5항 자음에 '예'가 결합되는 경우에는 '예' 대신에 '에'로 적는다. 다만, 자
음이 'ㅅ'인 경우에는 '셰'로 적는다.

bjedro 베드로   sjedlo 셰들로

표기 일람표 [9]   루마니아어 자모와 한글 대조표

자모		한글		보기
		모음 앞	자음 앞 어말	
자음	b	ㅂ	브	bibliotecă 비블리오테커, alb 알브.
	c	ㅋ, ㅊ	ㄱ, ㅋ	Cîntec 큰테크, Cine 치네, factură 팍투러.
	d	ㄷ	드	Moldova 몰도바, Brad 브라드.
	f	ㅍ	프	Focşani 폭샤니, Cartof 카르토프.

자음	g	ㄱ, ㅈ	그	Galaţi 갈라치, Gigel 지젤, hering 헤린그.
	h	ㅎ	흐	haţeg 하체그, duh 두흐.
	j	ㅈ	지	Jiu 지우, Cluj 클루지.
	k	ㅋ	―	kilogram 킬로그람.
	l	ㄹ, ㄹㄹ	ㄹ	bibliotecă 비블리오테커, hotel 호텔.
	m	ㅁ	ㅁ	Maramureş 마라무레슈, Avram 아브람.
	n	ㄴ	ㄴ, 느	Nucet 누체트, Bran 브란, pumn 품느
	p	ㅍ	ㅂ, 프	pianist 피아니스트, septembrie 셉템브리에, cap 카프.
	r	ㄹ	르	radio 라디오, dor 도르.
	s	ㅅ	스	Sibiu 시비우, pas 파스.
	ş	시*	슈	şag 샤그, Mureş 무레슈.
	t	ㅌ	트	telefonist 텔레포니스트, bilet 빌레트.
	ţ	ㅊ	츠	ţigară 치가러, braţ 브라츠.
	v	ㅂ	브	Victoria 빅토리아, Braşov 브라쇼브.
	x**	ㄱㅅ, ㄱㅈ	크스, ㄱ스	taxi 탁시, examen 에그자멘.
	z	ㅈ	즈	ziar 지아르, autobuz 아우토부즈.
	ch	ㅋ	―	Cheia 케이아.
	gh	ㄱ	―	Gheorghe 게오르게.
모음	a	아		Arad 아라드.
	ă	어		Bacău 바커우.
	e	에		Elena 엘레나.
	i	이		pianist 피아니스트.
	î, â	으		Cîmpina 큼피나, România 로므니아.

모음	o	오	Oradea 오라데아.
	u	우	Nucet 누체트.

* ş의 '시'는 뒤따르는 모음과 결합할 때 합쳐서 한 음절로 적는다.
* x는 개별 용례에 따라 한글 표기를 정한다.

표기 세칙 제11절 　루마니아어의 표기

[표 9]에 따르고, 다음과 같은 특징을 살려서 적는다.

제1항 c, p

어말과 유성 자음 앞에서는 '으'를 붙여 적고, 무성 자음 앞에서는 받침으로
적는다.

cap 카프　　　　　　　　　　Cîntec 큰테크
factură 팍투러　　　　　　　　septembrie 셉템브리에

제2항 c, g

c, g는 e, i 앞에서는 각각 'ㅊ', 'ㅈ'으로, 그 밖의 모음 앞에서는 'ㅋ', 'ㄱ'으로
적는다.

cap 카프　　　　　　　　　　centru 첸트루
Galaţi 갈라치　　　　　　　　Gigel 지젤

제3항 l

어중의 l이 모음 앞에 올 때에는 'ㄹㄹ'로 적는다.

　　clei 클레이

제4항 n

n이 어말에서 m 뒤에 올 때는 '으'를 붙여 적는다.

　　lemn 렘느　　　　　　　　pumn 품느

제5항 e

e는 '에'로 적되, 인칭 대명사 및 동사 este, era 등의 어두 모음 e는 '예'로 적는다.

　　Emil 에밀　　　　　eu 예우　　　　el 옐
　　este 예스테　　　　era 예라

표기 일람표 [10]　**헝가리어 자모와 한글 대조표**

	자모	한글		보기
		모음 앞	자음 앞 어말	
자음	b	ㅂ	브	bab 버브, ablak 어블러크.

	c	ㅊ	츠	citrom 치트롬, nyolcvan 뇰츠번, arc 어르츠.
	cs	ㅊ	치	csavar 처버르, kulcs 쿨치.
	d	ㄷ	드	daru 더루, medve 메드베, gond 곤드.
	dzs	ㅈ	지	dzsem 젬.
	f	ㅍ	프	elfog 엘포그.
	g	ㄱ	그	gumi 구미, nyugta 뉴그터, csomag 초머그.
	gy	ㅈ	지	gyár 자르, hagyma 허지머, nagy 너지.
	h	ㅎ	흐	hal 헐, juh 유흐.
	k	ㅋ	ㄱ, 크	béka 베커, keksz 켁스, szék 세크.
	l	ㄹ, ㄹㄹ	ㄹ	len 렌, meleg 멜레그, dél 델.
	m	ㅁ	ㅁ	málna 말너, bomba 봄버, álom 알롬.
자음	n	ㄴ	ㄴ	néma 네머, bunda 분더, pihen 피헨.
	ny	니*	니	nyak 녀크, hányszor 하니소르, irány 이라니.
	p	ㅍ	ㅂ, 프	árpa 아르퍼, csipke 칩케, hónap 호너프.
	r	ㄹ	르	róka 로커, barna 버르너, ár 아르.
	s	시*	슈, 시	sál 샬, puska 푸슈카, aratás 어러타시.
	sz	ㅅ	스	alszik 얼시크, asztal 어스털, húsz 후스.
	t	ㅌ	트	ajto 어이토, borotva 보로트버, csont 촌트.
	ty	ㅊ	치	atya 어처.
	v	ㅂ	브	vesz 베스, évszázad 에브사저드, enyv 에니브.
	z	ㅈ	즈	zab 저브, kezd 케즈드, blúz 블루즈.
	zs	ㅈ	주	zsák 자크, tőzsde 퇴주데, rozs 로주.

반모음	j	이*	ajak 어여크, fej 페이, január 여누아르.
	ly	이*	lyuk 유크, mélység 메이셰그, király 키라이.
모음	a	어	lakat 러커트.
	á	아	máj 마이.
	e	에	mert 메르트.
	é	에	mész 메스.
	i	이	isten 이슈텐.
	í	이	sí 시.
	o	오	torna 토르너.
	ó	오	róka 로커.
	ö	외	sör 쇠르.
	ő	외	nő 뇌.
	u	우	bunda 분더.
	ú	우	hús 후시.
	ü	위	füst 퓌슈트.
	ű	위	fű 퓌.

* ny, s, j, ly의 '니, 시, 이, 이'는 뒤따르는 모음과 결합할 때 합쳐서 한 음절로 적는다.

표기 세칙 제12절   헝가리어의 표기

[표 10]에 따르고, 다음과 같은 특징을 살려서 적는다.

제1항 k, p

어말과 유성 자음 앞에서는 '으'를 붙여 적고, 무성 자음 앞에서는 받침으로 적는다.

ablak 어블러크 csipke 칩케

제2항 bb, cc, dd, ff, gg, ggy, kk, ll, lly, nn, nny, pp, rr, ss, ssz, tt, tty는 b, c, d, f, g, gy, k, l, ly, n, ny, p, r, s, sz, t, ty와 같이 적는다. 다만, 어중의 nn, nny와 모음 앞의 ll은 'ㄴㄴ', 'ㄴ니', 'ㄹㄹ'로 적는다.

között 쾨죄트 dinnye 딘네 nulla 눌러

제3항 l

어중의 l이 모음 앞에 올 때에는 'ㄹㄹ'로 적는다.

olaj 올러이

제4항 s

s는 자음 앞에서는 '슈', 어말에서는 '시'로 적는다.

Pest 페슈트 lapos 러포시

제5항 자음에 '예'가 결합되는 경우에는 '예' 대신에 '에'로 적는다. 다만, 자음이 'ㅅ'인 경우에는 '셰'로 적는다.

nyer 네르   selyem 셰옘

표기 일람표 [11]   스웨덴어 자모와 한글 대조표

자모	한글		보기
	모음 앞	자음 앞 어말	
b	ㅂ	ㅂ, 브	bal 발, snabbt 스납트, Jacob 야코브.
c	ㅋ, ㅅ	ㄱ	Carlsson칼손, Celsius셀시우스, Ericson 에릭손.
ch	시*	ㅋ	charm 샤름, och 오크.
d	ㄷ	드	dag 다그, dricka 드리카, Halmstad 할름스타드.
dj	이*	—	Djurgården 유르고르덴, adjö 아예.
ds	—	스	Sundsvall 순스발.
f	ㅍ	프	Falun 팔룬, luft 루프트.
g	ㄱ		Gustav 구스타브, helgon 헬곤.
	이*		Göteborg 예테보리, Geijer 예이예르, Gislaved 이슬라베드.
		이(lg, rg)	älg 엘리, Strindberg 스트린드베리, Borg 보리.
		ㅇ(n 앞)	Magnus 망누스, Ragnar 랑나르, Agnes 앙네스.
		ㄱ(무성음 앞)	högst 획스트.
		그	Grönberg 그뢴베리, Ludvig 루드비그.
gj	이*	—	Gjerstad 예르스타드, Gjörwell 예르벨.

	h	ㅎ	적지 않음.	Hälsingborg 헬싱보리, hyra 휘라, Dahl 달.
	hj	이*	―	Hjälmaren 옐마렌, Hjalmar 얄마르, Hjort 요르트.
	j	이*	―	Jansson 얀손, Jönköping 옌셰핑, Johansson 요한손, börja 뵈리아, fjäril 피에릴, mjuk 미우크, mjöl 미엘.
	k	ㅋ, 시*	ㄱ, ㅋ	Karl 칼, Kock 코크, Kungsholm 쿵스홀름, Kerstin 셰르스틴, Norrköping 노르셰핑, Lysekil 뤼세실, oktober 옥토베르, Fredrik 프레드리크, kniv 크니브.
	ck	ㅋ	ㄱ, ㅋ	vacker 바케르, Stockholm 스톡홀름, bock 보크.
	kj	시*	―	Kjell 셸, Kjula 슐라.
자음	l	ㄹ, ㄹㄹ	ㄹ	Linköping 린셰핑, tala 탈라, tal 탈.
	lj	이*, ㄹ리	ㄹ리	Ljusnan 유스난, Södertälje 쇠데르텔리에, detalj 데탈리.
	m	ㅁ	ㅁ	Malmö 말뫼, samtal 삼탈, hummer 홈메르.
	n	ㄴ	ㄴ	Norrköping 노르셰핑, Vänern 베네른, land 란드.
			적지 않음. (m 다음)	Karlshamn 칼스함.
	ng	ㅇ	ㅇ	Borlänge 볼렝에, kung 쿵, lång 롱.
	nk	ㅇㅋ	ㅇ, ㅇㅋ	anka 앙카, Sankt 상트, bank 방크.

자음				
p	ㅍ	ㅂ, 프	Piteå 피테오, knappt 크납트, Uppsala 웁살라, kamp 캄프.
qv	크ㅂ	―	Malmqvist 말름크비스트, Lindqvist 린드크비스트.
r	ㄹ	르	röd 뢰드, Wilander 빌란데르, Björk 비에르크.
rl	ㄹㄹ	ㄹ	Erlander 엘란데르, Karlgren 칼그렌, Jarl 얄.
s	ㅅ	스	sommar 솜마르, Storvik 스토르비크, dans 단스.
sch	시*	슈	Schack 샤크, Schein 셰인, revansch 레반슈.
sj	시*	―	Nässjö 네셰, sjukhem 슈크헴, Sjöberg 셰베리.
sk	스크, 시*	―	Skoglund 스코글룬드, Skellefteå 셸레프테오, Skövde 셰브데, Skeppsholmen 솁스홀멘.
skj	시*	―	Hammarskjöld 함마르셸드, Skjöldebrand 셸데브란드.
stj	시*	―	Stjärneborg 셰르네보리, Oxenstjerna 옥센셰르나.
t	ㅌ	ㅅ, 트	Göta 예타, Botkyrka 봇쉬르카, Trelleborg 트렐레보리, båt 보트.
th	ㅌ	트	Luther 루테르, Thunberg 툰베리.
ti	시*	―	lektion 렉숀, station 스타숀.
tj	시*	―	tjeck 셰크, Tjåkkå 쇼코, tjäna 셰나, tjugo 슈고.

자음	v, w	ㅂ	브	Sverige 스베리예, Wasa 바사, Swedenborg 스베덴보리, Eslöv 에슬뢰브.
	x	ㄱㅅ	ㄱ스	Axel 악셀, Alexander 알렉산데르, sex 섹스.
	z	ㅅ	─	Zachris 사크리스, zon 손, Lorenzo 로렌소.
모음	a	아		Kalix 칼릭스, Falun 팔룬, Alvesta 알베스타.
	e	에		Enköping 엔셰핑, Svealand 스베알란드.
	ä	에		Mälaren 멜라렌, Vänern 베네른, Trollhättan 트롤헤탄.
	i	이		Idre 이드레, Kiruna 키루나.
	å	오		Åmål 오몰, Västerås 베스테로스, Småland 스몰란드.
	o	오		Boden 보덴, Stockholm 스톡홀름, Örebro 외레브로.
	ö	외, 에		Östersund 외스테르순드, Björn 비에른, Linköping 린셰핑.
	u	우		Umeå 우메오, Luleå 룰레오, Lund 룬드.
	y	위		Ystad 위스타드, Nynäshamn 뉘네스함, Visby 비스뷔.

* dj, g, gj, hj, j, lj의 '이'와 ch, k, kj, sch, sj, sk, skj, stj, ti, tj의 '시'가 뒤따르는 모음과 결합할 때는 합쳐서 한 음절로 적는다. 다만, j는 표기 세칙 제4항, 제11항을 따른다.

[표 11]에 따르고, 다음과 같은 특징을 살려서 적는다.

제1항

1. b, g가 무성 자음 앞에 올 때에는 받침 'ㅂ, ㄱ'으로 적는다.

snabbt 스납트　　　　　　　　högst 획스트

2. k, ck, p, t는 무성 자음 앞에서 받침 'ㄱ, ㄱ, ㅂ, ㅅ'으로 적는다.

oktober 옥토베르　　　　　Stockholm 스톡홀름
Uppsala 웁살라　　　　　　Botkyrka 봇쉬르카

제2항 c는 'ㅋ'으로 적되, e, i, ä, y, ö 앞에서는 'ㅅ'으로 적는다.

campa 캄파　　　　　　　　Celsius 셀시우스

제3항 g

1. 모음 앞의 g는 'ㄱ'으로 적되, e, i, ä, y, ö 앞에서는 '이'로 적고 뒤따르는
모음과 합쳐 적는다.

Gustav 구스타브　　　　　　Göteborg 예테보리

2. lg, rg의 g는 '이'로 적는다

    älg 엘리   Borg 보리

3. n 앞의 g는 'ㅇ'으로 적는다.

    Magnus 망누스

4. 무성 자음 앞의 g는 받침 'ㄱ'으로 적는다.

    högst 획스트

5. 그 밖의 자음 앞과 어말에서는 '그'로 적는다.

    Ludvig 루드비그   Greta 그레타

제4항 j는 자음과 모음 사이에 올 때에 앞의 자음과 합쳐서 적는다.

    fjäril 피에릴   mjuk 미우크
    kedja 셰디아   Björn 비에른

제5항 k는 'ㅋ'으로 적되, e, i, ä, y, ö 앞에서는 '시'로 적고 뒤따르는 모음과 합쳐 적는다.

    Kungsholm 쿵스홀름   Norrköping 노르셰핑

제6항 어말 또는 자음 앞의 l은 받침 '르'로 적고, 어중의 l이 모음 앞에 올
때에는 '르르'로 적는다.

folk 폴크   tal 탈   tala 탈라

제7항 어두의 lj는 '이'로 적되 뒤따르는 모음과 합쳐 적고, 어중의 lj는 '르
리'로 적는다.

Ljusnan 유스난   Södertälje 쇠데르텔리에

제8항 n은 어말에서 m 다음에 올 때 적지 않는다.

Karlshamn 칼스함   namn 남

제9항 nk는 자음 t 앞에서는 'ㅇ'으로, 그 밖의 경우에는 'ㅇ크'로 적는다.

anka 앙카   Sankt 상트
punkt 풍트   bank 방크

제10항 sk는 '스크'로 적되 e, i, ä, y, ö 앞에서는 '시'로 적고, 뒤따르는 모
음과 합쳐 적는다.

Skoglund 스코글룬드   skuldra 스쿨드라
skål 스콜   skörd 셰르드
skydda 쉬다

제11항 ö는 '외'로 적되 g, j, k, kj, lj, skj 다음에서는 '에'로 적고, 앞의 '이' 또는 '시'와 합쳐서 적는다. 다만, jö 앞에 그 밖의 자음이 올 때에는 j는 앞의 자음과 합쳐 적고, ö는 '에'로 적는다.

Örebro 외레브로   Göta 예타
Jönköping 옌셰핑   Björn 비에른
Björling 비엘링   mjöl 미엘

제12항 같은 자음이 겹치는 경우에는 겹치지 않은 경우와 같이 적는다. 단, mm, nn은 모음 앞에서 'ㅁㅁ', 'ㄴㄴ'으로 적는다.

Kattegatt 카테가트   Norrköping 노르셰핑
Uppsala 웁살라   Bromma 브롬마
Dannemora 단네모라

표기 일람표 [12]   노르웨이어 자모와 한글 대조표

자모		한글		보기
		모음 앞	자음 앞 어말	
자음	b	ㅂ	ㅂ, 브	Bodø 보되, Ibsen 입센, dobb 도브.
	c	ㅋ, ㅅ	ㅋ	Jacob 야코브, Vincent 빈센트.
	ch	ㅋ	ㅋ	Joachim 요아킴, Christian 크리스티안.
	d	ㄷ		Bodø 보되, Norden 노르덴.
		적지 않음. (장모음 뒤)		spade 스파에.

자음	d		적지 않음. (ld, nd의 d)	Arnold 아르놀, Harald 하랄, Roald 로알, Aasmund 오스문, Vigeland 비겔란, Svendsen 스벤센.
			적지 않음. (장모음+rd)	fjord 피오르, Sigurd 시구르, gård 고르, nord 노르, Halvard 할바르, Edvard 에드바르.
			드(단모음+rd)	ferd 페르드, Rikard 리카르드.
			적지 않음. (장모음 뒤)	glad 글라, Sjaastad 쇼스타.
			드	dreng 드렝, bad 바드.
	f	ㅍ	프	Hammerfest 함메르페스트, biff 비프.
	g	ㄱ		gå 고, gave 가베.
		이*		gigla 이글라, gyllen 윌렌.
			적지 않음. (이중 모음 뒤와 ig, lig)	haug 헤우, deig 데이, Solveig 솔베이, farlig 팔리.
			ㅇ (n 앞)	Agnes 앙네스, Magnus 망누스.
			ㄱ(무성음 앞)	sagtang 삭탕.
			그	grov 그로브, berg 베르그, helg 헬그.
	gj	이*	—	Gjeld 옐, gjenta 옌타.
	h	ㅎ		Johan 요한, Holm 홀름.
			적지 않음.	Hjalmar 얄마르, Hvalter 발테르, Krohg 크로그.
	j	이*	—	Jonas 요나스, Bjørn 비에른, fjord 피오르, Skodje 스코디에, Evje 에비에, Tjeldstø 티엘스퇴.

자음	k	ㅋ, 시*	ㄱ, ㅋ	Rikard 리카르드, Kirsten 시르스텐, Kyndig 쉰디, Køyra 셰위라, lukt 룩트, Erik 에리크.
	kj	시*	—	Kjerschow 셰르쇼브, Kjerulf 셰룰프, Mikkjel 미셸.
	l	ㄹ, ㄹㄹ	ㄹ	Larvik 라르비크, Ålesund 올레순, sol 솔.
	m	ㅁ	ㅁ	Moss 모스, Trivandrum 트리반드룸.
	n	ㄴ	ㄴ	Namsos 남소스, konto 콘토.
	ng	ㅇ	ㅇ	Lange 랑에, Elling 엘링, tvang 트방.
	nk	ㅇㅋ	ㅇ, ㅇㅋ	ankel 앙켈, punkt 풍트, bank 방크.
	p	ㅍ	ㅂ, ㅍ	pels 펠스, september 셉템베르, sopp 소프.
	qu	ㅋ ㅂ	—	Quisling 크비슬링.
	r	ㄹ	르	Ringvassøy 링바쇠위, Lillehammer 릴레함메르.
	rl	ㄹㄹ	ㄹ	Øverland 외벨란.
	s	ㅅ	스	Namsos 남소스, Svalbard 스발바르.
	sch	시*	슈	Schæferhund 셰페르훈, Frisch 프리슈.
	sj	시*	—	Sjaastad 쇼스타, Sjoa 쇼아.
	sk	스ㅋ, 시*	스크	skatt 스카트, Skienselv 시엔스엘브, skram 스크람, Ekofisk 에코피스크.

자음	skj	시*	—	Skjeggedalsfoss 셰게달스포스, Skjåk 쇼크.	
	t	ㅌ	ㅅ, ㅌ	metal 메탈, husets 후셋스, slet 슬레트, lukt 룩트.	
			적지 않음. (어말 관사 et)	huset 후세, møtet 뫼테, taket 타케.	
	th	ㅌ	ㅌ	Dorthe 도르테, Matthias 마티아스, Hjorth 요르트.	
	tj	시*	—	tjern 셰른, tjue 슈에.	
	v, w	ㅂ	브	varm 바름, Kjerschow 셰르쇼브.	
모음	a	아		Hamar 하마르, Alta 알타.	
	aa, å	오		Aall 올, Aasmund 오스문, Kåre 코레, Vesterålen 베스테롤렌, Vestvågøy 베스트보괴위, Ålesund 올레순.	
	au	에우		haug 헤우, lauk 레우크, grauk 그레우크.	
	æ	에		være 베레, Svolvær 스볼베르.	
	e	에		esel 에셀, fare 파레.	
	eg	에이, 에그		regn 레인, tegn 테인, negl 네일, deg 데그, egg 에그.	
	ø	외, 에		Løken 뢰켄, Gjøvik 예비크, Bjørn 비에른.	
	i	이		Larvik 라르비크, Narvik 나르비크.	
	ie	이		Grieg 그리그, Nielsen 닐센, Lie 리.	
	o	오		Lonin 로닌, bok 보크, bord 보르, fjorten 피오르텐.	

모음	øg	외위	døgn 되윈, løgn 뢰윈.
	øy	외위	høy 회위, røyk 뢰위크, nøytral 뇌위트랄.
	u	우	Ålesund 올레순, Porsgrunn 포르스그룬.
	y	위	Stjernøy 스티에르뇌위, Vestvågøy 베스트보괴위.

* g, gj, j, lj의 '이'와 k, kj, sch, sj, sk, skj, tj의 '시'가 뒤따르는 모음과 결합할 때에는 합쳐서 한 음절로 적는다. 다만, j는 표기 세칙 제5항, 제12항을 따른다.

표기 세칙 제14절 **노르웨이어의 표기**

[표 12]에 따르고, 다음과 같은 특징을 살려서 적는다.

제1항

1. b, g가 무성 자음 앞에 올 때에는 받침 'ㅂ, ㄱ'으로 적는다.

 Ibsen 입센   sagtang 삭탕

2. k, p, t는 무성 자음 앞에서 받침 'ㄱ, ㅂ, ㅅ'으로 적는다.

 lukt 룩트   september 셉템베르   husets 후셋스

제2항 c는 'ㅋ'으로 적되, e, i, y, æ, ø 앞에서는 'ㅅ'으로 적는다.

Jacob 야코브   Vincent 빈센트

제3항 d

1. 모음 앞의 d는 'ㄷ'으로 적되, 장모음 뒤에서는 적지 않는다.

Bodø 보되   Norden 노르덴
(장모음 뒤) spade 스파에

2. ld, nd의 d는 적지 않는다.

Harald 하랄   Aasmund 오스문

3. 장모음+rd의 d는 적지 않는다.

fjord 피오르   Halvard 할바르   nord 노르

4. 단모음+rd의 d는 어말에서는 '드'로 적는다.

ferd 페르드   mord 모르드

5. 장모음+d의 d는 적지 않는다.

glad 글라   Sjaastad 쇼스타

6. 그 밖의 경우에는 '드'로 적는다.

dreng 드렝 bad 바드

※모음의 장단에 대해서는 노르웨이어의 발음을 보여 주는 사전을 참조하여야 한다.

제4항 g

1. 모음 앞의 g는 'ㄱ'으로 적되 e, i, y, æ, ø 앞에서는 '이'로 적고 뒤따르는 모음과 합쳐 적는다.

god 고드 gyllen 윌렌

2. g는 이중 모음 뒤와 ig, lig에서는 적지 않는다.

haug 헤우 deig 데이
Solveig 솔베이 fattig 파티
farlig 팔리

3. n 앞의 g는 'ㅇ'으로 적는다.

Agnes 앙네스 Magnus 망누스

4. 무성 자음 앞의 g는 받침 'ㄱ'으로 적는다.

sagtang 삭탕

5. 그 밖의 자음 앞과 어말에서는 '그'로 적는다.

berg 베르그   helg 헬그   Grieg 그리그

제5항 j는 자음과 모음 사이에 올 때에 앞의 자음과 합쳐서 적는다.

Bjørn 비에른   fjord 피오르
Skodje 스코디에   Evje 에비에
Tjeldstø 티엘스퇴

제6항 k는 'ㅋ'으로 적되 e, i, y, æ, ø 앞에서는 '시'로 적고, 뒤따르는 모음과
합쳐 적는다.

Rikard 리카르드   Kirsten 시르스텐

제7항 어말 또는 자음 앞의 l은 받침 'ㄹ'로 적고, 어중의 l이 모음 앞에 올
때에는 'ㄹㄹ'로 적는다.

sol 솔   Quisling 크비슬링

제8항 nk는 자음 t 앞에서는 'ㅇ'으로, 그 밖의 경우에는 'ㅇㅋ'로 적는다.

punkt 풍트   bank 방크

제9항 sk는 '스ㅋ'로 적되, e, i, y, æ, ø 앞에서는 '시'로 적고 뒤따르는 모음
과 합쳐 적는다.

skatt 스카트   Skienselv 시엔스엘브

제10항 t

1. 어말 관사 et의 t는 적지 않는다.

huset 후세   møtet 뫼테   taket 타케

2. 다만, 어말 관사 et에 s가 첨가되면 받침 'ㅅ'으로 적는다.

husets 후셋스

제11항 eg

1. eg는 n, l 앞에서 '에이'로 적는다.

regn 레인   tegn 테인   negl 네일

2. 그 밖의 경우에는 '에그'로 적는다.

deg 데그   egg 에그

제12항 ø는 '외'로 적되, g, j, k, kj, lj, skj 다음에서는 '에'로 적고 앞의 '이'
        또는 '시'와 합쳐서 적는다. 다만, jø 앞에 그 밖의 자음이 올 때에는 j는
        앞의 자음과 합쳐 적고 ø는 '에'로 적는다.

Bodø 보되   Gjøvik 예비크   Bjørn 비에른

제13항 같은 자음이 겹치는 경우에는 겹치지 않은 경우와 같이 적는다. 단, mm, nn은 모음 앞에서 'ㅁㅁ', 'ㄴㄴ'으로 적는다.

Moss 모스	Mikkjel 미셸
Matthias 마티아스	Hammerfest 함메르페스트

표기 일람표 [13] 덴마크어 자모와 한글 대조표

자모	한글		보기
	모음 앞	자음 앞 어말	
b	ㅂ	ㅂ, 브	Bornholm 보른홀름, Jacobsen 야콥센, Holstebro 홀스테브로.
c	ㅋ, ㅅ	ㅋ	cafeteria 카페테리아, centrum 센트룸, crosset 크로세트.
ch	시*	ㅋ	Charlotte 샤를로테, Brochmand 브로크만, Grønbech 그뢴베크.
d	ㄷ		Odense 오덴세, dansk 단스크, vendisk 벤디스크.
d		적지 않음. (ds, dt, ld, nd, rd)	plads 플라스, Grundtvig 그룬트비, kridt 크리트, Lolland 롤란, Öresund 외레순, hård 호르.
d		드 (ndr)	andre 안드레, vandre 반드레.
		드	dreng 드렝.

자음	f	ㅍ	프	Falster 팔스테르, flod 플로드, ruf 루프.
	g	ㄱ		give 기베, general 게네랄, gevær 게베르, hugge 후게.
			적지 않음. (어미 ig)	herlig 헤를리, Grundtvig 그룬트비.
			(u와 l 사이)	fugl 풀, kugle 쿨레,
			(borg, berg)	Nyborg 뉘보르, Frederiksberg 프레데릭스베르.
			그	magt 마그트, dug 두그.
	h	ㅎ	적지 않음.	Helsingør 헬싱외르, Dahl 달.
	hj	이*	—	hjem 옘, hjort 요르트, Hjøring 예링.
	j	이*	—	Jensen 옌센, Esbjerg 에스비에르그, Skjern 스키에른.
	k	ㅋ	ㄱ, ㅋ	København 쾨벤하운, køre 쾨레, Skære 스케레, Frederikshavn 프레데릭스하운, Holbæk 홀베크.
	l	ㄹ, ㄹㄹ	ㄹ	Lolland 롤란, Falster 팔스테르.
	m	ㅁ	ㅁ	Møn 묀, Bornholm 보른홀름.
	n	ㄴ	ㄴ	Rønne 뢰네, Fyn 퓐.
	ng	ㅇ	ㅇ	Helsingør 헬싱외르, Hjøring 예링.
	nk	ㅇㅋ	ㅇㅋ	ankel 앙켈, Munk 뭉크.
	p	ㅍ	ㅂ, 프	hoppe 호페, september 셉템베르, spring 스프링, hop 호프.
	qu	ㅋㅂ	—	Taanquist 톤크비스트.

자음	r	ㄹ	르	Rønne 뢰네, Helsingør 헬싱외르.
	s, sc	ㅅ	스	Sorø 소뢰, Roskilde 로스킬레, Århus 오르후스, scene 세네.
	sch	시*	슈	Schæfer 셰페르.
	sj	시*	—	Sjælland 셸란, sjal 샬, sjus 슈스.
	t	ㅌ	ㅅ, 트	Tønder 퇴네르, stå 스토, vittig 비티, nattkappe 낫카페, træde 트레데, streng 스트렝, hat 하트, krudt 크루트.
	th	ㅌ	트	Thorshavn 토르스하운, Thisted 티스테드.
	v	ㅂ		Vejle 바일레, dvale 드발레, pulver 풀베르, rive 리베, lyve 뤼베, løve 뢰베.
		우 (단모음 뒤)		doven 도우엔, hoven 호우엔, oven 오우엔, sove 소우에.
			적지 않음(lv)	halv 할, gulv 굴.
			우 (av, æv, øv, ov, ev)	gravsten 그라우스텐, København 쾨벤하운, Thorshavn 토르스하운, jævn 예운, Støvle 스퇴울레, lov 로우, rov 로우, Hjelmslev 옐름슬레우.
			브	arv 아르브.
	x	ㄱㅅ	ㄱ스	Blixen 블릭센, sex 섹스.
	z	ㅅ	—	zebra 세브라.
모음	a	아		Falster 팔스테르, Randers 라네르스.

모음	æ	에	Næstved 네스트베드, træ 트레, fæ 페, mæt 메트.
	aa, a	오	Kierkegaard 키르케고르, Arhus 오르후스, las 로스.
	e	에	Horsens 호르센스, Brande 브라네.
	eg	아이	negl 나일, segl 사일, regn 라인.
	ej	아이	Vejle 바일레, Sejerø 사이에뢰.
	ø	외	Rønne 뢰네, Ringkøbing 링쾨빙, Sorø 소뢰.
	øg	오이	nøgle 노일레, øgle 오일레, løgn 로인, døgn 도인.
	øj	오이	Højer 호이에르, øje 오이에.
	i	이	Ribe 리베, Viborg 비보르.
	ie	이	Niels 닐스, Nielsen 닐센, Nielson 닐손.
	o	오	Odense 오덴세, Svendborg 스벤보르.
	u	우	Århus 오르후스, Toflund 토플룬.
	y	위	Fyn 퓐, Thy 튀.

* hj, j의 '이'와 sch, sj의 '시'가 뒤따르는 모음과 결합할 때에는 합쳐서 한 음절로 적는다. 다만, j는 표기 세칙 제5항을 따른다.

[표 13]에 따르고, 다음과 같은 특징을 살려서 적는다.

제1항

1. b는 무성 자음 앞에서 받침 'ㅂ'으로 적는다.

    Jacobsen 야콥센　　　　　　　　Jakobsen 야콥센

2. k, p, t는 무성 자음 앞에서 받침 'ㄱ, ㅂ, ㅅ'으로 적는다.

    insekt 인섹트　　　　　　　september 셉템베르
    nattkappe 낫카페

제2항 c는 'ㅋ'으로 적되, e, i, y, æ, ø 앞에서는 'ㅅ'으로 적는다.

    campere 캄페레　　　　　　　centrum 센트룸

제3항 d

1. ds, dt, ld, nd, rd의 d는 적지 않는다.

    plads 플라스　　　　　　　kridt 크리트
    født e 푀테　　　　　　　　vold 볼

Kolding 콜링	Öresund 외레순
Jylland 윌란	hård 호르
bord 보르	nord 노르

2. 다만, ndr의 d는 '드'로 적는다.

andre 안드레	vandre 반드레

3. 그 밖의 경우에는 '드'로 적는다.

dreng 드렝

제4항 g

1. 어미 ig의 g는 적지 않는다.

vældig 벨디	mandig 만디
herlig 헤를리	lykkelig 뤼켈리
Grundtvig 그룬트비	

2. u와 l 사이의 g는 적지 않는다.

fugl 풀	kugle 쿨레

3. borg, berg의 g는 적지 않는다.

Nyborg 뉘보르   Esberg 에스베르

Frederiksberg 프레데릭스베르

4. 그 밖의 자음 앞과 어말에서는 '그'로 적는다.

magt 마그트   dug 두그

제5항 j는 자음과 모음 사이에 올 때에 앞의 자음과 합쳐서 적는다.

Esbjerg 에스비에르그   Skjern 스키에른

Kjellerup 키엘레루프   Fjellerup 피엘레루프

제6항 어말 또는 자음 앞의 l은 받침 'ㄹ'로 적고, 어중의 l이 모음 앞에 올 때에는 'ㄹㄹ'로 적는다.

Holstebro 홀스테브로   Lolland 롤란

제7항 v

1. 모음 앞의 v는 'ㅂ'으로 적되, 단모음 뒤에서는 '우'로 적는다.

Vejle 바일레   dvale 드발레

pulver 풀베르   rive 리베

lyve 뤼베   løve 뢰베

doven 도우엔   hoven 호우엔

oven 오우엔   sove 소우에

2. lv의 v는 묵음일 때 적지 않는다.

halv 할 gulv 굴

3. av, æv, øv, ov, ev에서는 '우'로 적는다.

gravsten 그라우스텐 havn 하운
København 쾨벤하운 Thorshavn 토르스하운
jævn 예운 Støvle 스퇴울레
lov 로우 rov 로우
Hjelmslev 옐름슬레우

4. 그 밖의 경우에는 '브'로 적는다.

arv 아르브

※ 묵음과 모음의 장단에 대해서는 덴마크어의 발음을 보여 주는 사전을 참조하여야 한다.

제8항 같은 자음이 겹치는 경우에는 겹치지 않은 경우와 같이 적는다.

lykkelig 뤼켈리 hoppe 호페
Hjørring 예링 blomme 블로메
Rønne 뢰네

말레이인도네시아어 자모와 한글 대조표

	자모	한글		보기
		모음 앞	자음 앞 어말	
자음	b	ㅂ	ㅂ, 브	Bali 발리, Abdul 압둘, Najib 나집, Bromo 브로모.
	c	ㅊ	츠	Ceto 체토, Aceh 아체, Mac 마츠.
	d	ㄷ	ㅅ, 드	Denpasar 덴파사르, Ahmad 아맛, Idris 이드리스.
	f	ㅍ	ㅂ	Fuji 푸지, Arifin 아리핀, Jusuf 유숩.
	g	ㄱ	ㄱ, 그	gamelan 가믈란, gudeg 구득, Nugroho 누그로호.
	h	ㅎ	—	Halmahera 할마헤라, Johor 조호르, Ipoh 이포.
	j	ㅈ	즈	Jambi 잠비, Majapahit 마자파힛, mikraj 미크라즈.
	k	ㅋ	ㄱ, 크	Kalimantan 칼리만탄, batik 바틱, Krakatau 크라카타우.
	kh	ㅎ	ㄱ, 크	khas 하스, akhbar 악바르, Fakhrudin 파크루딘.
	l	ㄹ, ㄹㄹ	ㄹ	Lombok 롬복, Palembang 팔렘방, Bangsal 방살.
	m	ㅁ	ㅁ	Maluku 말루쿠, bemo 베모, Iram 이람.
	n	ㄴ	ㄴ	Nias 니아스, Sukarno 수카르노, Prambanan 프람바난.
	ng	응	ㅇ	Ngarai 응아라이, bonang 보낭, Bandung 반둥.
	p	ㅍ	ㅍ, 프	Padang 파당, Yap 얍, Suprana 수프라나.

	q	ㅋ	ㄱ	furqan 푸르칸, Taufiq 타우픽.
	r	ㄹ	르	ringgit 링깃, Rendra 렌드라, asar 아사르.
	s	ㅅ	스	Sabah 사바, Brastagi 브라스타기, Gemas 게마스.
자음	t	ㅌ	ㅅ, 트	Timor 티모르, Jakarta 자카르타, Rahmat 라맛, Trisno 트리스노.
	v	ㅂ	—	Valina 발리나, Eva 에바, Lovina 로비나.
	x	ㅅ	—	xenon 세논.
	z	ㅈ	즈	zakat 자캇, Azlan 아즐란, Haz 하즈.
반모음	w	오, 우		Wamena 와메나, Badawi 바다위.
	y	이		Yudhoyono 유도요노, Surabaya 수라바야.
	a	아		Ambon 암본, sate 사테, Pancasila 판차실라.
	e	에, 으		Ende 엔데, Ampenan 암페난, Pane 파네, empat 음팟, besar 브사르, gendang 근당.
모음	i	이		Ibrahim 이브라힘, Biak 비악, trimurti 트리무르티.
	o	오		Odalan 오달란, Barong 바롱, komodo 코모도.
	u	우		Ubud 우붓, kulit 쿨릿, Dampu 담푸.
	ai	아이		ain 아인, Rais 라이스, Jelai 즐라이.
이중모음	au	아우		aula 아울라, Maumere 마우메레, Riau 리아우.
	oi	오이		Amboina 암보이나, boikot 보이콧.

표기 세칙 제16절 **말레이인도네시아어의 표기**

[표 14]에 따르고, 다음과 같은 특징을 살려서 적는다.

제1항 유음이나 비음 앞에 오는 파열음은 '으'를 붙여 적는다.

Prambanan 프람바난	Trisno 트리스노
Ibrahim 이브라힘	Fakhrudin 파크루딘
Tasikmalaya 타시크말라야	Supratman 수프라트만

제2항 sy는 뒤따르는 모음과 합쳐서 '샤, 셰, 시, 쇼, 슈' 등으로 적는다. 구
철자 sh는 sy와 마찬가지로 적는다.

Syarwan 샤르완	Paramesywara 파라메시와라
Syed 셋	Shah 샤

제3항 인도네시아어의 구철자 dj와 tj는 신철자 j, c와 마찬가지로 적는다.

Djakarta 자카르타	Jakarta 자카르타
Banda Atjeh 반다아체	Banda Aceh 반다아체

제4항 인도네시아어의 구철자 j와 sj는 신철자 y, sy와 마찬가지로 적는다.

Jusuf 유숩	Yusuf 유숩
Sjarifuddin 샤리푸딘	Syarifuddin 샤리푸딘

제5항 인도네시아어의 구철자 bh와 dh는 신철자 b, d와 마찬가지로 적는다.

Bhinneka 비네카	Binneka 비네카
Yudhoyono 유도요노	Yudoyono 유도요노

제6항 인도네시아어의 구철자 ch는 신철자 kh와 마찬가지로 적는다.

Chairil 하이릴   Khairil 하이릴
Bacharuddin 바하루딘   Bakharuddin 바하루딘

제7항 말레이시아어의 구철자 ch는 신철자 c와 마찬가지로 적는다.

Changi 창이   Cangi 창이
Kuching 쿠칭   Kucing 쿠칭

제8항 말레이시아어 철자법에 따라 표기한 gh, th는 각각 g, t와 마찬가지로
적는다.

Ghazali 가잘리   baligh 발릭   Mahathir 마하티르
(말레이시아어 철자법)
Gazali 가잘리   balig 발릭   Mahatir 마하티르
(인도네시아어 철자법)

제9항 어중의 l이 모음 앞에 올 때에는 '근근'로 적는다.

Palembang 팔렘방   Malik 말릭

제10항 같은 자음이 겹쳐 나올 때에는 한 번만 적는다.

Hasanuddin 하사누딘   Mohammad 모하맛
Mappanre 마판레   Bukittinggi 부키팅기

제11항 반모음 w는 뒤의 모음과 합쳐 '와', '웨' 등으로 적는다. 자음 뒤에 w 가 올 때에는 두 음절로 갈라 적되, 앞에 자음 k가 있으면 '콰', '퀘' 등으로 한 음절로 붙여 적는다.

    Megawati 메가와티   Anwar 안와르
    kwartir 콰르티르   kweni 퀘니

제12항 반모음 y는 뒤의 모음과 합쳐 '야', '예' 등으로 적으며 앞에 자음이 있을 경우에는 그 자음까지 합쳐 적는다. 다만 g나 k가 y 앞에 올 때에는 합쳐 적지 않고 뒤 모음과만 합쳐 적는다.

    Yadnya 야드냐   tanya 타냐
    satya 사탸   Yogyakarta 욕야카르타

제13항 e는 [e]와 [ə] 두 가지로 소리 나므로 발음을 확인하여 [e]는 '에'로 [ə]는 '으'로 적는다. 다만, ye의 e가 [ə]일 때에는 ye를 '여'로 적는다.

    Ampenan 암페난   sate 사테
    Cirebon 치르본   kecapi 크차피
    Yeh Sani 예사니   Nyepi 녀피

제14항 같은 모음이 겹쳐 나올 때에는 한 번만 적는다.

    Pandaan 판단   Paramesywara 파라메시와라
    saat 삿   Shah 샤

제15항 인도네시아어의 구철자 중모음 표기 oe, ie는 신철자 u, i와 마찬가지로 '우, 이'로 적는다.

Bandoeng 반둥   Bandung 반둥
Habibie 하비비   Habibi 하비비

표기 일람표 [15]   타이어 자모와 한글 대조표

	로마자	타이어 자모	한글		보기
			모음 앞	자음 앞 어말	
자음	b	บ	ㅂ	ㅂ	baht 밧, Chonburi 촌부리, Kulab 꿀랍.
	c	จ	ㅉ	—	Caolaw 짜올라우.
	ch	ฉ	ㅊ	ㅅ	Chiang Mai 치앙마이, buach 부앗.
		ช			
		ฌ			
	d	ฎ	ㄷ	ㅅ	Dindaeng 딘댕, Rad Burana 랏부라나, Samed 사멧.
		ด			
	f	ฝ	ㅍ	—	Maefaluang 매팔루앙.
		ฟ			
	h	ห	ㅎ	—	He 헤, Lahu 라후, Mae Hong Son 매홍손.
		ฮ			
	k	ก	ㄲ	ㄱ	Kaew 깨우, malako 말라꼬, Rak Mueang 락므앙, phrik 프릭.

자음	kh	ข ฃ ค ฅ ฆ	ㅋ	ㄱ	Khaosan 카오산, lakhon 라콘, Caroenrachphakh 짜른랏팍.
	l	ล ฬ	ㄹ, ㄹㄹ	ㄴ	lamyai 람야이, Thalang 탈랑, Sichol 시촌.
	m	ม	ㅁ	ㅁ	Maikhao 마이카오, mamuang 마무앙, khanom 카놈, Silom 실롬.
	n	ณ น	ㄴ	ㄴ	Nan 난, Ranong 라농, Arun 아룬, Huahin 후아힌.
	ng	ง	응	ㅇ	nga 응아, Mongkut 몽꿋, Chang 창.
	p	ป	ㅃ	ㅂ	Pimai 삐마이, Paknam 빡남, Nakhaprathip 나카쁘라팁.
	ph	ผ พ ภ	ㅍ	ㅂ	Phuket 푸껫, Phicit 피찟, Saithiph 사이팁.
	r	ร	ㄹ	ㄴ	ranat 라낫, thurian 투리안.
	s	ซ ศ ษ ส	ㅅ	ㅅ	Siam 시암, Lisu 리수, Saket 사껫.
	t	ฏ ต	ㄸ	ㅅ	Tak 딱, Satun 사뚠, natsin 낫신, Phuket 푸껫.

자음	th	ฐ ฑ ฒ ถ ท ธ	ㅌ	ㅅ	Tham Boya 탐보야, Thon Buri 톤부리, thurian 투리안, song thaew 송태우, Pathumthani 빠툼타니, Chaiyawath 차이야왓.
반모음	y	ญ ย	이		lamyai 람야이, Ayutthaya 아유타야.
반모음	w	ว	오, 우		Wan Songkran 완송끄란, Malaiwong 말라이웡, song thaew 송태우.
모음	a	—ั —า	아		Akha 아카, kapi 까삐, lang sad 랑삿, Phanga 팡아
모음	e	เ—ะ เ—	에, 예		Erawan 에라완, Akhane 아카네, Panare 빠나레.
모음	i	ิ ี	이		Sire 시레, linci 린찌, Krabi 끄라비, Lumphini 룸피니.
모음	o	โ—ะ โ— เ—าะ —อ	오		khon 콘, Loi 로이, namdokmai 남독마이, Huaito 후아이또.
모음	u	ุ ู	우		thurian 투리안, Chonburi 촌부리, Satun 사뚠.
모음	ae	แ—ะ แ—	애		kaeng daeng 깽댕, Maew 매우, Bangsaen 방샌, Kaibae 까이배.

모음	oe	ㅓ–ㅓ앙	으	Mai Mueangdoem 마이 므앙듬.
		ㅓ–ㅓ		
	ue	ㅡㅓ	으	kaeng cued 깽쯧, Maeraphueng 매라픙, Buengkum 붕꿈.
		ㅡㅓ		

[표 15]에 따르고, 다음과 같은 특징을 살려서 적는다.

제1항 유음 앞에 오는 파열음은 '으'를 붙여 적는다.

      Nakhaprathip 나카쁘라팁   Krungthep 끄룽텝
      Phraya 프라야   Songkhram 송크람

제2항 모음 사이에서 l은 'ㄹㄹ'로, ll은 'ㄴㄹ'로 적는다.

      thale 탈레   malako 말라꼬
      Sillapaacha 신라빠차   Kallasin 깐라신

제3항 같은 자음이 겹쳐 있을 때에는 겹치지 않은 경우와 같이 적는다.
　-pph-, -tth- 등 같은 계열의 자음이 겹쳐 나올 때에도 겹치지 않은 경우
　와 같이 적는다. 다만, -mm-, -nn-의 경우에는 'ㅁㅁ', 'ㄴㄴ'으로 적는다.

Suwit Khunkitti 수윗 쿤끼띠 Pattani 빠따니
Ayutthaya 아유타야 Thappharangsi 타파랑시
Thammamongkhon 탐마몽콘 Lanna Thai 란나타이

제4항 관용적 로마자 표기에서 c 대신 쓰이는 j는 c와 마찬가지로 적는다.

Janthaphimpha 짠타핌파 Jit Phumisak 찟 푸미삭

제5항 sr 와 thr는 모음 앞에서 s와 마찬가지로 'ㅅ'으로 적는다.

Intharasuksri 인타라숙시 Sri Chang 시창
Bangthrai 방사이

제6항 반모음 y는 모음 사이, 또는 어두에 있을 때에는 뒤의 모음과 합쳐
'야, 예' 등으로 적으며, 자음과 모음 사이에 있을 때에는 앞의 자음과는
갈라 적고 뒤의 모음과는 합쳐 적는다.

khaoniyao 카오니야오 yai 야이
Adunyadet 아둔야뎃 lamyai 람야이

제7항 반모음 w는 뒤의 모음과 합쳐 '와', '웨' 등으로 적는다. 자음 뒤에 w
가 올 때에는 두 음절로 갈라 적되, 앞에 자음 k, kh가 있으면 '꽈', '콰',
'꿰', '퀘' 등으로 한 음절로 붙여 적는다.

Suebwongli 습웡리 Sukhumwit 수쿰윗
Huaikhwang 후아이쾅 Maenamkhwe 매남퀘

제8항 관용적 로마자 표기에서 사용되는 or은 '오'로 적고, oo는 '우'로, ee는 '이'로 적는다.

Korn 꼰	Somboon 솜분	Meechai 미차이

표기 일람표 [16] 베트남어 자모와 한글 대조표

자모	한글		보기
	모음 앞	자음 앞 어말	
b	ㅂ	—	Bao 바오, bo 보.
c, k, q	ㄲ	ㄱ	cao 까오, khac 칵, kiêt 끼엣, lăk 락, quan 꽌.
ch	ㅉ	ㄱ	cha 짜, bach 박.
d, gi	ㅈ	—	duc 죽, Du'o'ng 즈엉, gia 자, giây 저이.
đ	ㄷ	—	đan 단, đinh 딘.
g, gh	ㄱ	—	gai 가이, go 고, ghe 개, ghi 기.
h	ㅎ	—	hai 하이, hoa 호아.
kh	ㅋ	—	Khai 카이, khi 키.
l	ㄹ, ㄹㄹ	—	lâu 러우, long 롱, My Lay 밀라이.
m	ㅁ	ㅁ	minh 민, măm 맘, tôm 똠.
n	ㄴ	ㄴ	Nam 남, non 논, bun 분.
ng, ngh	응	ㅇ	ngo 응오, ang 앙, đông 동, nghi 응이, nghê 응에.
nh	니	ㄴ	nhât 녓, nho'n 년, minh 민, anh 아인.
p	ㅃ	ㅂ	put 뿟, chap 짭.

자음	ph	ㅍ	—	Pham 팜, phở 퍼.
	r	ㄹ	—	rang 랑, rôi 로이.
	s	ㅅ	—	sang 상, so 소.
	t	ㄸ	ㅅ	tam 땀, têt 뗏, hat 핫.
	th	ㅌ	—	thao 타오, thu 투.
	tr	ㅉ	—	Trân 쩐, tre 째.
	v	ㅂ	—	vai 바이, vu 부.
	x	ㅆ	—	xanh 싸인, xeo 쌔오.
모음	a	아		an 안, nam 남.
	ă	아		ăn 안, Đăng 당, măc 막.
	â	어		ân 언, cân 껀, lâu 러우.
	e	애		em 앰, cheo 째오.
	ê	에		êm 엠, chê 쩨, Huê 후에.
	i	이		in 인, dai 자이.
	y	이		yên 옌, quy 꾸이.
	o	오		ong 옹, bo 보.
	ô	오		ôm 옴, đông 동.
	ơ	어		ơn 언, sơn 선, mơi 머이.
	u	우		um 움, cung 꿍.
	ư	으		ưn 은, tư 뜨.
이중 모음	ia	이어		kia 끼어, ria 리어.
	iê	이에		chiêng 찌엥, diêm 지엠.
	ua	우어		lua 루어, mua 무어.
	uô	우오		buôn 부온, quôc 꾸옥.
	ưa	으어		cưa 끄어, mưa 므어, sưa 스어.
	ươ	으어		rươu 르어우, phương 프엉.

[표 16]에 따르고, 다음과 같은 특징을 살려서 적는다.

제1항 nh는 이어지는 모음과 합쳐서 한 음절로 적는다. 어말이나 자음 앞에
　　서는 받침 'ㄴ'으로 적되, 그 앞의 모음이 a인 경우에는 a와 합쳐 '아인'으
　　로 적는다.

　　　　Nha Trang 냐짱　　　　　　Hô Chi Minh 호찌민
　　　　Thanh Hoa 타인호아　　　　Đông Khanh 동카인

제2항 qu는 이어지는 모음이 a일 경우에는 합쳐서 '꽈'로 적는다.

　　　　Quang 꽝　　　　　　　　hat quan ho 핫꽌호
　　　　Quôc 꾸옥　　　　　　　　Quyên 꾸옌

제3항 y는 뒤따르는 모음과 합쳐서 한 음절로 적는다.

　　　　yên 옌　　　　　　　　　Nguyên 응우옌

제4항 어중의 l이 모음 앞에 올 때에는 'ㄹㄹ'로 적는다.

　　　　klông put 끌롱뿟　　　　　Pleiku 쁠래이꾸
　　　　Ha Long 할롱　　　　　　My Lay 밀라이

다만, 인명의 성과 이름은 별개의 단어로 보아 이 규칙을 적용하지 않는다.

The L 테르   Che Lan Vien 쩨란비엔

포르투갈어 자모와 한글 대조표

자모	한글		보기
	모음 앞	자음 앞 어말	
b	ㅂ	브	bossa nova 보사노바, Abreu 아브레우.
c	ㅋ, ㅅ	ㄱ	Cabral 카브랄, Francisco 프란시스쿠, aspecto 아스펙투.
ç	ㅅ	—	saraça 사라사, Eça 에사.
ch	시*	—	Chaves 샤베스, Espichel 이스피셸.
d	ㄷ, ㅈ	드	escudo 이스쿠두, Bernardim 베르나르딩, Dias 지아스(브).
f	ㅍ	프	fado 파두, Figo 피구.
g	ㄱ, ㅈ	그	Saramago 사라마구, Jorge 조르즈, Portalegre 포르탈레그르, Guerra 게하.
h	—	—	Henrique 엔히크, hostia 오스티아.
j	ㅈ	—	Aljezur 알제주르, panja 판자.
l	ㄹ, ㄹㄹ	ㄹ, 우	Lisboa 리스보아, Manuel 마누엘, Melo 멜루, Salvador 사우바도르(브).
lh	ㄹ리*	—	Coelho 코엘류, Batalha 바탈랴.
m	ㅁ	ㅁ, ㅇ	Moniz 모니스, Humberto 움베르투, Camocim 카모싱.
n	ㄴ	ㄴ, ㅇ	Natal 나탈, António 안토니우, Angola 앙골라, Rondon 혼동.

	nh	니*	—	Marinha 마리냐, Matosinhos 마토지뉴스.
	p	ㅍ	프	Pedroso 페드로주, Lopes 로페스, Prado 프라두.
	q	ㅋ	—	Aquilino 아킬리누, Junqueiro 중케이루.
	r	ㄹ, ㅎ	르	Freire 프레이르, Rodrigues 호드리게스, Cardoso 카르도주.
자음	s	ㅅ, ㅈ	스, 즈	Salazar 살라자르, Barroso 바호주, Egas 에가스, mesmo 메즈무.
	t	ㅌ, ㅊ	트	Tavira 타비라, Garrett 가헤트, Aracati 아라카치(브) .
	v	ㅂ	—	Vicente 비센트, Oliveira 올리베이라.
	x	시*, ㅈ	스	Xira 시라, exame 이자므, exportar 이스포르타르.
	z	ㅈ	스	fazenda 파젠다, Diaz 디아스.
모음	a	아		Almeida 알메이다, Egas 에가스.
	e	에, 이, 으		Elvas 엘바스, escudo 이스쿠두, Mangualde 망구알드, Belmonte 베우몬치(브).
	i	이		Amalia 아말리아, Vitorino 비토리누.
	o	오, 우		Odemira 오데미라, Melo 멜루, Passos 파수스.
	u	우		Manuel 마누엘, Guterres 구테흐스.
이중모음	ai	아이		Sampaio 삼파이우, Cascais 카스카이스.
	au	아우		Bauru 바우루, São Paulo 상파울루.
	ae	앙이		Guimarães 기마랑이스, Magalhães 마갈량이스.
	ão	앙		Durão 두랑, Fundão 푼당.
	ei	에이		Ribeiro 히베이루, Oliveira 올리베이라.
	eu	에우		Abreu 아브레우, Eusebio 에우제비우.

이 중 모 음	iu	이우	Aeminium 아에미니웅, Ituiutaba 이투이우타바.
	oi	오이	Coimbra 코임브라, Goiás 고이아스.
	ou	오	Lousã 로장, Mogadouro 모가도루.
	õe	옹이	Camões 카몽이스, Pilões 필롱이스.
	ui	우이	Luis 루이스, Cuiabá 쿠이아바.

* ch의 '시', lh의 '리', nh의 '니', x의 '시'가 뒤따르는 모음과 결합할 때에는 합쳐서 한 음절로 적는다.
* k, w, y는 외래어나 외래어에서 파생된 포르투갈식 어휘 또는 국제적으로 통용되는 약자나 기호의 표기에서 사용 되는 것으로 포르투갈어 알파벳에 속하지 않으므로 해당 외래어 발음에 가깝게 표기한다.
* (브)는 브라질 포르투갈어에 적용되는 표기이다.

표기 세칙 제19절 　　포르투갈어의 표기

　[표 17]에 따르고, 다음과 같은 특징을 살려서 적는다. 다만, '브라질 포르투갈어에서'라는 단서가 붙은 조항은 브라질 지명·인명의 표기에만 적용한다.

제1항 c, g는 a, o, u 앞에서는 각각 'ㅋ, ㄱ'으로 적고, e, i 앞에서는 'ㅅ, ㅈ'으로 적는다.

　　Cabral 카브랄　　　　　　Camocim 카모싱
　　Egas 에가스　　　　　　　Gil 질

제2항 gu, qu는 a, o, u 앞에서는 각각 '구, 쿠'로 적고, e, i 앞에서는 'ㄱ, ㅋ'으로 적는다.

Iguaçú 이구아수	Araquari 아라쿠아리
Guerra 게하	Aquilino 아킬리누

제3항 d, t는 ㄷ, ㅌ으로 적는다. 다만, 브라질 포르투갈어에서 i 앞이나 어말 e 및 어말 -es 앞에서는 'ㅈ, ㅊ'으로 적는다.

Amado 아마두	Costa 코스타
Diamantina 디아만티나	Diamantina 지아만치나 (브)
Alegrete 알레그레트	Alegrete 알레그레치 (브)
Montes 몬트스	Montes 몬치스 (브)

제4항 어말의 -che는 '시'로 적는다.

Angoche 앙고시	Peniche 페니시

제5항 l

1. 어중의 l이 모음 앞에 오거나 모음이 따르지 않는 비음 앞에 오는 경우에는 'ㄹㄹ'로 적는다. 다만, 비음 뒤의 l은 모음 앞에 오더라도 'ㄹ'로 적는다.

Carlos 카를루스	Amalia 아말리아

2. 어말 또는 자음 앞의 l은 받침 'ㄹ'로 적는다. 다만, 브라질 포르투갈어에서 자음 앞이나 어말에 오는 경우에는 '우'로 적되, 어말에 -ul이 오는 경우에는 '울'로 적는다.

Sul 술	Azul 아줄

Gilberto 질베르투	Gilberto 지우베르투 (브)
Caracol 카라콜	Caracol 카라코우 (브)

제6항 m, n은 각각 ㅁ, ㄴ으로 적고, 어말에서는 모두 받침 'ㅇ'으로 적는다. 어말 -ns의 n도 받침 'ㅇ'으로 적는다.

Manuel 마누엘	Moniz 모니스
Campos 캄푸스	Vincente 빈센트
Santarem 산타렝	Rondon 혼동
Lins 링스	Rubens 후벵스

제7항 ng, nc, nq 연쇄에서 'g, c, q'가 'ㄱ'이나 'ㅋ'으로 표기되면 'n'은 받침 'ㅇ'으로 적는다.

Angola 앙골라	Angelo 안젤루
Branco 브랑쿠	Francisco 프란시스쿠
Conquista 콩키스타	Junqueiro 중케이루

제8항 r는 어두나 n, l, s 뒤에 오는 경우에는 'ㅎ'으로 적고, 그 밖의 경우에는 'ㄹ, 르'로 적는다.

Ribeiro 히베이루	Henrique 엔히크
Bandeira 반데이라	Salazar 살라자르

제9항 s

1. 어두나 모음 앞에서는 'ㅅ'으로 적고, 모음 사이에서는 'ㅈ'으로 적는다.

2. 무성 자음 앞이나 어말에서는 '스'로 적고, 유성 자음 앞에서는 '즈'로 적는다.

Salazar 살라자르   Afonso 아폰수

Barroso 바호주   Gervasio 제르바지우

제10항 sc, sç, xc

sc와 xc는 e, i 앞에서 'ㅅ'으로 적는다. sç는 항상 'ㅅ'으로 적는다.

Nascimento 나시멘투   piscina 피시나

excelente 이셀렌트   cresça 크레사

제11항 x는 '시'로 적되, 어두 e와 모음 사이에 오는 경우에는 'ㅈ'으로 적는다.

Teixeira 테이셰이라   lixo 리슈

exame 이자므   exemplo 이젬플루

제12항 같은 자음이 겹치는 경우에는 겹치지 않은 경우와 같이 적는다. 다만, rr는 'ㅎ, 흐'로, ss는 'ㅅ, 스'로 적는다.

Garrett 가헤트   Barroso 바호주

Mattoso 마토주   Toress 토레스

제13항 o는 '오'로 적되, 어말이나 -os의 o는 '우'로 적는다.

Nobre 노브르	Antonio 안토니우
Melo 멜루	Saramago 사라마구
Passos 파수스	Lagos 라구스

제14항 e는 '에'로 적되, 어두 무강세 음절에서는 '이'로 적는다. 어말에서는 '으'로 적되, 브라질 포르투갈어에서는 '이'로 적는다.

Montemayor 몬테마요르	Estremoz 이스트레모스
Chifre 시프르	Chifre 시프리 (브)
de 드	de 지 (브)

제15항 - es

1. p, b, m, f, v 다음에 오는 어말 -es는 '-에스'로 적는다.

Lopes 로페스	Gomes 고메스
Neves 네베스	Chaves 샤베스

2. 그 밖의 어말 -es는 '-으스'로 적는다. 다만, 브라질 포르투갈어에서는 '-이스'로 적는다.

Soares 소아르스	Pires 피르스
Dorneles 도르넬리스 (브)	Correntes 코헨치스 (브)

※ 포르투갈어 강세 규칙은 다음과 같다.
① 자음 l, r, z, 모음 i, u, 비음 im, um, ã, ão, ões 로 끝나는 단어는 마지막 음절에 강세가 온다.

② á, é, ê, ó, ô, í, ú 등과 같이 단어에 강세 표시가 있는 경우는 그곳에 강세가 온다.
③ 그 밖의 경우에는 끝에서 두 번째 음절에 강세가 온다.

표기 일람표 [18] 네덜란드어 자모와 한글 대조표

| 자모 | 한글 | | 보기 |
	모음 앞	자음 앞 어말	
b	ㅂ	ㅂ, 브, 프	Borst 보르스트, Bram 브람, Jacob 야코프.
c	ㅋ	ㄱ, 크	Campen 캄펀, Nicolaas 니콜라스, topic 토픽, scrupel 스크뤼펄.
	ㅅ		cyaan 시안, Ceelen 세일런.
ch	ㅎ	흐	Volcher 폴허르, Utrecht 위트레흐트.
d	ㄷ	ㅅ, 드, 트	Delft 델프트, Edgar 엣하르, Hendrik 헨드릭, Helmond 헬몬트.
f	ㅍ	프	Flevoland 플레볼란트, Graaf 흐라프.
g	ㅎ	흐	Goes 후스, Limburg 림뷔르흐.
h	ㅎ	—	Heineken 헤이네컨, Hendrik 헨드릭.
j	이*	—	Jongkind 용킨트, Jan 얀, Jeroen 예룬.
k	ㅋ	ㄱ, 크	Kok 콕, Alkmaar 알크마르, Zierikzee 지릭제이.
kw(qu)	크ㅂ	—	kwaliteit 크발리테이트, kwellen 크벨런, kwitantie 크비탄시.
l	ㄹ, ㄹㄹ	ㄹ	Lasso 라소, Friesland 프리슬란트, sabel 사벌.
m	ㅁ	ㅁ	Meerssen 메이르선, Zalm 잘름.

자음	n	ㄴ	ㄴ	Nijmegen 네이메헌, Jansen 얀선.
	ng	ㅇ	ㅇ	Inge 잉어, Groningen 호로닝언.
	p	ㅍ	ㅂ, 프	Peper 페퍼르, Kapteyn 캅테인, Koopmans 코프만스.
	r	ㄹ	르	Rotterdam 로테르담, Asser 아서르.
	s	ㅅ	스	Spinoza 스피노자, Hals 할스.
	sch	스ㅎ	스	Schiphol 스히폴, Escher 에스허르, typisch 티피스.
	sj	시*	시	sjaal 샬, huisje 하위셔, ramsj 람시, fetisj 페티시.
	t	ㅌ	ㅅ, 트	Tinbergen 틴베르헌, Gerrit 헤릿, Petrus 페트뤼스.
	ts	ㅊ	츠	Aartsen 아르천, Beets 베이츠.
	v	ㅂ, ㅍ	브	Veltman 펠트만, Einthoven 에인트호번, Weltevree 벨테브레이.
	w	ㅂ	—	Wim 빔.
	y	이	이	cyaan 시안, Lyonnet 리오넷, typisch 티피스, Verwey 페르베이.
	z	ㅈ	—	Zeeman 제이만, Huizinga 하위징아.
모음	a	아		Asser 아서르, Frans 프란스.
	e	에, 어		Egmont 에흐몬트, Frederik 프레데릭, Heineken 헤이네컨, Lubbers 뤼버르스, Campen 캄펀.
	i	이		Nicolaas 니콜라스, Tobias 토비아스.
	ie	이		Pieter 피터르, Vries 프리스.
	o	오		Onnes 오너스, Vondel 폰덜.
	oe	우		Boer 부르, Boerhaave 부르하버.
	u	위		Utrecht 위트레흐트, Petrus 페트뤼스.

모음	eu	외	Europort 외로포르트, Deurne 되르너.
	uw	위	ruw 뤼, duwen 뒤언, Euwen 에위언.
이중 모음	ou(w), au(w)	아우	Bouts 바우츠, Bouwman 바우만, Paul 파울, Lauwersmeer 라우에르스메이르.
	ei, ij	에이	Heike 헤이커, Bolkestein 볼케스테인, Ijssel 에이설.
	ui(uy)	아위	Huizinga 하위징아, Zuid-Holland 자위트홀란트, Buys 바위스.
	aai	아이	draaien 드라이언, fraai 프라이, zaait 자이트, Maaikes 마이커스.
	ooi	오이	Booisman 보이스만, Hooites 호이터스.
	oei	우이	Boeijinga 부잉아, moeite 무이터.
	eeuw	에이우	Leeuwenhoek 레이우엔훅, Meeuwes 메이우어스.
	ieuw	이우	Lieuwma 리우마, Rieuwers 리우어르스

* j의 '이', sj의 '시'가 뒤따르는 모음과 결합할 때에는 합쳐서 한 음절로 적는다.

표기 세칙 제20절 **네덜란드어의 표기**

[표 18]에 따르고, 다음과 같은 특징을 살려서 적는다.

제1항 무성 파열음 p, t, k는 자음 앞이나 어말에 올 경우에는 각각 받침 'ㅂ, ㅅ, ㄱ'으로 적는다. 다만, 앞 모음이 이중 모음이거나 장모음(같은 모음을 겹쳐 적는 경우)인 경우와 앞이나 뒤의 자음이 유음이나 비음인 경

우에는 '프, 트, 크'로 적는다.

Wit 빗	Gennip 헤닙
Kapteyn 캅테인	september 셉템버르
Petrus 페트뤼스	Arcadelt 아르카덜트
Hoop 호프	Eijkman 에이크만

제2항 유성 파열음 b, d가 어말에 올 경우에는 각각 '프, 트'로 적고, 어중에 올 경우에는 앞이나 뒤의 자음이 유음이나 비음인 경우와 앞 모음이 이중모음이거나 장모음(같은 모음을 겹쳐 적는 경우)인 경우에는 '브, 드'로 적는다. 그 외에는 모두 받침 'ㅂ, ㅅ'으로 적는다.

Bram 브람	Hendrik 헨드릭
Jakob 야코프	Edgar 엣하르
Zeeland 제일란트	Koenraad 쿤라트

제3항 v가 어두에 올 경우에는 'ㅍ, 프'로 적고, 그 외에는 모두 'ㅂ, 브'로 적는다.

Veltman 펠트만	Vries 프리스
Grave 흐라버	Weltevree 벨테브레이

제4항 c는 차용어에 쓰이므로 해당 언어의 발음에 따라 'ㅋ'이나 'ㅅ'으로 적는다.

Nicolaas 니콜라스	Hendricus 헨드리퀴스
cyaan 시안	Franciscus 프란시스퀴스

제5항 g, ch는 'ㅎ'으로 적되, 차용어의 경우에는 해당 언어의 발음에 따라 적는다.

gulden휠던   Haag 하흐
Hooch 호흐   Volcher 폴허르
Eugene 외젠   Michael 미카엘

제6항 -tie는 '시'로 적는다.

natie 나시   politie 폴리시

제7항 어중의 l이 모음 앞에 오거나 모음이 따르지 않는 비음 앞에 올 때에는 'ㄹㄹ'로 적는다. 다만, 비음 뒤의 l은 모음 앞에 오더라도 'ㄹ'로 적는다.

Tiele 틸러   Zalm 잘름
Berlage 베를라허   Venlo 펜로

제8항 nk

k 앞에 오는 n은 받침 'ㅇ'으로 적는다.

Frank 프랑크   Hiddink 히딩크
Benk 벵크   Wolfswinkel 볼프스빙컬

제9항 같은 자음이 겹치는 경우에는 겹치지 않은 경우와 같이 적는다.

Hobbema 호베마   Ballot 발롯
Emmen 에먼   Gennip 헤닙

제10항 e는 '에'로 적는다. 다만, 이음절 이상에서 마지막 음절에 오는 e와
어말의 e는 모두 '어'로 적는다.

Dennis 데니스   Breda 브레다
Stevin 스테빈   Peter 페터르
Heineken 헤이네컨   Campen 캄펀

제11항 같은 모음이 겹치는 경우에는 겹치지 않은 경우와 같이 적는다. 다
만 ee는 '에이'로 적는다.

Hooch 호흐   Mondriaan 몬드리안
Kees 케이스   Meerssen 메이르선

제12항 -ig는 '어흐'로 적는다.

tachtig 타흐터흐   hartig 하르터흐

제13항 -berg는 '베르흐'로 적는다.

Duisenberg 다위센베르흐   Mengelberg 멩엘베르흐

제14항 over-는 '오버르'로 적는다.

Overijssel 오버레이설   overkomst 오버르콤스트

제15항 모음 è, é, ê, ë는 '에'로 적고, ï 는 '이'로 적는다.

carré 카레   casuïst 카수이스트

drieëntwintig 드리엔트빈터흐

표기 일람표 [19]   러시아어 자모와 한글 대조표

	로마자	러시아어 자모	한글			보기
			모음 앞	자음 앞	어말	
자음	b	б	ㅂ	ㅂ, 브	프	Bolotov(Болотов) 볼로토프, Bobrov(Бобров) 보브로프, Kurbskii(Курбский) 쿠릅스키, Gleb(Глеб) 글레프.
	ch	ч	ㅊ	치		Goncharov(Гончаров) 곤차로프, Manechka(Манечка) 마네치카, Yakubovich(Якубович) 야쿠보비치.
	d	д	ㄷ	ㅅ, 드	트	Dmitrii(Дмитрий) 드미트리, Benediktov(Бенедиктов) 베네딕토프, Nakhodka(Находка) 나홋카, Voskhod(Восход) 보스호트.
	f	ф	ㅍ	ㅂ, 프	프	Fyodor(Фёдор) 표도르, Yefremov(Ефремов) 예프레모프, Iosif(Иосиф) 이오시프.
	g	г	ㄱ	ㄱ, 그	크	Gogol'(Гоголь) 고골, Musorgskii(Мусоргский) 무소륵스키, Bogdan(Богдан) 보그단, Andarbag(Андарбаг) 안다르바크.

자음					
kh	x	ㅎ		ㅎ	Khabarovsk(Хабаровск) 하바롭스크, Akhmatova(Ахматова) 아흐마토바, Oistrakh(Ойстрах) 오이스트라흐.
k	к	ㅋ	ㄱ, ㅋ	ㅋ	Kalmyk(Калмык) 칼미크, Aksakov(Аксаков) 악사코프, Kvas(Квас) 크바스, Vladivostok(Владивосток) 블라디보스토크.
l	л	ㄹ,ㄹㄹ		ㄹ	Lenin(Ленин) 레닌, Nikolai(Николай)니콜라이, Krylov(Крылов) 크릴로프, Pavel(Павел) 파벨.
m	м	ㅁ	ㅁ, ㅁ	ㅁ	Mikhaiil(Михаийл) 미하일, Maksim(Максим) 막심, Mtsensk(Мценск) 므첸스크.
n	н	ㄴ		ㄴ	Nadya(Надя) 나댜, Stefan(Стефан) 스테판.
p	п	ㅍ	ㅂ, ㅍ	ㅍ	Pyotr(Пётр) 표트르, Rostopchinya(Ростопчиня) 로스톱치냐 Pskov(Псков) 프스코프, Maikop(Майкоп) 마이코프.
r	р	ㄹ		ㄹ	Rybinsk(Рыбинск) 리빈스크, Lermontov(Лермонтов) 레르몬토프, Artyom(Артём) 아르툠.
s	с	ㅅ		ㅅ	Vasilii(Василий) 바실리, Stefan(Стефан) 스테판, Boris(Борис) 보리스.
sh	ш	시*		시	Shelgunov(Шелгунов) 셸구노프, Shishkov(Шишков) 시시코프.

자음	shch	щ	시*	시	Shcherbakov(Щербаков) 셰르바코프, Shchirets (Щирец) 시레츠, borshch(борщ) 보르시.
	t	т	ㅌ	ㅅ, ㅌ	ㅌ	Tat'yana(Татьяна) 타티야나, Khvatkov(Хватков) 흐밧코프, Tver'(Тверь) 트베리, Buryat(Бурят) 부랴트.
	tch	тч	ㅊ	—	Gatchina(Гатчина) 가치나, Tyutchev(Тютчев) 튜체프.
	ts	ц, тс	ㅊ	ㅊ	Kapitsa(Капица) 카피차, Tsvetaeva(Цветаева) 츠베타예바, Bryatsk(Брятск) 브랴츠크, Yakutsk(Якутск) 야쿠츠크.
	v	в	ㅂ	ㅂ, 브	프	Verevkin(Веревкин)베렙킨, Dostoevskii(Достоевский) 도스토옙스키, Vladivostok(Владивосток) 블라디보스토크, Markov(Марков) 마르코프.
	z	з	ㅈ	ㅈ, ㅅ	ㅅ	Zaichev(Зайчев) 자이체프, Kuznetsov(Кузнецов) 쿠즈네초프, Agryz(Агрыз) 아그리스.
	zh	ж	ㅈ	ㅈ, 시	시	Zhadovskaya(Жадовская) 자돕스카야 Zhdanov(Жданов) 즈다노프, Luzhkov(Лужков) 루시코프, Kebezh(Кебеж) 케베시.
	j/i	й	이	이	Yurii(Юрий) 유리, Andrei(Андрей) 안드레이, Belyi(Белый) 벨리.
모음	a	а	아	Aksakov(Аксаков) 악사코프, Abakan(Абакан) 아바칸.

모음				
	e	e	에, 예	Petrov(Петров) 페트로프, Evgenii(Евгений) 예브게니, Alekseev(Алексеев) 알렉세예프, Ertel′(Эртель) 예르텔.
		э		
	i	и	이	Ivanov(Иванов) 이바노프, Iosif(Иосиф) 이오시프.
	o	о	오	Khomyakov(Хомяков) 호먀코프, Oka(Ока) 오카.
	u	у	우	Ushakov(Ушаков) 우샤코프, Sarapul(Сарапул) 사라풀.
	y	ы	이	Saltykov(Салтыков) 살티코프, Kyra(Кыра) 키라, Belyi(Белый) 벨리.
	ya	я	야	Yasinskii(Ясинский) 야신스키, Adygeya(Адыгея) 아디게야.
	yo	ё	요	Solov′yov(Соловьёв) 솔로비요프, Artyom(Артём) 아르툠.
	yu	ю	유	Yurii(Юрий) 유리, Yurga(Юрга) 유르가.

* sh(ш), shch(щ)의 '시'가 뒤따르는 모음과 결합할 때에는 합쳐서 한 음절로 적는다.

표기 세칙 제21절 **러시아어의 표기**

[표 19]에 따르고, 다음과 같은 특징을 살려서 적는다.

제1항 p(п), t(т), k(к), b(б), d(д), g(г), f(ф), v(в)

파열음과 마찰음 f(ф)·v(в)는 무성 자음 앞에서는 앞 음절의 받침으로 적고, 유성 자음 앞에서는 '으'를 붙여 적는다.

> Sadko(Садко) 삿코
> Agryz(Агрыз) 아그리스
> Akbaur(Акбаур) 아크바우르
> Rostopchinya(Ростопчиня) 로스톱치냐
> Akmeizm(Акмеизм) 아크메이즘
> Rubtsovsk(Рубцовск) 룹촙스크
> Bryatsk(Брятск) 브랴츠크
> Lopatka(Лопатка) 로팟카
> Yefremov(Ефремов) 예프레모프
> Dostoevskii(Достоевский) 도스토옙스키

제2항 z(з), zh(ж)

z(з)와 zh(ж)는 유성 자음 앞에서는 '즈'로 적고 무성 자음 앞에서는 각각 '스, 시'로 적는다.

> Nazran'(Назрань) 나즈란
> Nizhnii Tagil(Нижний Тагил) 니즈니타길
> Ostrogozhsk(Острогожск) 오스트로고시스크
> Luzhkov(Лужков) 루시코프

제3항 지명의 -grad(град)와 -gorod(город)는 관용을 살려 각각 '-그라드', '-고로드'로 표기한다.

Volgograd(Волгоград) 볼고그라드

Kaliningrad(Калининград) 칼리닌그라드

Slavgorod(Славгород) 슬라브고로드

제4항 자음 앞의 -ds(дс)-는 '츠'로 적는다.

Petrozabodsk(Петрозаводск) 페트로자보츠크

Vernadskii(Вернадский) 베르나츠키

제5항 어말 또는 자음 앞의 l(л)은 받침 'ㄹ'로 적고, 어중의 l이 모음 앞에
올 때에는 'ㄹㄹ'로 적는다.

Pavel(Павел) 파벨

Nikolaevich(Николаевич) 니콜라예비치

Zemlya(Земля) 제믈랴

Tsimlyansk(Цимлянск) 치믈랸스크

제6항 l'(ль), m(м)이 어두 자음 앞에 오는 경우에는 각각 '리', '므'로 적는다.

L'bovna(Льбовна) 리보브나   Mtsensk(Мценск) 므첸스크

제7항 같은 자음이 겹치는 경우에는 겹치지 않은 경우와 같이 적는다. 다만,
mm(мм), nn(нн)은 모음 앞에서 'ㅁㅁ', 'ㄴㄴ'으로 적는다.

Gippius(Гиппиус) 기피우스   Avvakum(Аввакум) 아바쿰

Odessa(Одесса) 오데사   Akkol'(Акколь) 아콜

Sollogub(Соллогуб) 솔로구프   Anna(Анна) 안나

Gamma(Гамма) 감마

제8항 e(e, э)는 자음 뒤에서는 '에'로 적고, 그 외의 경우에는 '예'로 적는다.

Aleksei(Алексей) 알렉세이

Egvekinot(Егвекинот) 예그베키노트

제9항 연음 부호 '(ь)

연음 부호 '(ь)은 '이'로 적는다. 다만 l', m', n'(ль, мь, нь)이 자음 앞이나
어말에 오는 경우에는 적지 않는다.

L'bovna(Льбовна) 리보브나   Igor'(Игорь) 이고리

Il'ya(Илья) 일리야   D'yakovo(Дьяково) 디야코보

Ol'ga(Ольга) 올가   Perm'(Пермь) 페름

Ryazan'(Рязань) 랴잔   Gogol'(Гоголь) 고골

제10항 dz(дз), dzh(дж)는 각각 z, zh와 같이 적는다.

Dzerzhinskii(Дзержинский) 제르진스키

Tadzhikistan(Таджикистан) 타지키스탄

제4장 인명, 지명 표기의 원칙

제1절 표기 원칙

제1항 외국의 인명, 지명의 표기는 제1장, 제2장, 제3장의 규정을 따르는 것을 원칙으로 한다.

제2항 제3장에 포함되어 있지 않은 언어권의 인명, 지명은 원지음을 따르는 것을 원칙으로 한다.

    Ankara 앙카라   Gandhi 간디

제3항 원지음이 아닌 제3국의 발음으로 통용되고 있는 것은 관용을 따른다.

    Hague 헤이그   Caesar 시저

제4항 고유 명사의 번역명이 통용되는 경우 관용을 따른다.

    Pacific Ocean 태평양   Black Sea 흑해

제2절 동양의 인명, 지명 표기

제1항 중국 인명은 과거인과 현대인을 구분하여 과거인은 종전의 한자음대로 표기하고, 현대인은 원칙적으로 중국어 표기법에 따라 표기하되, 필요한 경우 한자를 병기한다.[10]

제2항 중국의 역사 지명으로서 현재 쓰이지 않는 것은 우리 한자음대로 하고, 현재 지명과 동일한 것은 중국어 표기법에 따라 표기하되, 필요한 경우 한자를 병기한다.

제3항 일본의 인명과 지명은 과거와 현대의 구분 없이 일본어 표기법에 따라 표기하는 것을 원칙으로 하되, 필요한 경우 한자를 병기한다.

제4항 중국 및 일본의 지명 가운데 한국 한자음으로 읽는 관용이 있는 것은 이를 허용한다.[11]

東京	도쿄, 동경	京都	교토, 경도
上海	상하이, 상해	臺灣	타이완, 대만
黃河	황허, 황하		

제3절 바다, 섬, 강, 산 등의 표기 세칙

제1항 '해', '섬', '강', '산' 등이 외래어에 붙을 때에는 띄어 쓰고, 우리말에 붙을 때에는 붙여 쓴다.

카리브 해   북해   발리 섬   목요섬

제2항 바다는 '해(海)'로 통일한다.

---

10) 과거와 현대의 구분은 중국의 청왕조가 무너지고 중화민국이 들어선 시기인 '신해혁명(1911)'을 기점으로 삼는다.
11) 한자로 된 지명의 경우 한국 한자음으로 읽는 관용적 표기의 범위와 용례에 대한 고시도 하루빨리 이루어져야 한다.

제3항 우리 나라[12]를 제외하고 섬은 모두 '섬'으로 통일한다.

    타이완 섬   코르시카 섬
    (우리 나라: 제주도, 울릉도)

제4항 한자 사용 지역(일본, 중국)의 지명이 하나의 한자로 되어 있을 경우, '강', '산', '호', '섬' 등은 겹쳐 적는다.

    온타케 산(御岳)   주장 강(珠江)
    도시마 섬(利島)   하야카와 강(早川)
    위산 산(玉山)

제5항 지명이 산맥, 산, 강 등의 뜻이 들어 있는 것은 '산맥', '산', '강' 등을 겹쳐 적는다.

    Rio Grande 리오그란데 강
    Monte Rosa 몬테로사 산
    Mont Blanc 몽블랑 산
    Sierra Madre 시에라마드레 산맥

---

12) '우리나라'는 붙여 쓰는 것이 규범에 맞는 표기이다. 이하 같다.

1. 보통 명사

가라테 karate㉲   가라데 (×)

*가솔린 gasoline[gæ̀səlíːn]

*가스 gas[gæs]

*가스버너14) gas burner[bə́ːrnər]

---

13) 일상에서 보편적으로 쓰이는 외래어를 보통 명사와 고유 명사로 나누어 가 나다순으로 예시하였다. 우리말에는 영어권에서 온 외래어가 가장 많으므 로 여기에 예시된 단어들도 대부분 영어에서 온 것이다. 원어를 명시할 때 '㉡(그리스어), ㉩(네덜란드어), ㉵(독일어), ㉾(프랑스어), ㉎(에스파냐어), ㉘(이탈리아어), ㉲(일본어), ㉗(중국어), ㉳(포르투갈어)'와 같은 약어를 쓰 고, 아무런 명시가 없는 단어는 영어에서 온 것임을 뜻한다.

　　모든 외래어는 그 원지음을 함께 제시하였다. 원지음과 한글 표기를 비교 함으로써 외래어 표기 세칙을 구체적으로 이해할 수 있도록 하고, 원칙대로 표기된 단어와 관용적 발음에 따라 표기된 단어를 구별해볼 수 있도록 하 였다. '외래어 표기법(1986년 1월)'의 표기 원칙이나 '외래어 표기 용례집 (1986년 5월)'의 예규와 무관하게 관용적으로 굳어진 형태를 그대로 표기한 단어 앞에는 '*' 표시를 하였다. 그리고 표기 혼란이 잦은 단어는 '(×)' 표기 된 형태와 함께 제시하여 특히 주의를 기울이도록 하였다.

14) 원어에서 두 단어로 이루어진 말이지만 우리말에서 하나의 단어(복합어)로 인식되는 경우 붙여 쓴다. '가스보일러(gas boiler), 걸스카우트(Gril Scouts), 드라이클리닝(dry cleaning), 록밴드(rock band), 스쿨버스(school bus), 아 시안게임(Asian Game)' 등도 그러한 예들이다. 그리고 영어의 경우 'burner[bə́ːrnər](버너)'와 같이, 어말이나 자음 앞의 'r' 발음을 표기에 나타 내지 않는 것도 하나의 관례이다. 'car[kɑːr](카), clover[klóuvər](클로버), course[kɔːrs](코스), report[ripɔ́ːrt](리포트)' 등도 여기에 속한다.

*가스보일러 gas boiler[bɔ́ilər]

*가톨릭 Catholic[kǽθəlik]

개그 gag[gæg]

*거즈 gauze[gɔ́ːz]   가제 (×)

걸스카우트 Girl Scouts[gəːrl skaut]   걸스카웃 (×)

그램 gram[græm]   그람 (×)

글러브 glove[glʌv]

기어 gear[giər]   기아 (×)

깁스 Gips⑤[gips]   기브스 (×)

*껌 gum[gʌm]

나르시시즘 narcissism[náːrsisìzəm][15]   나르시즘 (×)

나일론 nylon[náilɑn/-lɔn]   나이롱 (×)

내레이터 narrator[næréitər]   나레이터 (×)

*너트 nut[nʌt]   나트 (×)

네거티브 negative[négətiv]   네가티브 (×)

노이로제 Neurose⑤[nɔyróːzə][16]   로이로제 (×)

*노크 knock[nɑk/nɔk]

뉴스 news[njuːz][17]

*니트 knit[nit]

---

15) 영어 접미사 '-ism[ɪzəm]'을 항상 '이즘'으로 적는 것도 하나의 관례이다.
16) 독일어의 'ə'는 '에'로 적는다.
17) 어말의 '-s[z]'를 '스'로 적는 것은 관용적 표기를 위한 예규를 따른 것이다.
   'blues[bluːz](블루스), Beatles[bíːtlz](비틀스), chinese[ʧainíːz](차이니스), Jones
   [ʤounz](존스), Thames[temz](템스), Holmes[hóumz](홈스)' 등이 그러하다.

다이얼 dial[dáiəl]   다이알 (×)

다이내믹 dynamic[dainǽmik]   다이나믹 (×)

다큐멘터리 documentary[dὰkjəméntəri]   다큐멘타리 (×)

더블 double[dʌbl]   따블 (×)

데생 dessin🇫🇷[desɛ̃]   데쎙 (×)

데스크톱 desktop[desktɑ:p/-tɔp]   데스크탑 (×)

데이터 data[déitə]   데이타 (×)

도넛 doughnut[dounʌt]   도너츠/도나스 (×)

드라마 drama[drɑ́:mə][18)]

드라이버 driver[dráivər]   도라이바 (×)

드라이클리닝 dry cleaning[drai kli:niŋ]   드라이 크리닝 (×)

디렉터리 directory[diréktəri]   디렉토리 (×)

*디지털 digital[díʤitl]   디지탈/디지틀 (×)

딜레마 dilemma[dilémə]

*라디오 radio[réidiòu]

라이선스 license[láisəns]   라이센스 (×)

라이터 lighter[láitər]   라이타 (×)

*라켓 racket[rǽkit]

랑데부 rendez-vous🇫🇷[Rɑ̃devu]   랑데뷰 (×)

---

18) 어말의 '-a[ə]'를 '아'로 적는 것은 관용적 표기를 위한 예규를 따른 것이다. 'America[əmérikə](아메리카), Arizona[æ̀rəzóunə](애리조나), dilemma[dilémə](딜레마), Dracula[drǽkjələ](드라큘라), cinema[sínəmə](시네마), comma[kámə/kómə](콤마), panorama[pæ̀nərǽmə](파노라마), sofa[sóufə](소파), stamina[stǽmənə](스태미나)' 등이 그러하다.

*랩 lab[læb]

 랩 wrap[ræp]

*레벨 level[lévl]

*레이더 radar[réidɑːr]   레이다 (×)

 레크리에이션 recreation[rèkriéiʃən]   레크레이션 (×)

 레퍼리 referee[rèfəríː]   레프리 (×)

 렌터카 rent-a-car   렌트카 (×)

*로봇 robot[róubɑːt]   로보트 (×)

 로션 lotion[lóuʃən]   로숀 (×)

*로열 royal[róiəl]   로얄 (×)

*로열티 royalty[róiəlti]   로얄티 (×)

 로커룸 locker[lákər/lɔ́k-] room   라커룸 (×)

 로컬 local[lóukəl]   로칼 (×)

*로크 lock[lɑk/lɔk]   라크 (×)

 록 rock[rɑk/rɔk]   락/롹 (×)

 록밴드 rock band[rɑk/rɔk bænd]   락밴드/롹밴드 (×)

 로터리 rotary[róutəri]   로타리 (×)

*류머티즘 rheumatism[rúːmətìzəm]   류마티즘 (×)

*리본 ribbon[ríbən]

 리코딩 recording[rikɔ́ːrdiŋ]   레코딩 (×)

 리포트 report[ripɔ́ːrt]   레포트 (×)

*링거 주사 Ringer[ríŋər]'s solution   링겔/링게르/닝겔 (×)

*마가린 margarine[máːrʤərin]

*마네킹 mannequin[mǽnikin]   마네킨 (×)

*마담 madame[mǽdəm]

*마라톤 marathon[mǽrəθàn]

*마켓 market[máːrkit]

*마하(물리학 단위) Mach⑧[max]

　매니큐어 manicure[mǽnɪkjùər]   매니큐 (×)

*매머드 mammoth[mǽməθ]   맘모스 (×)

　매스게임 mass game[mæs geim]   마스게임 (×)

*매트 mat[mæt]

　머플러 muffler[mʌ́flər]   마후라 (×)

*메달 medal[médl]

　메리트 merit[mérit]

　메시지 message[mésiʤ]   메세지 (×)

　메커니즘 mechanism[mékənìzəm]   메카니즘 (×)

*메탈 metal[métl]

*메트로폴리탄 metropolitan[mètrəpálitən]

*모델 model[mádl/mɔ́dl]

　모럴 moral[mɔ́(ː)rəl/már-]   모랄 (×)

　무슬림/모슬렘 Muslim/Moslem[19]

　미스터리 mystery[místəri]   미스테리 (×)

　바게트 baguette⑧[bagɛt]   바게뜨 (×)

---

19) ‘무슬림(Muslim)’은 원어인 아라비아어를 적은 것이고 ‘모슬렘(Moslem)’은
　　영어식 발음을 적은 것이다.

*바나나 banana[bənǽnə]

*바리케이드 barricade[bǽrəkèid]　　　　　바리케이트 (×)

*바바리(코트) burberry[bə́ːrbəri]

　바비큐 barbecue[bάːrbikjùː]　　　　　　바베큐 (×)

　바통 bâton⑳[batɔ̃]　　　　　　　　　　바톤 (×)

*박테리아 bacteria[bæktíəriə]

*발코니 balcony[bǽlkəni]

　배지 badge[bæʤ]　　　　　　　　　　배찌/빼찌 (×)

　배터리 battery[bǽtəri]　　　　　　　　밧데리/바테리 (×)

*배트 bat[bæt]

*백 bag[bæg]　　　　　　　　　　　　빽 (×)

　백미러 back mirror[bæk mírər]　　　　빽미라 (×)

　백업 backup[bækʌp]

　밸런스 balance[bǽləns]　　　　　　　발란스/바란스 (×)

　밸런타인데이 Valentine[vǽləntàin] Day　　발렌타인데이 (×)

　버터 butter[bʌ́tər]　　　　　　　　　　빠다 (×)

　버튼 button[bʌ́tn]　　　　　　　　　　보턴 (×)

　버티컬블라인드 vertical[və́ːrtikəl] blind　버티칼 (×)

*베니어 veneer[vəníər]　　　　　　　　베니아 (×)

　베이지 beige[beiʒ]　　　　　　　　　　베지 (×)

　베이컨 bacon[béikən]　　　　　　　　베이콘 (×)

*부메랑 boomerang[búːməræ̀ŋ]

*부탄가스 butane gas[bjúːtein gæs]

불도그 bulldog[buldɔːg]	불독 (×)
뷔페 buffet㉺[byfɛ]	부페 (×)
블루스 blues[bluːz]	부르스 (×)
비스킷 biscuit[bískit]	비스켓 (×)
비즈니스 business[bíznis]	비지니스 (×)
*사이다 cider[sáidər]	
새시 sash[sæʃ]	샤시/샷시 (×)
*색소폰 saxophone[sæksəfòun]	섹스폰/색스폰 (×)
샌들 sandal[sændl]	샌달 (×)
샐러드 salad[sæləd]	사라다 (×)
샤머니즘 shamanism[ʃáːmənìzm]	샤마니즘 (×)
샹들리에 chandelier㉺[ʃɑ̃dəlje]20)	샹델리에 (×)
섀시 chassis[ʃǽsiː]	샤시(×)
세미나 seminar[sémənàːr]/[semɪnɑːr]	
*세트 set[set]	
센터 center[séntər]	센타 (×)
셰퍼드 shepherd[ʃépərd]	세파트 (×)
소시지 sausage[sɔ́ːsidʒ]	소세지 (×)
소파 sofa[sóufə]	쇼파 (×)
*쇼크 shock[ʃɑk/ʃɔk]	
수프 soup[suːp]	스프 (×)
*슈퍼마켓 supermarket[súːpərmàːrkit]	수퍼마켓 (×)

---

20) 프랑스어의 'ə'는 '으'로 적는다.

*슈퍼맨 superman[súːpərmæ̀n]   수퍼맨 (×)

스낵 snack[snæk]   스넥 (×)

스웨터 sweater[swétər]   쉐타/세타 (×)

스캔들 scandal[skǽndl]   스캔달 (×)

*스타디움 stadium[stéidiəm]

스태미나 stamina[stǽmənə]/[stǽmɪnə]

스탠더드 standard[stǽndərd]   스탠다드 (×)

스톱 stop[stɑp/stɔp]

*스티로폼 styrofoam[stáiərəfòum]   스티로폴/스치로폴 (×)

시그널 signal[sígnəl]   시그날 (×)

시너 thinner[θínər]

*시네마 cinema[sínəmə]

*실로폰 xylophone[záiləfòun]

심벌 symbol[símbəl]   심볼 (×)

*아나운서 announcer[ənáunsər]

*아나키스트 anarchist[ǽnərkist]

*아날로그 analogue[ǽnəlɔ̀ːg]

*아마추어 amateur[ǽmətʃùər]

아이섀도 eye shadow[ai ʃǽdou]   아이샤도 (×)

*아카데미 academy[əkǽdəmi]

*아코디언 accordion[əkɔ́ːrdiən]   아코디온 (×)

*아토피 atopy[ǽtəpi]

*악센트 accent[ǽksent/-sənt]   액센트 (×)

알레르기 Allergie⑤[alɛrgiː]	알러지/알레지 (×)
*알코올 alcohol[ǽlkəhɔ̀(ː)l]	알콜 (×)
알토 alto⑪[alto], alto[ǽltou]	앨토 (×)
*알파벳 alphabet[ǽlfəbèt]	알파베트 (×)
앙케트 enquête⑱[ãkɛːtə]	앙케이트 (×)
앙코르 encore⑱[ãkɔːʀ]	앙콜/앵콜 (×)
애드리브 ad lib.[ædlíb](ad libitum)	애드립 (×)
액세서리 accessory[æksésəri]	악세사리 (×)
액셀(러레이터) accelerator[æksélərèitər]	악셀(레타) (×)
앰뷸런스 ambulance[ǽmbjuləns]	앰뷸란스 (×)
*앰풀 ampoule[ǽmpjuːl]	앰플 (×)
어댑터 adaptor/adapter[ədǽptər]	아답타 (×)
어젠다 agenda[ədʒéndə]	어젠더/아젠다 (×)
*에메랄드 emerald[émərəld]	
*에센스 essence[ésəns]	
오럴 oral[ɔ́ːrəl]	오랄 (×)
*오렌지 orange[ɔ́(ː)rindʒ]	
*오리엔탈리즘 Orientalism[ɔ̀ːriʹentəlizəm]	
*오리엔털 oriental[ɔ̀ːriéntl]	오리엔탈 (×)
*오리지널 original[ərídʒənəl][21]	오리지날 (×)
오페라 opera⑪[ɔ́ːpera]	

---

21) 이 표기에는 "[ə]의 음가를 가지는 i와 y는 '이'로 적는다."는 관용적 표기의
예규가 반영되어 있다. 'Arizona[æ̀rəzóunə](애리조나), Oedipus[édəpəs](에
디퍼스)'도 여기에 속한다.

*요오드 Jod獨[joːt]

워크숍 workshop[wə́ːrkʃɑ̀p/-ʃɔ̀p]　　　　　워크샵 (×)

*웹 web[web]

유니언 union[júːnjən]　　　　　　　　유니온 (×)

인터벌 interval[íntərvəl]　　　　　　　인터발 (×)

잠바/점퍼 jumper[ʤʌ́mpər]

*잡 job[ʤɑːb]

재킷 jacket[ʤǽkit]　　　　　　　　　자켓 (×)

*제트 jet[ʤet]

주스 juice[ʤuːs]　　　　　　　　　　쥬스 (×)

지프 jeep[ʤiːp]

차이니스칼라 chinese collar[ʧainíːz kálər]　　차이나칼라 (×)

챔피언 champion[ʧǽmpiən]　　　　　　참피온 (×)

*체크 check[ʧek]

*초콜릿 chocolate[ʧɔ́ːkəlit]　　　　　　초콜렛 (×)

침팬지 chimpanzee[ʧìmpænzíː]　　　　　침팬치 (×)

*카누 canoe[kənúː]

*카니발 carnival[kɑːrnivl]

카디건 cardigan[kɑ́ːrdigən]　　　　　　가디건 (×)

*카레 curry[kə́ːri]

*카리스마 charisma[kərízmə]

*카메라 camera[kǽmərə]

카바레 cabaret佛[kabaʀɛ]　　　　　　　캬바레 (×)

*카세트 cassette[kæsét/kə-]

카스텔라 castella㊽   카스테라 (×)

*카탈로그 catalog(ue)[kǽtəlɔ̀ːg]   카달로그 (×)

카페 café㊽[kafe]   까페 (×)

*카펫 carpet[kɑ́ːrpit]   카페트 (×)

*칼라 collar[kɑ́lər]

*캐러멜 caramel[kǽrəməl/-mèl]   캬라멜 (×)

캐럴 송 carol song[kǽrəl sɔ(ː)ŋ]   캐롤 송 (×)

캐비닛 cabinet[kǽbənit]/[kæbɪnət]   캐비넷 (×)

캐비아 caviar[kǽviɑ̀ːr]

캘린더 calendar[kǽləndər]/[kælɪndər]   카렌다 (×)

커리어 우먼 career woman[kəríər wúmən]   캐리어 우먼 (×)

커미션 commission[kəmíʃən]   코미숀 (×)

*커트[22] cut[kʌt]

*커트라인 cut line[kʌt lain]

커튼 curtain[kə́ːrtn]   커턴/커텐 (×)

*커피세트 coffee set[kɔ́ːfi set]

*커피포트 coffee pot[kɔ́ːfi pɑt/pɔt]

컨베이어 conveyor[kənvéiər]   콘베이어 (×)

컨테이너 container[kəntéinər]   콘테이너 (×)

컨트롤 control[kəntróul]   콘트롤 (×)

---

22) '일을 중간에서 차단하는 것, 공을 깎아 치는 방식, 머리를 자르는 것' 등을 일컬을 때 '커트'라고 하고, 인쇄의 도판을 말할 때 '컷'이라고 한다.

컬러 color[kʌ́lər]

컬렉션 collection[kəlékʃən]　　　　콜렉션 (×)

컴퍼스 compass[kʌ́mpəs]　　　　콤파스 (×)

컴포넌트 component[kəmpóunənt]　　　콤포넌트 (×)

케이크 cake[keik]　　　　　케익 (×)

*코미디 comedy[kámədi]　　　　코메디 (×)

*코미디언 comedian[kəmíːdiən]　　　코메디안 (×)

*코스모스 cosmos[kázməs/kɔ́zmɔs]

*코카인 cocaine[koukéin]

　코트 coat[kout]

*콘덴서 condenser[kəndénsər]

　콘크리트 concrete[kánkriːt/kɔ́ŋ-]　　콩크리트 (×)

　콤마 comma[kámə/kɔ́mə]

　콤비 combination[kàmbənéiʃən/kɔ̀m-]

*콤플렉스 complex[kəmpléks]　　　컴플렉스 (×)

　쿠데타 coup d'État🅵[ku deta]　　　쿠테타 (×)

*쿵후 功夫gōngfu🈹

*크리스털 crystal[krístl]　　　크리스탈 (×)

*클럽 club[klʌb]

　클로버 clover[klóuvər]　　　클로바/크로바 (×)

*키트 kit[kit]

　타이태닉 Titanic[taitǽnik]　　　타이타닉 (×)

　타이츠 tights[taits]　　　타이즈 (×)

*타입 type[taip][23]

*태그 tag[tæg]	택 (×)
탤런트 talent[tǽlənt]	탈렌트 (×)
터미널 terminal[tə́ːrmənəl]/[tə́ːrmɪnl]	터미날 (×)
터부 taboo[təbúː]	타부 (×)
텀블링 tumbling[tʌ́mbliŋ]	덤블링 (×)

*테크놀로지 technology[teknálədʒi/-nɔ́l-]

*텔레비전 television[téləvìʒən]	테레비전/테레비 (×)

*텔레파시 telepathy[təlépəθi]

토너먼트 tournament[tournəmənt]	토나먼트 (×)

*토마토 tomato[təméitou]

*토털 total[tóutl]	토탈 (×)

*트럼펫 trumpet[trʌ́mpit]

*트로트 trot[trɑt/trɔt]

*티켓 ticket[tíkit]

*파노라마 panorama[pæ̀nərǽmə]

*파라다이스 paradise[pǽrədàis]

*파마 permanent[pə́ːrmənənt]

파우더 powder[páudər]	파우다 (×)
파일럿 pilot[páilət]	파이롯/빠이로트 (×)

*파자마 pajamas[pədʒáːməz]

---

23) '유형'이라는 뜻일 때 관용을 따라 '타입'으로 표기하고 '타자기'를 가리킬 때
원칙을 따라 '타이프'로 표기한다.

팡파르 fanfare⑤[fɑ̃faːʀ]　　　　　　　팡파레/빵빠레 (×)

*패널 panel[pǽnl]　　　　　　　　　　판넬 (×)

팬터마임 pantomime[pǽntəmàim]　　　판토마임 (×)

팸플릿 pamphlet[pǽmflit]　　　　　　팜플렛 (×)

퍼센트 percent[pərsént]

*펑크 puncture [pʌ́ŋkʧər]

*페달 pedal[pédl]

페스티벌 festival[féstəvəl]/[festɪvl]　　페스티발 (×)

포커 poker[póukər]　　　　　　　　　포카 (×)

*포켓 pocket[pάkit/pɔ́k–]　　　　　　포케트 (×)

프러포즈 propose[prəpóuz]　　　　　　프로포즈 (×)

프런트 front[frʌnt]　　　　　　　　　프론트 (×)

프런티어 정신 Frontier[frʌntíər]　　　프론티어 정신 (×)

프리미엄 premium[príːmiəm]　　　　　프레미엄 (×)

프리지어 freesia[fríːʒiə]　　　　　　　프리지아/후리지아 (×)

*플랑크톤 plankton[plǽŋktən]　　　　　프랑크톤 (×)

플루트 flute[fluːt]　　　　　　　　　　플룻 (×)

*피라미드 pyramid[pírəmìd]

필름 film[film]　　　　　　　　　　　필림 (×)

핫도그 hot dog[hɑt dɔ(ː)g]

*해트트릭 hat trick[hæt trik]

*헬리콥터 helicopter[hélikὰptər]

*헬멧 helmet[hélmit]

히터 heater[hí:tər]	히타 (×)
*히트 hit[hit]	
*히프 hip[hip]	힙 (×)
힙합 hip-hop[híphɑ̀p]	

2. 고유 명사

고흐 Vincent van Gogh㊔[gɔ́:x]	고호 (×)
그린란드 Greenland[grí:nlənd][24]	
뉴턴 Isaac Newton[njú:tn][25]	뉴튼 (×)
니체 Nietzsche㊖[ni:tshə]	
댈러스 Dallas[dǽləs]	달라스 (×)
*드라큘라 Dracula[drǽkjələ]	드라큐라 (×)
라스베이거스 Las Vegas[lɑ:svéigəs]	라스베가스 (×)
로마 Roma㊇, Rome[roum]	
*로스앤젤레스 Los Angeles[lɔ(:)sǽndʒələs]	
리처드 Richard[rítʃərd]	리차드 (×)
*맥도널드 MacDonald[məkdɑ́nəld][26]	맥도날드 (×)

---

24) '-land'는 음가에 상관없이 '영국, 미국, 캐나다, 오스트레일리아, 뉴질랜드'에 있는 지명은 '랜드'로, '독일어, 네덜란드어' 등의 지명은 '란트'로, 그 밖의 것은 '란드'로 적는 것이 관용적 표기의 예규이다. 따라서 '잉글랜드(England), 뉴질랜드(New Zealand), 자를란트(Saarland), 그린란드(Greenland), 핀란드(Finland)'와 같이 적는다.

25) 이 표기에는 영어의 경우 "-ton은 모두 '턴'으로 적는다."는 관용적 표기의 예규가 반영되어 있다.

모차르트 W. A. Mozart圖[mó:tsart]　　　　　모짜르트 (×)

바흐 Johann Sebastian Bach圖[bax]　　　　바하 (×)

버킹엄 궁전 Buckingham[bʌ́kiŋəm]　　　　　버킹검 (×)

*베토벤 Ludwig van Beethoven圖[be:tho:fən]

*베트남 Vietnam[viètná:m]

보스턴 Boston[bɔ́(:)stən/bás-]　　　　　　보스톤 (×)

비틀스 Beatles[bí:tlz]　　　　　　　　　비틀즈 (×)

센 강 Seine圖[sɛn]　　　　　　　　　　세느 (×)

*아랍 Arab[ǽrəb]

*아메리카 America[əmérikə]

애리조나 Arizona[æ̀rəzóunə]　　　　　　아리조나 (×)

오이디푸스/에디푸스 Oedipus[édəpəs]27)　　에디푸스 (×)

옥스퍼드 Oxford[áksfərd/ɔ́ks-]　　　　　옥스포드 (×)

윌리엄 William[wíljəm]　　　　　　　　윌리암 (×)

이탈리아/이태리 Italia[itá:ljɑ:]/Italy[ítəli]28)

잉글랜드 England[íŋɡlənd]

존스 Jones[ʤounz]

케임브리지 Cambridge[kéimbriʤ]　　　　캠브리지 (×)

---

26) 영어의 경우 "접두사 Mac-, Mc-은 자음 앞에서는 '맥'으로, 모음 앞에서는
　　'매ㅋ'로 적되, c나 k, q 앞에서는 '매'로, l 앞에서는 '매클'로 적는다."는 관
　　용적 표기의 예규가 있다.

27) '오이디푸스'는 그리스어의 발음을 적은 것이고 '에디퍼스'는 영어식 발음을
　　적은 것이다.

28) '이탈리아(Italia)'는 원어인 이탈리어를 적은 것이고, '이태리'는 영어식 이름
　　인 'Italy'를 한자로 음역한 '伊太利'를 적은 것이다.

*콜럼버스 Columbus[kəlʌ́mbəs]　　　　　　콜롬부스 (×)

　큐피드 Cupid[kjúːpid]　　　　　　　　큐피트 (×)

　템스 강 Thames[témz]　　　　　　　　테임즈/템즈 (×)

　톰 Tom[tɑm/tɔm]

*티베트 Tibet[tibét]　　　　　　　　　티벳 (×)

*펜타곤 Pentagon[péntəgὰn/-gɔ̀n]

*폭스바겐 Volkswagen⑭[fɔlks vaːgən]

　호나우두 Ronaldo Luiz Nazario De Lima㊏(브)[29]

　호날두 Cristiano Ronaldo㊏

　홈스 Sherlock Holmes[hóumz]　　　　　홈즈 (×)

---

29) '브라질 포르투갈어'라는 뜻이다.

로마자 표기법

'로마자 표기법'은 우리말을 로마자로 표기하는 것에 관한 규정이다. 로마자(Roman alphabet)는 국제적으로 가장 널리 쓰이는 문자로 라틴(Latin) 문자라고도 하는 것인데, 영어를 비롯하여 독일어, 프랑스어, 에스파냐어, 이탈리아어, 포르투갈어 등 유럽에서 쓰이는 대부분의 언어들이 로마자로 표기되고 있다. 이처럼 로마자가 가장 큰 세력을 지니고 쓰이므로, 한글 문자의 음가를 전혀 모르는 세계와 소통하기 위해서는 우리말을 로마자로 표기하는 체계를 갖추어야 할 필요가 있다. 즉 로마자로 표기된 우리의 지명과 인명, 각종 표지판 등을 통해 외국인들과 소통하고 우리의 문화적 정보를 세계와 교환할 수 있도록 하기 위해, 로마자 표기법을 제정한다.

로마자 표기법의 시초는, 1941년에 조선어학회가 마련한 '조선어음 나마자 표기법'이다. 그 후 정부가 '한글을 로오마자로 적는 법(1948년)', '한글의 로마자 표기법(1959년)', '국어의 로마자 표기법(1984년)'을 차례로 공포했고 현행 '로마자 표기법'은 2000년에 개정된 규정이다. 로마자 표기법은 한국인과 외국인이 함께 사용하는 표기법이므로, 한국인과 외국인 모두에게 가장 합리적일 수 있는 표기법이 되어야 한다. 우리말의 정체성을 최대한 반영하면서 우리말의 음가에 가장 가깝게 외국인이 읽을 수 있는 표기법을 모색하는 것이 관건이다.

2000년에 개정된 로마자 표기법은, 로마자 위에 겹쳐 사용하던 반달표(ˇ)와 로마자 옆에 붙여 사용하던 어깻점(')을 없애 표기를 한층 편리하고 정확하게 할 수 있도록 하였다. 반달표를 없앤 대신 두 개의 로마자를 할당하여 'ㅓ(eo)'와 'ㅡ(eu)'를 적고, 예사소리 'ㄱ(g), ㄷ(d), ㅂ(b)'와 거센소리 'ㅋ(k), ㅌ(t), ㅍ(p)'를 뚜렷이 구별하는 방법을 택했다. 이에 따라 '송 song, 성 sŏng'이라고 적던 것을 '송 song, 성 seong'으로 적고 '운 un, 은 ŭn'이라고 적던 것을 '운 un, 은 eun'으로 적으며 '달 tal, 탈 t'al'이라고 적던 것을 '달 dal, 탈 tal'로 적게 되었다. 이렇게 함으로써 컴퓨터로 문서작성 하는 일을 간편하게 하고, 우리말에서 반드시 구별돼야 할 소리인 'ㅓ, ㅗ'와 'ㅡ, ㅜ', '예사소리, 거센소리'가 정확히 구별되도록 하였다.

그리고 우리말에서 구별할 필요가 없는 '유성음, 무성음'과 '[ʃ](경구개 마찰음), [s](치조 마찰음)'에 대한 구별 표기를 없애, '가구 kagu'라고 적던 것을 '가구 gagu'로 적고 '시루 shiru, 산 san'이라고 적던 것을 'siru, san'으로 적게 되었다. 반면 초성 자음과 종성 자음의 소리가 구별되도록 하여 '국 kuk, 밥 pap'이라고 적던 것을 '국 guk, 밥 bap'으로 바꾸었다.

현행 '로마자 표기법'에 대해, 영문자의 음가와 많이 달라 영어를 쓰는 이들이 로마자로 표기된 우리말을 정확히 읽지 못한다는 비판을 제기하는 일이 있다. 이는, 로마자가 곧 영문자가 아니며, 로마자 표기법이 영어권 사람들만을 위해 만든 법이 아니라는 점에 대한 이해가 부족하기 때문에 일어나는 것이라고 하겠다. 어떤 문자로 표기된 말도 그것의 소리를 학습하지 않고는 정확히 읽어낼 수 없다. 특히 로마자는 여러 언어권에서 자국의 말을 표기하는 데 쓰이므로, 같은 로마자가 언어권에 따라 음가를 달리할 수 있다. 로마자

'Henry'로 표기된 단어가 영어이면 '헨리[henri]'로 읽지만 이것이 프랑스어이면 '앙리[ɑ̃ri]'로 읽는다. 'auto'가 영어이면 '오토[ɔ:tou/ɔ:təu]'로 읽고 독일어이면 '아우토[auto]'라고 읽는다. 마찬가지로 'son'으로 표기된 단어가 영어이면 '선[sʌn]'으로 읽고 한국어이면 '손[son]'으로 읽는 것이다.

지구상에 동일한 자음·모음 체계를 지닌 언어는 없기 때문에 외국어에서 온 말을 자국 문자로 표기할 때나 자국어를 외국 문자로 표기할 때, 모든 내·외국인을 만족시키는 완전한 표기법은 있을 수 없다. 이는 한국을 포함한 모든 나라의 공통된 사정이다. 그러므로 우리 스스로 '로마자 표기법'의 취지와 원리를 이해하고 외국인들에게도 이를 잘 이해시키려는 자세를 갖는 것이, 가장 필요하고 중요한 일이다.

'로마자 표기법'의 내용은 <그림 4>와 같이 구성돼 있다. 이 장의 말미에 실린 '참고자료'에서는 '지명, 음식명, 민속·문화' 등에 대한 약간의 로마자 표기 예를 제시한다.

<그림 4> '로마자 표기법'의 내용

문화관광부 고시 제2000-8 호(2000. 7. 7.)

로마자 표기법

제1장 표기의 기본 원칙
제2장 표기 일람
제3장 표기상의 유의점
부 칙

제1장 표기의 기본 원칙

제1항 국어의 로마자 표기는 국어의 표준 발음법에 따라 적는 것을 원칙으로 한다.[1]

제2항 로마자 이외의 부호는 되도록 사용하지 않는다.[2]

제2장 표기 일람

제1항 모음은 다음 각호와 같이 적는다.

1. 단모음[3]

ㅏ	ㅓ	ㅗ	ㅜ	ㅡ	ㅣ	ㅐ	ㅔ	ㅚ	ㅟ
a	eo	o	u	eu	i	ae	e	oe	wi

---

1) 우리말을 로마자로 표기하는 법이기 때문에, 한글로 써진 단어를 그것에 대응되는 로마자로 적는 것이 아니고 단어의 실제 발음을 로마자로 적는 것이다. 예를 들어 '신라[실라], 종로[종노]'를 'sinra, jongro'가 아닌 'silla, jongno'로 적는 것을 의미한다.

2) '되도록 쓰지 않는다'는 것은 꼭 필요한 경우에 쓸 수 있다는 의미인데, 이때 사용할 수 있는 로마자 이외의 부호는 붙임표(-)이다. 제3장 제2항, 제4~5항에서 이에 대한 구체적인 예를 볼 수 있다.

3) 오늘날 'ㅚ, ㅟ'를 단모음이 아닌 이중모음으로 발음하는 경향이 압도적이고 '표준 발음법'에서도 이들을 이중모음으로 발음할 것을 허용한다. 'ㅚ'를 이중모음으로 발음할 때는 'ㅞ'와 소리가 같아진다. 그런데 로마자 표기법에서 'ㅟ'는 이중모음 'wi'로 표기하고 'ㅚ, ㅞ'는 구별하여 'ㅚ oe, ㅞ we'로 표기한다.

2. 이중모음

ㅑ	ㅕ	ㅛ	ㅠ	ㅒ	ㅖ	ㅘ	ㅙ	ㅝ	ㅞ	ㅢ
ya	yeo	yo	yu	yae	ye	wa	wae	wo	we	ui

[붙임 1] 'ㅢ'는 'ㅣ'로 소리 나더라도 'ui'로 적는다.4)

광희문 Gwanghuimun

[붙임 2] 장모음의 표기는 따로 하지 않는다.5)

제2항 자음은 다음 각호와 같이 적는다.

1. 파열음

ㄱ	ㄲ	ㅋ	ㄷ	ㄸ	ㅌ	ㅂ	ㅃ	ㅍ
g, k	kk	k	d, t	tt	t	b, p	pp	p

2. 파찰음

ㅈ	ㅉ	ㅊ
j	jj	ch

---

4) 로마자 표기는 '표준 발음법'에 따라 적는 것을 기본 원칙으로 하지만 모음의 소리 변동은 반영하지 않으므로, 모음의 경우 한글 표기를 대상으로 로마자화 한다.

5) '눈(雪), 밤(栗), 벌(蜂)'은 '눈(目), 밤(夜), 벌(罰)'에 비해 길게 발음하는 것이 표준 발음이지만, 로마자로 표기할 때는 장단의 구별을 드러내지 않고 'nun, bam, beol'로 통일하여 적는다.

3. 마찰음

ㅅ	ㅆ	ㅎ
s	ss	h

4. 비음[6]

ㄴ	ㅁ	ㅇ
n	m	ng

5. 유음

ㄹ
r, l

[붙임 1] 'ㄱ, ㄷ, ㅂ'은 모음 앞에서는 'g, d, b'로, 자음 앞이나 어말에서는 'k, t, p'로 적는다.([ ] 안의 발음에 따라 표기함.)[7]

구미 Gumi   영동 Yeongdong

백암 Baegam   옥천 Okcheon

합덕 Hapdeok   호법 Hobeop

월곶[월곧] Wolgot   벚꽃[벋꼳] Beotkkot

---

6) 자음 'ㅇ'은 받침소리일 때만 소리값을 갖기 때문에 받침소리 'ㅇ'만 'ng'로 표기하고 첫소리 'ㅇ'은 아무 표기도 하지 않는다. 즉 '오이'는 'oi'로, '양'은 'yang'으로 적는다.

7) 'ㄱ, ㄷ, ㅂ'은 음절의 첫소리일 때와 받침소리일 때 소리가 다르기 때문에, 이를 드러내기 위해 두 개의 로마자를 둔다. 예를 들어 '국'을 'guk'로, '닫[닫]'을 'dat'로, '밥'을 'bap'로 적는다는 뜻이다.

한밭[한받] Hanbat

[붙임 2] '르'은 모음 앞에서는 'r'로, 자음 앞이나 어말에서는 'l'로 적는다. 단, '르르'은 'll'로 적는다.8)

구리 Guri   설악 Seorak
칠곡 Chilgok   임실I msil
울릉 Ulleung   대관령[대괄령] Daegwallyeong

제3장 표기상의 유의점

제1항 음운 변화가 일어날 때에는 변화의 결과에 따라 다음 각호와 같이 적는다.

1. 자음 사이에서 동화 작용이 일어나는 경우

백마[뱅마] Baengma   신문로[신문노] Sinmunno
종로[종노] Jongno   왕십리[왕심니] Wangsimni
별내[별래] Byeollae   신라[실라] Silla

2. 'ㄴ, ㄹ'이 덧나는 경우

학여울[항녀울] Hangnyeoul   알약[알략] allyak

---

8) '르'은 놓인 위치에 따라 그 소리가 다르기 때문에 이를 표기에 반영한다.

3. 구개음화가 되는 경우

해돋이[해도지] haedoji   같이[가치] gachi

맞히다[마치다] machida

4. 'ㄱ, ㄷ, ㅂ, ㅈ'이 'ㅎ'과 합하여 거센소리로 소리 나는 경우

좋고[조코]j oko   놓다[노타] nota

잡혀[자펴] japyeo   낳지[나치] nachi

다만, 체언에서 'ㄱ, ㄷ, ㅂ' 뒤에 'ㅎ'이 따를 때에는 'ㅎ'을 밝혀 적는다.

묵호(Mukho)   집현전(Jiphyeonjeon)

[붙임] 된소리되기는 표기에 반영하지 않는다.

압구정 Apgujeong   낙동강 Nakdonggang

죽변 Jukbyeon   낙성대 Nakseongdae

합정 Hapjeong   팔당 Paldang

샛별 saetbyeol   울산 Ulsan

제2항 발음상 혼동의 우려가 있을 때에는 음절 사이에 붙임표(-)를 쓸 수 있다.9)

---

9) 이들을 붙임표 없이 나타내면 'Jungang(준강/중앙), Bangudae(반구대/방우대), Seun(슨/세운), Haeundae(하은대/해운대)'와 같이 읽힐 수 있으므로, 정확한 발음을 유도하기 위해 해당 음절의 경계에 붙임표를 둔다. '윤아, 유나'나 '한아, 하나'와 같은 인명을 구별하기 위해서도 '윤아 Yun-a, 유나 Yuna',

중앙 Jung-ang   반구대 Ban-gudae
세운 Se-un   해운대 Hae-undae

제3항 고유 명사는 첫 글자를 대문자로 적는다.

부산 Busan   세종 Sejong

제4항 인명은 성과 이름의 순서로 띄어 쓴다. 이름은 붙여 쓰는 것을 원칙
으로 하되 음절 사이에 붙임표(-)를 쓰는 것을 허용한다.(( ) 안의 표기
를 허용함.)10)

민용하 Min Yongha (Min Yong-ha)
송나리 Song Nari (Song Na-ri)

(1) 이름에서 일어나는 음운 변화는 표기에 반영하지 않는다.

한복남 Han Boknam (Han Bok-nam)
홍빛나 Hong Bitna (Hong Bit-na)

(2) 성의 표기는 따로 정한다.11)

'한아 Han-a, 하나 Hana'와 같이 붙임표를 이용한다.
10) 로마자 표기법은 우리말을 로마자로 나타내는 것이므로, 마땅히 성을 앞에
   두고 이름을 뒤에 두는 표기를 해야 한다. 다만 주의할 것은, '한글 맞춤법'
   제48항에서 성과 이름을 붙여 쓰기로 규정하고 있는 것과 달리 로마자 표
   기법에서는 성과 이름을 띄어 쓴다는 점이다. 성과 이름을 띄어 쓰므로 성
   과 이름의 첫 글자를 각각 대문자로 적는다.
11) 표기 원칙을 따르지 않는 인명 표기를 정부가 강제하지 않으므로 개인들이

제5항 '도, 시, 군, 구, 읍, 면, 리, 동'의 행정 구역 단위와 '가'는 각각 'do, si, gun, gu, eup, myeon, ri, dong, ga'로 적고, 그 앞에는 붙임표(-)를 넣는다. 붙임표(-) 앞뒤에서 일어나는 음운 변화는 표기에 반영하지 않는다.

충청북도 Chungcheongbuk-do	제주도 Jeju-do
의정부시 Uijeongbu-si	양주군 Yangju-gun
도봉구 Dobong-gu	신창읍 Sinchang-eup
삼죽면 Samjuk-myeon	인왕리 Inwang-ri
당산동 Dangsan-dong	종로 2가 Jongno 2(i)-ga
봉천 1동 Bongcheon 1(il)-dong	
퇴계로 3가 Toegyero 3(sam)-ga	

[붙임] '시, 군, 읍'의 행정 구역 단위는 생략할 수 있다.

청주시 Cheongju	함평군 Hampyeong
순창읍 Sunchang	

제6항 자연 지물명, 문화재명, 인공 축조물명은 붙임표(-) 없이 붙여 쓴다.

남산 Namsan	속리산 Songnisan
금강 Geumgang	독도 Dokdo
경복궁 Gyeongbokgung	무량수전 Muryangsujeon
연화교 Yeonhwagyo	극락전 Geungnakjeon

자의적으로 사용하고 있는 성의 표기가 매우 혼란스러운 상태에 있다. 이러한 혼란을 최소화하기 위해 가능한 한 많은 사람들이 따를 수 있는 성씨 표기의 기준을 따로 정하기로 한 것인데, 표기안에 대한 논의는 아직 진행 중에 있다.

안압지 Anapji   남한산성 Namhansanseong

화랑대 Hwarangdae   불국사 Bulguksa

현충사 Hyeonchungsa   독립문 Dongnimmun

오죽헌 Ojukheon   촉석루 Chokseongnu

종묘 Jongmyo   다보탑 Dabotap

제7항 인명, 회사명, 단체명 등은 그동안 써 온 표기를 쓸 수 있다.

제8항 학술 연구 논문 등 특수 분야에서 한글 복원을 전제로 표기할 경우
에는 한글 표기를 대상으로 적는다. 이때 글자 대응은 제2장을 따르되
'ㄱ, ㄷ, ㅂ, ㄹ'은 'g, d, b, l'로만 적는다. 음가 없는 'ㅇ'은 붙임표(-)로 표
기하되 어두에서는 생략하는 것을 원칙으로 한다. 기타 분절의 필요가 있
을 때에도 붙임표(-)를 쓴다.

집 jib   짚 jip

밖 bakk   값 gabs

붓꽃 buskkoch   먹는 meogneun

독립 doglib   문리 munli

물엿 mul-yeos   굳이 gud-i

좋다 johda   가곡 gagog

조랑말 jolangmal

없었습니다. eobs-eoss-seubnida

부칙

① (시행일) 이 규정은 고시한 날부터 시행한다.

② (표지판 등에 대한 경과 조치) 이 표기법 시행 당시 종전의 표기법에 의하여 설치된 표지판(도로, 광고물, 문화재 등의 안내판)은 2005. 12. 31. 까지 이 표기법을 따라야 한다.

③ (출판물 등에 대한 경과 조치) 이 표기법 시행 당시 종전의 표기법에 의하여 발간된 교과서 등 출판물은 2002. 2. 28.까지 이 표기법을 따라야 한다.

1. 지명

경기도 Gyeonggi-do 　　　강원도 Gangwon-do

경상북도 Gyeongsangbuk-do 　　　경상남도 Gyeongsangnam-do

충청북도 Chungcheongbuk-do 　　　충청남도 Chungcheongnam-do

전라북도 Jeollabuk-do 　　　전라남도 Jeollanam-do

제주도 Jeju-do

서울 Seoul 　　　인천 Incheon

대전 Daejeon 　　　대구 Daegu

포항 Pohang 　　　울산 Ulsan

부산 Busan 　　　광주 Gwangju

2. 음식명

국수 guksu 　　　김밥 gimbap

김치 gimchi 　　　깍두기 kkakdugi

냉면 naengmyeon 　　　떡국 tteokguk

떡볶이 tteokbokki 　　　도시락 dosirak

된장찌개 doenjangjjigae 　　　만두 mandu

불고기 bulgogi 　　　비빔밥 bibimbap

송편 songpyeon 　　　식혜 sikhye

우동 udong	전골 jeongol
잡채 japchae	짜장면 jjajangmyeon
짬뽕 jjamppong	팥죽 patjuk

3. 민속·문화

가마 gama	강강술래 ganggangsullae
거북선 geobukseon	그네 geune
기와집 giwajip	널뛰기 neolttwigi
단오 dano	대보름 daeboreum
댕기 daenggi	돌하르방 dolhareubang
맷돌 maetdol	물레 mulle
민속마을 minsongma-eul	복조리 bokjori
부럼 bureom	부적 bujeok
부채춤 buchaechum	비녀 binyeo
사물놀이 samullori	설날 seollal
성묘 seongmyo	세배 sebae
소싸움 sossaum	솟대 sotdae
시집 sijip	신랑 sillang
신부 sinbu	씨름 ssireum
연날리기 yeonnalligi	연지 yeonji
윷, 윷놀이 yut, yunnori	자치기 jachigi
장가 jangga	장승 jangseung

장기 janggi

줄다리기 juldarigi

짚신 jipsin

차례 charye

청사초롱 cheongsachorong

추석 chuseok

팽이치기 paeng-ichigi

한글 Han-geul

한옥 hanok

절구 jeolgu

쥐불놀이 jwibullori

족두리 jokduri

첨성대 cheomseongdae

초가집 chogajip

탈춤 talchum

한가위 han-gawi

한복 hanbok

한옥마을 hanongma-eul

참고문헌

고영근, 『표준 중세국어문법론(제3판)』, 집문당, 2012.

국립국어연구원, 『외래어 표기 용례집(동구권 지명·인명)』, 1993.

국립국어연구원, 『외래어 표기 용례집(북구권 지명·인명)』, 1995.

국립국어원, 『표준 국어 대사전』, 두산동아, 1999.

국립국어원, 『한국 어문 규정집』, 2001.

국립국어원, 『동남아시아 3개 언어 외래어 표기 용례집』, 2004.

국립국어원, 『외래어 표기 용례집(포르투갈 어, 네덜란드 어, 러시아 어)』, 2005.

국립국어원, 언어 현실과 표준어 정책, 『새국어생활』 21-4, 2011.

국어연구소, 국어로마자 표기법, 『국어생활』 1, 1984.

국어연구소, 외래어 표기법, 『국어생활』 4, 1986.

국어연구소, 『외래어 표기 용례집(지명·인명)』, 1986.

국어연구소, 『외래어 표기 용례집(일반 용어)』, 1988.

국어연구소, 『한글 맞춤법 해설』, 1988.

국어연구소, 『표준어 규정 해설』, 1988.

김선철, 표준 발음법과 언어 현실, 『새국어생활』 14-1, 국립국어연구원, 2004.

김성규·정승철, 『소리와 발음』, 한국방송통신대 출판부, 2013.

김세중, 국어의 로마자 표기법 개정 경위, 『새국어생활』 10-4, 국립국어연구원, 2000.

김세중, 표준어 정책에 대하여, 『새국어생활』 14-1, 국립국어연구원, 2004.

김주필, 표준어 사정 기준과 표준어의 성격, 『새국어생활』 14-1, 국립국어연구원, 2004.

남광우, 『고어사전』, 교학사, 1997.

문화부, 『표준어 모음(문화부 공고 제36호)』, 1990.

박동근, 국어사전의 외래어 발음 표시 방안, 『겨레어문학』 39집, 겨레어문학회, 2007.

박숙희, 『한국어 발음 교육론』, 역락, 2013.

박창원, 외래어 표기법의 된소리 표기에 대하여, 『새국어생활』 18-4, 국립국어원, 2008.

배주채, 『한국어의 발음』(개정판), 삼경문화사, 2013.

심재기, 외래어 표기법의 문제점과 그 해결책, 『새국어생활』 18-4, 국립국어원, 2008.

이관규, 『학교 문법론』, 월인, 2002.

이기문, 『국어사 개설』, 태학사, 1998/2006.

이문규, 『(국어 교육을 위한)현대 국어음운론』, 한국문화사, 2004.

이선웅, 『우리말 우리글 묻고 대답하기』, 태학사, 2010.

이익섭, 로마자 표기법의 성격, 『새국어생활』 7-2, 국립국어원, 1997.

이주행, 『어문 규범의 이해』(신정판), 보고사, 2013.

이진호, 『국어 음운론 강의』, 삼경문화사, 2005.

이진호, 『통시적 음운 변화의 공시적 기술』, 삼경문화사, 2008.

이철수, 『국어사의 이해』, 인하대학교 출판부, 1999.

임동훈, 외래어표기법의 원리와 실제, 『새국어생활』 6-4, 국립국어연구원, 1996.

임홍빈 외, 『바른 국어생활과 문법』, 한국방송통신대 출판부, 2001.

정 국, 외래어표기법과 외국어 발음, 『외국어교육연구논문집』 17호, 한국외국어대학교,
    2003.

정희원, 새 로마자 표기법의 특징, 『새국어생활』 10-4, 국립국어원, 2000.

정희원, 외래어의 개념과 범위, 『새국어생활』 14-2, 국립국어원, 2004.

한글학회, 『우리말 큰사전』, 어문각, 1997.

한성우, 방언과 복수 표준어, 『새국어생활』 21-4, 국립국어원, 2011.

허철구, 성(姓)의 로마자 표기 방안, 『새국어생활』 10-4, 국립국어원, 2000.

홍종선 엮음, 『근대국어 문법의 이해』, 박이정, 1998.

황화상, 『현대국어 형태론』, 지식과 교양, 2011.

박숙희

충남대학교 국어국문학과 졸업
같은 학교 대학원에서 문학박사 학위 받음
충남대·홍익대(세종) 출강

주요 논저
「동사 운율구의 내부구조와 음조 실현」
『경북 동해안 방언의 성조 연구』
「방송 언어의 운율 유형」
『한국어 발음 교육론』 외 다수

국어 어문 규범

인 쇄 2014년 2월 20일
발 행 2014년 2월 28일
지은이 박숙희
펴낸이 이대현
편 집 박선주
디자인 이홍주
펴낸곳 도서출판 역락
        서울시 서초구 동광로 46길 6-6(문창빌딩 2F)
        전화 02-3409-2058(영업부), 3409-2060(편집부)
        팩시밀리 02-3409-2059
        이메일 youkrack@hanmail.net
        등록 1999년 4월 19일 제303-2002-000014호
ISBN 979-11-85530-31-4 93710

정 가 20,000원

• 잘못된 책은 구입처에서 교환해 드립니다.

■ 이 도서의 국립중앙도서관 출판시도서목록(CIP)은 e-CIP홈페이지(http://www.nl.go.kr/ecip)와 국가자료공동
목록시스템(http://www.ml.go.kr/kolisnet)에서 이용하실 수 있습니다.(CIP제어번호 : CIP2014005193)